일본 속의 한국 근대사 현장

일본 속의 한국 근대사 현장

일본 속의 한국 근대사 현장 · 1

지은이 | 김정동

1판 1쇄 펴낸날 | 2001년 8월 5일
2판 1쇄 펴낸날 | 2003년 8월 15일
2판 2쇄 펴낸날 | 2008년 9월 10일

펴낸이 | 조현주
펴낸곳 | 도서출판 하늘재

북디자인 | 정하연

등록 | 1999년 2월 5일 제20-140호
주소 | 서울시 마포구 망원1동 384-15 301호(121-820)
전화 | (02)324-2864
팩스 | (02)325-2864
E-mail | haneuljae@hanmail.net

ISBN 89-90229-06-5 03910

값 13,000원

© 2003, 김정동

일본 속의 한국 근대사 현장 ◆1◆

김정동(목원대 교수, 문화재위원) 지음

하늘재

한일 근대사, 그 역사를 찾는 길

이 책은 일본에 있는 우리 근대사의 현장을 좀더 알아보자는 생각에서 씌어진 것이다. 한국과 일본의 근대사에 맺힌 여러 문제들이 해결되지 않는 한 어떻게 새로운 역사를 논할 수 있겠는가 하는 소박한 문제의식이 나를 움직였다.

최근 한일관계가 교과서 왜곡과 야스쿠니 신사 문제 등으로 높은 파도를 타고 있는데 그것도 사실 정확한 역사를 묻어버렸기 때문에 일어난 일이기도 하다.

하여튼 그 기록을 남긴 지 벌써 6년이 지났다. 깊은 감회에 젖을 수밖에 없다. 처음에는 이렇게 오래 지속되리라고는 생각하지 못했었다. 매월 원고를 마무리할 때가 되면 사실 확인과 사진 찾기에 거의 혈투를 벌여야 했다. 덕분에 이렇게 잊혀진 현장 70여 개 소를 되살리게 되어 잠깐이라도 안도의 한숨을 내쉴 수 있게 되었다.

근대사에 있어서 건축물, 건축물이 서 있는 도시 그리고 그 속에 몸담은 사람들은 역사의 주역이었다. 그만큼 확실한 '역사'의 현실감을 어디서 또 찾을 수 있겠는가. 따라서 매월 주제가 된 장소는 우리 나라와 일본이 동시에 무대가 되도록 했다. 주인공은 물론 한국인이었지만 여기에 겹쳐지는 일본인들 또한 수없이 많았다.

아무래도 주 독자층은 도쿄에 사는 한국인들이었다. 유학생, 주재원도 가끔 보는 듯했다. 그래서 독자들의 반응을 쉽게 들을 수 없었던 것이 큰 아쉬움이었다.

그 동안 두 번에 걸친 일본 강연으로 내 글에 대한 독자들의 반응을 가늠해볼 수 있었다. 한 번은 우리 동포 위주였고 또 한 번은 일본인 위주였다. 비교적 많은 분들이 찾아와 격려와 채찍질을 해주었다.

집필하면서 가장 어려웠던 것은 자료 부족이었다. 우리 나라와 일본의 자료가 동시에 필요했다. 가까운 이웃 나라라곤 하지만 한번 가자면 무척 먼 거리였다. 도쿄에만 국한되지 않고 일본 전국을 대상으로 해야 했다. 자료 조사는 보통 어려운 일이 아니었다. 매달 일본에 갈 수 있는 깃도 아니었기에 방학을 이용해야만 했디. 데미도, 오키나와, 홋카이도 등 일본의 여러 곳들을 찾아다녔다.

원고료, 강의료 등을 모아 경비에 보탰다. 어떤 때는 사진 한 장 얻기 위해 무리를 해야 할 때도 있었다. 시각 자료인 사진이 그 어떤 것보다 필요했던 것이다. 가능하면 원 자료를 찾기 위해 애썼고 지금까지 남아 있는 것은 직접 가서 현장 사진을 남기려고 했다.

취재 여행을 하면서 많은 자료를 얻기는 했지만 고생도 심했다. 일본인들도 많이 찾지 않는 벽촌은 지도책, 관광 자료는 고사하고 간단한 팸플릿조차 없을 때도 있었다. 지명도 원 자료에서 보는 것과 다른 곳이 많았다. 관광객들이 북적거릴 때에는 호텔을 못 정해 공원 벤치나 사우나 탕에서 자는 일도 더러 있었다. 그러다 보니 경찰의 불심검문에 걸려 본의 아니게 시간을 빼앗긴 적도 있었다.

강연장에서는 그들에게 질타도 들어야 했다. 그러나 항상 답은 하나 였기에 결코 당황하지 않았다. "너희들은 우리 근대사를 빼앗아 갔다!" 라고. 우리가 만들어야 했을 근대사를 일본인들은 농락했다. 우리 땅에 서 우리를 배제시키고 온통 제국주의의 족적을 찍어놓은 것이다.

마음의 갈등도 컸다. 간혹 마음이 맞는 일본인 친구를 만나면 또 다 른 아픔으로 다가오기도 했다. 그렇지만 요즘처럼 한일간의 파도가 높 을 때, 일본의 교과서는 개정의 차원이 아니라 다시 씌어져야 한다는 게 지론인 본인으로서는 스스로 강경해지는 것을 느낄 수밖에 없었다.

원고를 쓰면서 일본에 정착해 살아가는 우리 동포들은 이런 글을 쓸 수 없겠다는 생각을 했다. 하루 이틀도 아니고 매번 자신들이 살고 있 는 땅 일본과 관련된 결코 멀지 않은 과거사를 뒤적일 수가 없을 것이 기 때문이다. 그 나라에서 생활하며 부대끼며 과거사를 기억하고 찾아 다닌다는 것은 참으로 어려운 일일 것이다. 그래서 역사학자들은 더 먼 역사, 즉 백제사 등에 접근할 수밖에 없겠구나 하는 생각이 들었다.

필자의 작업은 아직 끝나지 않았다. 그만큼 우리와 일본의 근대사 복원작업은 방대하고 아직도 알려지지 않은 사실들이 곳곳에 남아 있기 때문이다.

앞서 그간의 작업 결과를 모아 두 권의 책《일본을 걷는다》를 출간하였는데, 이제 세번째 결과물을 세상에 내놓게 되니 감회가 새롭다.

오랫동안 나의 원고를 격려해준 하늘재의 조현주 님에게 감사한다. 또한 일본 독자들에게 가장 먼저 글을 전달해준 월간《아리랑》의 김종영 사장과 곽미정 편집장에게도 고마움을 전한다.

하지만 역시 아내에게 제일 미안하다. 시도 때도 없이 집을 비우고 남편 노릇을 제대로 못하는데 그 흔한 바가지 한번 긁지 않았으니-. 또한 건강하게 자라는 아들 딸아이에게도 더없이 고마움을 느낀다.

우리 대학과 필자의 연구실 학생들에게도 감사한 마음을 갖고 있다. 언제나 든든한 울타리가 되어주었기 때문이다.

2001년 8월
아름다운 목원동산에서
김 정 동

제1부
식민지 지식인의 초상

최초의 여류 화가 나혜석의 미술 동선

신여성의 행로(幸路)

진흙 속에 핀 꽃, 나혜석

내가 처음 나혜석에 관심을 가진 것은 1974년 6월 '나혜석 전'을 보고 나서부터였다. 퇴계로 극동 사옥 부근 '아름화랑'에서 그녀의 회고전이 열렸다(1974. 6. 15~22). 전시 팸플릿에는 다음과 같은 글이 써 있었다.

한국이 처음 낳은 여류 서양화가이며 현대 여성의 선각자인 정월 나혜석 여사……

나혜석은 1930년대 이미 스케치 여행을 많이 했는데, 15개의 전시 작품도 주로 그 결과물이었다. 그 중 〈풍경 서울〉에 제일 관심이 갔었다. 〈선죽교〉(1933), 〈서호(西湖)〉(1934), 〈(시흥)녹동서원(鹿洞書院)〉(1934), 〈해인사〉(1938), 〈다솔사(多率寺)〉(1938) 등이 전시되어 있었다(〈선죽교〉부터 차례로 손세기, 이근배, 이택균, 이주홍, 최범술 소장). 정월(晶月)은 그녀의 이니셜로 'RHA' 혹은 'CW'라고 쓰고 있었다.

나혜석 전 팸플릿.

정초에 동료 교수 한 분이 유명을 달리했다. 얼마 전에는 그의 49재가 예산 수덕사에서 열려 새벽 길을 달려갔다. 그 교수의 누님이 수덕사의 월송(月松) 스님이셨기에 그 곳에서 주관한 것이다.

나는 수덕사에 많은 연을 느낀다. 그 공간에는 일엽(一葉, 1896~1971) 스님도 있었다. 일엽 스님은 그의 저서《청춘을 불사르고》에서 "수덕사 대웅전은 건축할 사람이 없다고, 미국 고고학자가 말하는 것을 직접 작년 봄에 들었다"고 자랑하고 있다.

마침 때맞춰서랄까 월송 스님은《일엽선문(一葉禪文)》이란 아름다운 책을 펴냈다. 나도 다행히 그 책을 하나 받아 들게 되었다. 일엽 스님과 수덕사 그리고 나혜석, 김활란 등 기라성 같은 여류들의 이름이 그 속에 열거되고 있었다. 김팔봉(金八峰)에 따르면 1920년대 우리 나라에 신여성은 20여 명 정도였다고 하는데 그 중 세 명이 여기 있는 것이다.

수덕사를 빠져 나오는 길에 나혜석에 대한 생각을 다시 한번 해보았다. "진흙 속에 핀 꽃 나혜석을 말한다"라는 일엽 스님의 말 때문인지 몰라도 수덕사의 어딘가에 나혜석이 남아 있을 것만 같았다. 우선《일엽선문》에서 몇 자를 옮겨보기로 한다.

일엽 김원주(金元周)는 수덕사의 니(尼)로 승천했다. 재천(在天)의 우리 나라 신여성의 선구자들은 환영회를 마련할지? 1920년대 우리 나라 신여성 운동의 앞잡이가 되어 각 방면에서 활약하다 현해탄에 투신한 가수 윤심덕(尹心悳), 실심하여 이역 동도(東都)에서 고혼이 된 문학가 탄실(彈實) 김명순(金明淳), 파경으로 방황하다 간 화가이며 작가였던 정월(晶月) 나혜석 등 신여성 운동의 앞잡이의 말로는 결코 행로(幸路)는 아니었다. 그들의 영혼을 불도로 승화시켜놓고 일엽은 갔다. 탄실이 우리 나라 최초의 신여성 작가로 공이 있다면, 정월은 최초의 신여류 양화가의 공이 있고, 일엽은 최초의 《신여자》 잡지의 주간이라는 영관(榮冠)을 쓴다(문학평론가 河東銀).

나혜석(1896~1948)과 일엽(1896~1971), 그리고 윤심덕(1897~1926)은 비슷한 시기에 태어났다. 나혜석과 일엽은 동년배이고 윤심덕은 한 살 밑이다. 그들은 1900년대 초 혜성과 같이 이 땅에 나타났다. 그리고 그들의 이름 앞에는 최초라는 수식어가 따라 붙었다.

나혜석(羅蕙錫)은 1896년 4월 28일 경기도 수원군 수원면 신풍리(新豊里) 291번지에서 태어났다. 현재의 신풍동 45-1, 45-4, 45-5, 49번지 일대이다. 나주 나씨 나기정(羅基貞)의 큰 대문이 있는 오랜 기와집에 서였다. 어머니는 최시의(崔是議). 2남 2녀 중 장녀로 태어났으며 어렸을 때 이름은 나명순(羅明順)이었다. 그녀의 아버지는 1909년에는 시흥군수를, 1912년에는 용인군수를 지냈다.

큰오빠 나홍석(羅弘錫)의 집은 수원면 남창리 55번지였다. 그녀는 그곳에 자주 드나들었다. 큰오빠는 1909년 와세다 대학을 졸업했는데 그로부터 신교육을 접할 수 있었던 것이다.

화가의 길로 나가다

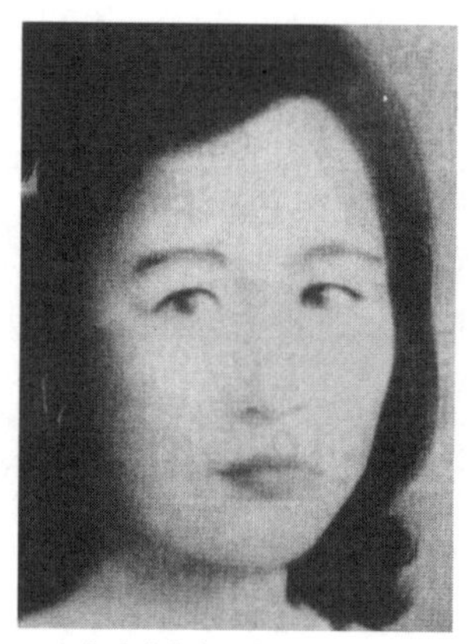

1920년 나혜석이 24세 때.

1913년 3월, 17세가 되던 해 진명여자고등보통학교를 졸업하고 일본으로 유학을 떠난다. 오빠는 여학교 시절부터 그림을 그리던 그녀를 후원했다.

작은 오빠 나경석(羅景錫, 1890~1959)은 1910년 일본에 건너가 세이소쿠(正則) 영어학교를 거쳐 1914년 7월 도쿄고등공업학교 응용화학과를 졸업했다. 현재의 도쿄공업대학이다. 응용화학과 졸업 동기생은 30명이었는데 한국인으로는 그가 유일했고, 중국인 두 명이 있었다. 나경석은 졸업 후 오사카로 건너가 조선 노동자들을 위한 활동을 하며 오사카 조선인 친목회 총간사 일을 보기도 했다. 공학도의 길보다는 동포의 일에 더 신경을 썼던 것이다.

그런 작은 오빠가 추천한 학교가 도쿄에 있는 '조시비주스가코우(女子美術學校)'였다. 한국 근대사 연구가 가미야 니지(神谷丹路)에 의하면, 이 학교는 1900년 설립 인가된 학교로 1913년 당시는 혼고(本鄕) 기쿠사카(菊坂)에 있었다고 한다. 1930년 '여자미술전문학교'로 이름이 바뀐다. '전문' 자가 추가된 것이다. 그리고 1949년부터는 4년제 '여자미술대학'이 되었다. 약칭 '조시비'라 해서 지금도 유명한 학교이다. 현재의 학교 위치는 가나가와 현(神奈川縣) 오다큐(小田急)의 사가미오노(相模大野)이다.

당시 우에노에는 관립 도쿄음악학교와 도쿄미술학교가 있었다. 도쿄미술학교는 흔히 '동미(東美)'라 불렸는데, 이 학교는 남학생만 뽑았기

도쿄의 여자미술학교 시절. 뒷줄 오른쪽에서 두번째가 나혜석.

때문에 나혜석은 여자미술학교로 간 것이다.

나혜석은 여자미술학교 유화과에 들어갔는데 이는 오늘의 서양화과이다. 먼저 선과(選科)에 들어가 1년을 공부한 후 사범과에 입학했다. 선과는 외지인을 대상으로 받아들이는 코스였다. 그녀의 지도교수는 고바야시 만고(小林万吾, 1870~1947). 고바야시는 도쿄미술학교 출신으로 후에 도쿄미술학교 교수가 되는데 인명사전에 등장할 정도로 이름있는 화가였다.

여담이지만, 내가 금년 3월 말 가루이자와(輕井澤)에 갔을 때, 그곳 《내셔널 트러스트》 모임의 나카지마 마스키(中島松樹) 회장이 어떤 건축물로 나를 안내해주었다. 그들의 성공 사례를 보여주기 위한 것이었다. 우편국이었던 그 건축물은 그의 노력에 의해 되살아나 '노노하나 미술관(野の花 美術館)'이 되어 있었다.

그 미술관에서는 마침 여류 화가 후카자와 코우코(深澤紅子, 1903~93)의 그림 전시회가 열리고 있었다. 그녀가 여자미술전문학교 출신이었던지라 관심있게 들여다보았다. 그녀는 1919년 일본화과에 입학해 23년 졸업했는데, 구십 평생을 행복하게 지냈고 죽어서도 이렇게 전시회가 열릴 수 있었던 것이다. 특히 그녀는 요절한 건축가이며 시인인 다치하라 미치조우(立原道造, 1914~39)의 책 표지 장정을 만들기도 한 이력이 있었다. 전시장을 돌며 나는 그녀를 그녀의 선배 나혜석과 비교하지 않을 수 없었다.

나혜석을 사랑한 일본인 청년 화가

정월이 도쿄에 유학할 때 국내에서 그녀는 큰 관심거리였다.《매일신보》1914년 4월 7자에는 '동경 학교의 조선 규수(閨秀)'라는 보도기사가 실릴 정도였다.

작은 오빠 덕으로 나혜석은 비교적 유복한 유학생활을 했다. 그녀는 하숙집 주인 딸과도 친하게 지내며 도쿄에 살고 있는 청년 화가 사토우 야타(佐藤彌太)와 만나기도 했다. 사토우는 "머리가 덥수룩하고 키가 짤막한 청년"이라고 했다. 그 일본 청년이 그녀를 사랑하여 학교 기숙사까지 쫓아다녔다고 한다. 그녀에게 죽자 살지고 피스톨을 내밀 정도였다.

"당신더러 일본 사람이 되라고 말하지 않겠습니다. 제가 조선 사람이 되겠어요."

그가 쓴 글이 월간《시라카바(白樺)》지에 'R子에게'라는 제목으로 실리기도 했다 한다. 필자의 부탁을 받은 가미야 니지는 이 잡지에서 그 글을 찾아보려 했으나 그런 글은 실린 적이 없다는 것이다. 또한 일본인 미술가 인명록에도 사토우 야타라는 이름은 없었다고 했다. 그녀는 사토우 야타는 이시이 하쿠데이(石井柏亭)가 아닌가 하고 추정했다.

일본의 조선 문화 평론가 하타바타(畑
山康幸)도 최근 쓴 글 〈안녕하십니까〉에
서(일본 NHK 라디오 한글 강좌, 2001년 4월)
이시이 하쿠데이를 다루는 글을 쓴 바
있다. 그 글을 인용해보자.

1912년 파리에서 이시이 하쿠데이
(자료 :《동경인》, 1994. 2).

　이시이는 전전(戰前) 그림 제작이랑 미술
전의 심사를 위해 몇 번 조선에 여행한 일이
있는데, 1920년에 나혜석과 만난 일이《그림
의 려(旅)·조선지방(朝鮮地方)의 권(券)》
(일본평론사, 1921)에 기록되어 있다.

　화가 이시이 하쿠데이(1882~1958)는 문화학원(文化學院) 창설자의 한 사
람이었다. 이시이는 도쿄 시타야(下谷)에서 태어났는데 아버지는 일본
화 화가, 동생은 후에 조각가가 되었다. 도쿄미술학교 서양화과를 중퇴
했고 1910~12년까지 파리에 유학을 했었으며 화가와 시인으로 활동했
다. 1912년에는 문화학원의 학감 겸 미술부장을 맡기도 했다.
　최근 일본인들의 연구 결화를 종합해보면《매일신보》의 기사에 나오
는 사토우 야타가 바로 이시이 하쿠데이라는 것이다.

'문화학원'에 대해서

나혜석은 당시 도쿄에서 발행되던《세이토(靑鞜)》라는 잡지에 빠져든
다. 이 잡지는 1911년 창간되어 1916년까지 간행되었던 여성해방운동
을 주창하던 잡지였다. 그녀는 그즈음 문화학원 창설자의 한 사람인 여
류 시인 요사노 아키코(與謝野晶子, 1878~1942)에게서 크게 영향받고 있었

다. 요사노 아키코는 시인 요사노 히로시(與謝野寬, 1873~1935)의 부인으로 그들 부부는 문화학원 창설자의 일원이었다. 가루이자와의 요사노 부부 별장은 문화학원 창설자들이 모여 창설에 의기투합하던 곳이기도 하다.

문화학원은 니시무라 이사쿠(西村伊作, 1884~1963)가 1921년 창설한 것으로 그는 학원의 교장이었다. 문화학원 교사는 창설된 지 한참 지난 1937년에야 준공되었다. 니시무라 자신이 설계한 영국식 고딕풍 교사였다. 오차노미즈(御茶の水) 역에서 도보로 5분 거리인 치요다구 간다(神田) 수루가다이(駿河台) 2~5번지에 세워졌다.

니시무라는 매우 다채로운 삶을 살았다. 건축가로서 유화, 도예에도 조예가 깊었고 또한 자산가이며 사회운동가였다.

그는 문화학원을 설립하기 전인 1920년《즐거운 주가(住家)》라는 건축 책을 썼으며 서양풍 주택 설계와 소개에도 앞장섰다. 그는 건축을 독학으로 배웠고 주택과 교회 그리고 문화학원 등의 작품을 남겼다. 니시무라의 차녀 니시무라 유리(西村百合)는 유명한 건축가 사카쿠라 준조(坂倉準三, 1904~68)의 부인이 되었다.

사카쿠라 준조는 1929년 프랑스로 건너가 르 코르뷔지에 사무소에서 7년 동안 배우고 1936년 일본으로 돌아와 설계사무소를 내고 있었다.

나혜석이 여자미술학교로 갈 때 '문화학원'은 아직 없었다. 문화학원은 이중섭과 김환기, 유영국이 다녀 우리에게 더 유명해진 곳으로 니시무라가 불경죄로 체포당하자 1943년 일시 폐원되었다가 46년 재개원했다. 현재는 전문학교이다. 원래의 건물은 가루이자와 르 반 미술관에 재현되어 있다.

1937년 준공된 문화학원, 정면 입구의 큰 아치가 특징이다.

유학생들과의 교류

그 즈음 나혜석은 오모리(大森)에서 자취생활을 했다. 학교는 성선 (省線)으로 통학했다고 한다. 성선은 요사이 의미로는 국철이다.

1915년 4월 그녀는 주도적으로 재 도쿄 여학생 모임인 '조선여자유학 생친목회'를 조직했다. 전영택과 이광수가 고문이었다. 1917년 6월에 는 기관지 《여자계(女子界)》를 창간하고, 정월은 허영숙(許英肅)과 함 께 편집위원이 된다. 허영숙은 나중에 이광수의 부인이 되는데, 그녀 역시 나혜석의 오빠 나경석에 의해 도쿄 유학을 하게 됐던 것이다.

나혜석은 동경 유학생 동인지인 《학지광》에 글을 쓰기도 한다. 그녀 는 기독교 신자로 1917년 12월 동경 고치마치 구(麴町區) 이이다 정(飯

田町) 조선연합교회 교회당에서 세례를 받았다. 이미 10월 17일에는 조선교회당 내에서 열린 조선여자유학생친목회 임시 총회에서 총무로 선출되었다.

그 무렵 나혜석은 최승구(崔承九, 1892~1917)와 사랑에 빠진다. 그는 보성전문학교를 거쳐 1910년 일본으로 건너가 게이오 대학 예과에 들어갔다. 시인이기도 했던 최승구는 《학지광》의 인쇄인을 맡아 했다. 당시 편집 겸 발행인은 신익희였다. 최승구는 나혜석의 아버지가 군수를 지낸 바 있는 시흥 출신으로 오빠의 친구이기도 했다. 도쿄 재일본 한국 YMCA의 일을 보던 최승만(崔承萬, 1897~?)이 그의 사촌동생이다. 최승구는 이미 조혼해 부인까지 있었으나 나혜석과 약혼을 한다. 그녀가 도쿄 유학 4년째 되는 21세 때였다. 그녀는 최승구 외에도 이광수, 염상섭 등과 친하게 지냈다. 첫 사랑 최승구는 1917년 폐병으로 죽는다.

이광수(1892~1950)는 작은 오빠 경석의 친구였는데 경석보다는 두 살 어렸고 나혜석보다는 네 살 위였다. 이광수는 후에 부인이 되는 허영숙에게 여러 통의 편지를 보내는데 그 중 1918년 편지에 나경석과 나혜석에 관한 글이 나온다.

염상섭은 1923년 나혜석을 모델로 한 〈해바라기〉라는 단편 소설을 발표했다. 이것을 1954년 〈신혼기〉로 제목을 바꾼다. 그녀는 1924년 8월 염상섭의 첫 창작집 《견우화》의 표지화를 그려주기도 한다.

1917년 7월 나혜석은 《학지광》에서 쓴 〈잡감(雜感)〉이라는 글에서 일본을 통찰하고 있다:

일본은 남의 문화를 수용(輸用)하되 일본화하는 것이오. 일본 사람은 외적 자극을 받아 가지고 내적 조직을 만드는 것이오. 우리도 배우는 학문을 내 소유를 만들어야겠소. 조선화시킬 욕심을 가져야 하겠소.

〈4년 전의 일기 중에서〉라는 글에는 일본 여행기가 실려 있다. 1917년 여름이었다.

> 장야현(長野縣) 송정리(松井里)에서 출발하여 중앙선으로 오늘 아침 나고야에 도착하여 10시에 동해도선 하관행 열차를 승환하다. … 거기에서 차차 떠오르는 아침 광선이 비치일 때에 레몽 옐로우, 글랑스 로즈 색을 띄운 것은 얼마나 아름답고 어여쁜 색이라 할는지 어떻다 형언할 수 없다. … 중앙선이 동해도선보다 좋다……(《신가정》, 1921. 6).

또한 〈부부간 문답〉이란 글도 흥미롭다. 여기서 지명 표기는 원문 그대로를 따랐다.

> 내 생각 같아서는 연년이 몇십 명씩 관광단을 모집하여 일본의 부사산(富士山)이나 일광(日光)이나 송도(松島) 같은 데 구경시키는 것보다 가깝고도 서양 풍속을 볼 수 있는 상해나 하르빈 같은 가정 시찰이나 시켜 근본적 생활 개선책을 실행하는 것이 얼마나 큰 사업일는지 모르겠어요(《신여성》, 1923. 11).

한 남자와 만나다

나혜석은 교토(京都)로 간다. 교토 인구 50만 시절이었다. 자신의 미래를 결정할 한 남자를 만나기 위해서. 그는 바로 청구(靑邱) 김우영(金雨英, 1886~1959)이었다. 그녀가 쓴 〈나의 동경여자미술학교시대〉를 보자.

정동예배당에서 치러진 결혼식.

…나는 서양화과 고등사범과 재학중임으로써 실기의 학과가 10여 종 있었습
니다. 회상만 하여도 어리석었던 그 때가 K와의 연애시대입니다. 그를 따라 교
토에 가서 졸업 제작으로 가모가와(鴨川) 부근을 그리고 있는 중이었습니다.
학교에 있는 내 유일무이한 친우 니시자와(西澤) 양에게서는 매일 서신이 왔습
니다. … 나는 학과에 우등을 못하고 실기에만 우등을 하였습니다……(《삼천
리》, 1938. 5).

여기서 K가 김우영이다. 그는 경상남도 동래읍 복천(福泉) 태생으로
우여곡절 끝에 오카야마(岡山) 6고(高)를 거쳐 교토 제국대학 정경학부
법률과 학생이 된다. 청구는 요시다 정(吉田町) 청년회관 기숙사로 그
녀를 안내했다. 그녀는 교토의 물 맑은 풍광에 도취된다. 사랑에까지
빠져 그녀는 행복에 겨웠다. 청구는 나혜석보다 열 살 연상이었다. 그
는 고향에 처와 딸을 하나 두고 있는 유부남이었지만, 처는 그가 입학

하던 해인 1916년 봄에 죽었다. 청구는 교토 조선유학생친목회 간사 역할을 하기도 했다.

청구를 한창 만날 즈음, 나혜석은 도쿄 히가시오쿠보(東大久保)에서 자취생활을 하고 있었다. 그는 도쿄 제대 청년회 웅변대회에 연사로 온 길에 그녀의 자취집을 찾는다. 그들은 오쿠보 전차 정거장에서 가까운 수풀로 가서 함께 기도를 올리기도 했다고 한다.

1918년 3월 나혜석은 여자미술학교를 졸업한다. 그녀의 학창시절 습작이나 그림들은 하나도 알려진 것이 없다. 그녀의 여자미술학교 후배로는 백남순(白南舜)이 있는데 1923년에 입학했으나 입학 1년 후 중퇴하고 파리로 간다.

귀국과 결혼

1918년 4월 나혜석은 5년 동안의 도쿄 생활을 끝내고 귀국한다. 고희동은 1909년 출국 6년 만인 1915년 귀국했었다. 나혜석의 입국 시기와 3년밖에 차이가 나지 않는다. 귀국한 남자들은 대부분 화단 생활을 계속하지 못했으나 나혜석은 계속 그림을 그렸다. 그녀는 오빠의 집인 익선동(益善洞) 126번지로 들어가고 정신여학교의 선생이 된다. 1919년에는 운니동(雲泥洞) 37번지 집에서 그림을 그렸다.

3·1운동이 시작되자 그녀는 이화학당 기숙사로 당시 이 학교 선생이던 박인덕을 찾아갔다. 그 방에서 독립운동의 방향에 대해 이야기를 나누고, 개성과 평양을 찾아다니며 지인을 만나 함께 독립운동하기를 권유한다. 마침내 3월 5일 아침 이화학당 식당에서 만세운동을 벌였다. 이 사건으로 3월 18일 체포되어 경성지방 검사국으로 넘겨졌고 서대문 감옥에서 5개월여 동안 옥고를 치른다. 그녀는 그 후에 의열단의 뒤를

봐주기도 한다.

귀국한 김우영은 1918년 8월 경성에서 변호사 등록을 했다. 사무실은 인사동 2층 양옥으로 추정된다.

결혼식은 1920년 4월 10일 오후 3시 정동예배당에서 치렀다. 주례는 정동예배당 김필수(金弼秀) 목사였다. 그들의 결혼식은 장안의 화제가 되었다. 창간된 지 며칠 안 된 《동아일보》에 공개 초대장까지 실었을 정도였다. 김우영은 김성수, 송진우, 최남선, 최린 등과 《동아일보》 창간 발기인의 한 사람이었다. 최린과는 이미 이때부터 연을 맺고 있었다. 한편 《조선일보》는 1920년 3월 5일에 《동아일보》는 4월 1일에 각각 창간되었다.

신혼은 지금의 혜화동인 숭이동(崇二洞)에서 시작했다. 결혼하던 해 장녀를 얻는다. 청구는 1920년 12월, 정신여학교 3·1운동 주동자 김마리아, 황애시덕 등의 재판에서 변호를 맡는다. 이는 나혜석의 권유 때문이었다. 1920년 봄 정신여학교 교직을 그만두었고 그 즈음 일엽과 만난다. 그녀가 목판화로 그린 〈김일엽의 하루〉는 이때 만들어진 것이다.

1921년 3월에는 서양화 개인전을 연다. 장소는 《매일신보》와 《경성일보》 후원으로 경성일보사 내에 있는 내청각(來靑閣)이라는 음식점이었다. 내청각은 모임 장소로 많이 쓰이던 곳이었다. 그 당시 화랑이 있을 리 없었다. 전시회에 무려 7천 명의 관객이 모였다는 기록이 있는 것으로 보아 매우 대중적인 공간이었던 듯하다. 우리 나라 여류 화가 최초의 유화 개인전이었고 고희동 이래로는 두번째였다.

개인전을 끝낸 나혜석은 1921년 9월 일본 외무성 관리가 되어 안동현 부영사로 부임하게 된 남편 김우영을 따라 만주 안동현으로 간다. 바로 압록강 건너편이었다. 안동은 현재의 단동(丹東) 시이다. 그때 그녀는 이미 두 아이의 어머니이기도 했다.

그녀는 이곳에서 5년을 보내며 만주 일대를 여행하기도 했다. 이 무렵 많은 그림을 그리는데 그 그림은 거의 다 건축화였다. 건물을 화면 가득히 채우는 그런 그림들이었는데 대개 만주 봉천 풍경들이었다. 그녀가 건축의 미에 매료되어 있었음을 알 수 있다. 그녀는 유럽 여행에서도 거리 풍경, 건축물들을 주로 그린다. 기하학적 건축, 고궁의 재현에서 그 특기가 돋보인다.

유럽 스케치 여행과 외도

1927년 6월, 32세의 나혜석은 남편의 임기가 끝나자 벽지 근무자에게 주는 혜택으로 함께 유럽 여행길에 오른다. 하얼빈에서 출발하여 파리까지. 1929년 2월까지 20개월에 걸친 여행이었다.

남편은 연수차 독일 베를린으로 가고, 그녀는 혼자 파리에서 1년을 지낸다. 파리의 쉴레 부부의 집에 과객으로 머물렀다. 쉴레 씨는 쉰 살쯤, 부인은 마흔대여섯 살쯤이었다. 상 라자르 정류장에서 전차로 25분 거리의 별장 많기로 유명한 리베르테에 있는 3층짜리 주택이었다.

고등중학교 철학과 교수이고 유명한 저작가인 쉴레는, 리용 출신 파리 사람으로 약소 민족을 위해 만든 파리의 인권옹호회 부회장이었다. 일본을 세 번이나 방문한 적이 있다. 그때 중국, 조선도 여행을 했는데, 그 후 조선과 일본 여행담을 담은 책을 냈다고 하며 조선의 골동품도 수집하였다.

부인은 여권 주창자였다. 그녀는 쉴레가 "조선의 3·1운동 사건을 잘 알고 있었으며, 서울의 광화문이 헐렸다는 말을 듣고는 크게 분개하여 파리의 신문에 글까지 썼다고 하더라"고 말하고 있다. 일제하에서는 쓰기 힘든 말이었다.

안나원의 〈나혜석의 회화연구〉라는 논문(이대 대학원, 1997)에 의하면, 나혜석은 파리의 유명한 화가 로제 비시에르(Roger Bissier)의 아카데미 랑송(Ranson)에 다니면서 화업을 연마했다고 한다. 약 8개월 동안의 파리 생활이었다. 그때 그녀는 최린과 염문을 뿌렸다. 턱없는 루머가 떠돌아다녔다.

최린(崔麟, 1878~1958)은 3·1운동 33인 중의 한 사람이다. 최린의 유럽 여행중 통역은 공진항(孔鎭恒, 1900~72)이 맡았다. 공진항은 런던 대학에서 2년 동안 공부하였고 이때는 소르본 대학에서 사회학을 공부하고 있을 때였다. 최린은 이때 파리 여행에서 나혜석을 만나게 되었고 유부녀이며 2남 1녀의 어머니였던 그녀와 깊은 관계를 맺는다. 그들은 독일의 쾰른까지 데이트 장소를 넓혀갔다(나혜석, 《이혼고백서》, 삼천리, 1934. 8~9). 이것이 계기가 되어 나혜석은 남편 김우영에게 이혼을 당하게 된다. 36세 때였다. 이에 관한 기사는 1934년 9월 30일자 《동아일보》에 '여류화가 나혜석 씨 최린 씨 상대 제소'라는 제목으로 실렸다. 최린은 이미 1928년 일본에서 여류 비행사 박경원과도 만난 적이 있다. 1930년 11월 35세의 나혜석은 결국 남편으로부터 이혼당한다. 11년의 결혼생활이 끝난 것이다.

다시 고국에

그녀는 1929년 3월 세계 일주 여행을 마치고 돌아오는 길에 다시 도쿄에 들른다. 〈구미유기(歐美遊記)〉에 그 기록이 있다.

동경으로 가서 신주꾸 호텔에 투숙하였다. 동경 집은 모두 바라크 같고, 도로는 더럽고, 사람들은 허리가 새우등같이 꼬부라지고 기운이 없어 보였다

(《삼천리》, 1932. 12).

자동차로 동래에 돌아왔다. 1년 8개월 전에 보던 버섯과 같은 집, 먼지 나는 길, 원시 그대로 있다(〈부산착, 동래귀래〉).

조선 오니 먼지가 뒤집어 씌우는 것이 자못 불쾌하였고 송이버섯 같은 납작한 집 속에서 울려나오는 다듬이 소리는 처량하였고 흰 옷을 입고 시름없이 걸어가는 사람은 불쌍하였다(《삼천리》, 〈아아 자유의 파리가 그리워〉, 1932. 1).

그녀는 풍광이 명미한 동래 자택으로 돌아온 것이다. 짐 두 짝에는 포스터와 그림엽서, 레코드와 화구(畵具)뿐이었다. 임신 8개월의 몸이었다. 남편과 떨어져 어렵게 1년을 그 곳에서 보내며 살 집을 직접 짓기도 한다. 그녀는 또한 같은 글에서,

강원도 일대를 세계적 피서지로 만들 필요가 절실히 있으며 동양인은 물론, 상해 북경, 천진 등지의 서양인을 끌 필요가 있다고 하여 그들이 매년 거액을 들여 스위스로 피서를 가는데 강원도의 삼방약수, 석왕사, 명사십리, 내외금강 등의 절승지가 있으니 이렇게 구비한 곳은 세계에 없을 것임.

이라고 말하고 있다.

1933년 2월, 그녀는 서울 수송동 46번지 15호 목조 2층 건물에 여자미술학사(女子美術學舍)를 개설한다. 자신이 졸업한 여자미술학교를 모델로 한 것이었다.

고희동(高羲東)이 〈미술학교 신설을 건의함〉이란 글을 잡지 《춘추》에 쓰는 것은 그 한참 뒤인 1941년 4월이었다. 나혜석의 선각자적인 현명

함을 알 수 있는 대목이다.

1934년 정초 그녀는 도쿄로 갔다. 아마 그림 재료를 사러 간 것으로 보인다. 그때 우연히 화구점 앞에서 18년 전 그녀를 따르던 사토우를 만났다. 그때까지 그는 미혼이었다. 3월에는 다시 고향 수원으로 가서 서호 성 밖에 작업실을 마련한다. 수원 용주사 포교당에서 전시회를 열기도 한다. 1935년 10월에는 진고개에 있는 조선관에서 대규모 전시회를 갖는다.

한편 1934년 9월 20일에는 동아일보사에 '최린에 대한 제소장'을 내고 경성지방재판소에 최린을 상대로 손해배상을 청구한다. 이는 당시 사회에서 여자로서는 나락의 길로 가는 일이었다.

틀 밖의 여인

나혜석은 1937년 수덕사를 찾아 일엽 스님이 있는 견성암(見性庵)에 묵는다. 일엽 스님 표현대로라면, "그렇게도 잘났다던 나혜석! 미의 화신으로 남자들의 환영에 둘러싸였던 나혜석! 최초의 여류 화가로 여류 사회를 그렇게 빛냈던 나혜석!"이 그녀를 찾았던 것이다. 그것도 한없이 추락하는 모습으로. 수덕사의 주지였던 고승(高僧) 만공(滿空)은 그녀에게 고근(古根)이라는 불명을 지어준다. 나혜석은 수덕사 앞 수덕여관에서 장기 체류한다. 수덕여관은 이응로(李應魯, 1904~89) 화백과 그의 아내가 한때 머물렀던 여관으로 널리 알려진 곳이다.

1938년 8월 《삼천리》의 〈해인사의 풍광〉을 끝으로 그녀의 화업(畵業)은 끝났다. 아마 그녀는 그의 말대로 "떨리는 두 손에 화필과 팔레트를 들고 암흑을 향하여 갔으리라."

1943년판 《조선인명록》을 보면 이혼한 전 남편 김우영은 충청남도 참

김우영과 그의 자식들이 살던 대전 대홍동 관사. 전면 좌우가 국장 관사였다.

여관 겸 산업부장이 되었다. 교토 제대를 나온 덕분에 그는 총독부 사무관이 되었던 것이다. 물론 친일파였다. 김우영은 당시 대전부 대홍정(大興町) 관사에서 살았으며 이때의 전화번호는 723번이었다. 그들은 이혼할 때 4남매를 두었는데 그들도 아버지와 함께 그곳에서 살며 학교도 대전에서 다녔다.

장녀 이름은 김나열(金羅悅)로 지었는데 남편의 성과 자신의 성을 합친 것으로 신혼 초 희열의 결정체였다. 파리에서 낳은 아들은 김건(金建)이라 했다. 그 후 김우영은 전라남도 국장이 되었다가 중추원 참의까지 오른다. 김나열은 어머니가 병들었을 때 개성의 한 여학교 선생으로 있었다는 기록이 있고, 아들 김건은 후에 은행가로 출세한다.

나혜석은 1939년 수덕사를 나와 재혼한 김우영을 찾아갔으나 박대당하였다 한다. 이것이 가족간의 마지막 만남이었다. 김우영은 1953년 《회고》란 제목의 회고록을 부산의 '신생공론사'에서 출간했으며, 해방

안양기독보육원 시설 중 일부.

후 반민족행위처벌법에 의거 체포된 적이 있다(최석의, 《조선여성해방운동의 선구자 나혜석》, 1996. 4. 6, 일본, 종성회와 《나혜석 평전》, 아프로, 2001. 2). 신생공론사는 해방 후 그가 만든 월간 종합지였다. 김우영은 사장으로 있다가 1959년 4월 16일 새벽 서구 부용동(芙蓉洞)에서 73세로 죽었다.

1941년 시국은 나쁜 방향으로 치닫고 있었다. 정상인도 살기 힘든 시대였다. 함묵증(緘默症)에 빠져 있던 그녀는 44년 10월 22일 인왕산 부근 청운양로원에 최고근(崔古根)이라는 이름으로 나타난다. 왜 최씨 성을 붙였는지는 알 수 없다. 45년 해방 무렵에는 해관(海觀) 오긍선(吳兢善, 1878~1963)이 운영하는 안양에 있는 기독보육원 농장에 있었으나 그 후 행방불명되었다.

오긍선은 1919년 서울 서대문 옥천동(玉川洞) 3,000평의 대지 위에 경

34

성보육원을 설립했다. 세브란스 의전 교장 시절인 1936년경에, 이곳이 넘쳐나는 고아들로 비좁아지자 경기도 안양읍 관악산 밑에 전야(田野) 8만 평을 사들여 이를 옮겼고 이름도 자연히 안양기독보육원이 되었다. 우리 나라 최대의 고아원이었던 이곳에는 유치원과 보통학교도 있었다. 원래는 일제 때 일본인의 목장 즉, 마쓰모토 목장(松本牧場)이 있던 자리였다. 오긍선은 1916년 4월부터 1917년 5월까지 도쿄 제대 의학부에서 연구생활을 한 바 있다. 이 시기 나혜석과 오긍선의 도쿄 생활은 겹쳐진다. 이 인연으로 후에 오긍선이 갈 곳 없는 나혜석을 보호한 것이 아닌가 여겨진다.

나혜석은 눈보라 치던 1948년 12월 10일 오후 8시 30분, 용산구 원효로에 있던 시립 자제원(慈濟院)에서 행려병자로 사망한다. 현재의 서울시립 남부병원이다. 그리고 1949년 3월 4일자 관보에 주소 불명의 행려 사망자로 실린다. 그녀의 묘지마저 불분명하다. 화성군 봉담면 어디 있다고만 알려져 오고 있다.

사남매 아해들아! 에미를 원망치 말고 사회 제도와 도덕과 법률과 인습을 원망하라. 네 에미는 과도기에 선각자로 그 운명의 줄에 희생된 자였더니라. 후일, 외교관이 되어 파리 오거든 네 에미의 묘를 찾아 꽃 한송이 꽂아다오.

죽음은 비록 비극적이었으나 그녀의 살아온 '행로(幸路)'는 선각자의 행복의 길이었는지 모르겠다.

하늘을 꿈꾼 여자 박경원

최초의 여자 비행사, 다치가와의 하늘을 날다

하늘로! 우주로!

2000년이 코앞에 와 있을 때였다. 세기말이라 그런지 망년회도 줄을 이었다. 그 즈음 공군 장교들의 모임 장소에 갔었는데 그 자리에서 한 장군이 건배를 권하며 "하늘로! 우주로!"라고 외쳤다. 참 재미있는 구호라고 생각했다. 우리는 기껏해봤자 '위하여! 위하야!' 따위였는데-.

그 자리에서 나는 잡담처럼 우리 나라 초기의 비행사에 관한 얘기를 꺼냈다. 70년 전, 이미 '하늘로'를 꿈꾼 사람들에 관한 에피소드였다 일제하 자료를 찾아보면, 당시 조선인 비행사는 8명이었고 그 중 여자는 3명이었다. 남자로는 안창남(安昌男, 1901~30)이 처음이었고 그 뒤를 박경원(朴敬元, 1897~1933)이 잇고 있다. 안창남은 박경원보다 4살 아래였다. 이어 이정희, 김복남 등 여류 비행사와 장덕창, 강세기, 윤창현, 윤공흠 등의 이름도 계속 나타난다.

그 중 가장 돋보이는 여자 비행사는 박경원과 이정희였다. 안창남이란 이름은 익히 들어 알고 있었지만 여자는 처음이었다. 그러면 박경원은 누구인가.

나는 우연히 어느 책방에서 한 권의 책을 발견했다. 카노 미키요(加納實紀代, 1940~)가 1994년 일본 시사통신사에서 낸 《건널 수 없었던 해협-여성 비행사 박경원의 생애》라는 책이었다. 박경원이란 이름이 어디선가 눈에 익었기 때문에 빼어 들었다. 잡지 《조광》의 '이정희'에 대한 글에도 박경원이 몇 번 나온 것을 보았다.

1926년경의 박경원(자료 : 加納實紀代).

한국을 싫어하는 총리와 박경원

나는 1993년 고려신사에 갔을 때 그 신사의 방명록에서도 박경원의 이름을 본 적이 있다. 1928년의 방명록에는 2등 비행사 박경원의 이름이 쟁쟁한 권력자와 함께 적혀 있었다. 최린(崔麟, 1878~1958), 일본 체신대신 고이즈미 마타지로(小泉又次郎, 1865~1951)와 나란히.

그 두 사람에 대해 알아보기로 한다. 먼저, 최린은 3·1운동 33인 중 한 사람이었지만, 천도교를 이용해 친일적 역할을 하고 있었다. 종로 재동에서 편히 살던 그는 일제의 회유에 의해 일본을 찾아와 고려신사를 찾았다. 유럽 유람길에 잠시 일본에 들른 것이었다.

또 하나 의혹의 인물은 체신대신 고이즈미 마타지로이다. 그 자는 박경원을 돕기도 했지만 그녀를 괴롭히기도 했다. 턱없는 루머가 떠돌아다녔기 때문이다. 고이즈미 마타지로는 일본 정치계의 중진으로 활동했으며 1944년에는 고이소(小磯國昭, 1880~1950) 내각의 고문까지 지냈다. 고이소는 1942~44년까지 조선 총독을 지냈던 자이다.

그 고이즈미 마타지로의 손자가 2001년 4월 26일 총리가 된 고이즈미 준이치로(小泉純一郎, 1943~   )이다. 고이즈미 마타지로의 아들은 1960년대 사토 내각 시절 방위청 장관을 지낸 고이즈미 준야(小泉純也, 1904~69)이다. 고이즈미 3대는 가나가와 현 요코스카를 근거지로 정치 세력을 쌓아왔다.

이제 그 아들이 총리 자리에 올랐다. 할아버지의 후광을 업고 후쿠다(福田) 총리의 비서로 정계에 들어가 수상까지 오른 것이다. 그는 할아버지와 아버지의 뒤를 이어 참으로 우려되는 길로 가고 있다. 갈기머리를 한 그는 야스쿠니 신사에 공식 참배하고, 교과서 개정 불가를 외치고 개인적으로 김치를 싫어한다고 말하는 등, 하는 말마다 걱정되는 것들뿐이다. 한국에는 관심도 없을 뿐만 아니라 싫어서 한번도 와보지 않았던 것이다. 그것은 보통 일본 사람의 모습일 뿐이다. 그는 할아버지와 박경원의 관계를 알고 있을까.

1917년 요코하마로

박경원은 1897년 6월 24일 대구부 덕산정(德山町) 63번지에서 태어났다. 현재의 덕산로이다. 그녀는 1912년 6월 대구에 있는 미국 장로회계 명신여학교에 들어가 1917년 9월 2학년으로 중퇴한다. 그 즈음 학교는 대구 부립으로 공립화되고 이름도 복명(復明) 보통학교로 바뀐다. 당시 보통 여자가 이만큼 공부를 하는 것도 쉬운 일은 아니었다.

그녀는 16세 때인 1917년 9월 13일 아침 대구역에서 일본을 향해 떠났다. 1903년 이래 대구에 와서 제사기술을 지도하고 있던 미와(三輪如

鐵)의 후원에 의해 일본으로 보내진 것이다. 그녀는 이미 비행사가 되는 꿈을 꾸고 있었다.

박경원은 곧 요코하마(横浜) 미나미 요시다 정(南吉田町)에 있는 가사하라(笠原) 공예강습소에 입학했다. 그곳은 견직, 마직물 등을 짜는 기술을 가르치는 직공 양성소였다. 그녀는 이곳에서 2년 반을 지낸다. 어려움 속에 돈을 모으려 했으나 여의치 않았다. 1919년부터는 재일 대한 요코하마 교회에 나가 기독교인이 된다. 이듬해인 1920년 2월 그 학교를 졸업하고 일단 귀국했고, 같은 해 10월 그녀는 대구의 자혜(慈惠) 의원 조산부 간호부과에 입학했다. 이는 간호부가 되기 위해서라기보다 비행사 교육을 받을 돈이 필요했기 때문이었다.

1922년 12월 10일 1등 비행사 안창남은 동아일보사 주최로 고국 방문 비행을 한다. 여의도 상공을 나는 그의 자랑스런 모습이 박경원의 눈에 들어왔다. 그는 서울에 오기 직전인 11월 제국비행협회 주최의 도쿄-오사카 간 우편 비행에 참가, 입상을 해서 이름을 떨치고 있었다. 안창남은 1921년 도쿄 수자키(洲崎)에 있는 오구리(小栗) 비행학교에서 비행술을 배웠고 우리 나라 사람으로는 최초로 1등 비행사 자격을 얻었다.

최초의 비행기

미국 라이트 형제의 비행은 1908년 5월 30일이라고 알려져 있다. 그러나 일본의 비행기 연구 개발은 그 이전인 1895년부터 시작되었다고 하는데, 그것은 청일전쟁에 투입된 일본군의 한 병사에게서 비롯되었다. 아이히메 현(愛媛縣) 우와지마(宇和島) 출신 니노미야 타다하치(二宮忠八)란 병졸은 제5혼성여단의 한 병사로서 조선 땅에 들어왔다. 그는 당시 경성 마포(麻浦)의 공덕리(孔德里)에 주둔했다. 새를 자세히 관찰해 비행의 원리를 발견하고 모형 비행기 실험 비행에 성공했던 그는 군 당국에 자기가 고안해낸 비행기를 제작하자고 건의했다. 상관을 통해 비행기의 군사적 가치를 설파하며 자신이 고안한 비행기를 군에서 채택하여 구체화하도록 건의한 것이었다. 그러나 여단장이었던 오오시마 요시마사(大島義昌, 1850~1926) 소장은 이를 무시해버렸다.

서울 시민이 비행기를 구경한 것은 1917년이 처음이었다. 서울 한강로 3번지에는 연병장이 있었다. 현재 미군 용산기지인 이곳은 1906년 이래 일본군의 연병장이었다. 1917년 이 연병장에서 미국인 아더 스미스가 우리 나라에서는 처음으로 비행의 묘기를 선보였다. 조선 총독 하세가와 요시미치(長谷川好道, 1850~1924)의 주선에 의해서였다.

일본에서 일본인의 첫 비행은 1910년 12월 14일에 이뤄졌다. 이에 따라 일본 육군은 1911년 4월 사이타마 현 도코로자와(所澤)에 수십만 평의 토지를 매수, 일본 최초의 비행장을 개설하게 된다. 본격적인 비행기 시대가 열린 것이다.

1919년에는 이곳에 육군비행학교를 개설한다. 프랑스에서 온 폴 대령이 교관으로서 항공 장교를 양성한다. 도코로자와경성 간 육군대비행도 이 결과로 이루어진 것이다.

드디어 비행학교에

나는 몇 년 전 도쿄 대학의 연구소 사람들과 도코로자와에 갈 기회가 있었다. 다른 건축물 견학을 가는 길이었다. 도코로자와란 지명에 눈이 갔다. 일행과 견학을 끝내고 혼자서 도코로자와와 다치가와(立川) 시로 발길을 돌렸다. 박경원의 행동 반경이 도코로자와와 다치가와 시에서 이뤄지고 있었기 때문이다.

박경원은 먼저 도쿄 가마다 구(蒲田區)에 있는 일본자동차학교에 입학했다. 자동차 운전이 비행기를 이해하는 데 도움이 되기 때문이었다. 안창남도 먼저 자동차 운전을 배웠고 많은 비행사들도 그 코스를 밟았다. 1925년 1월 같은 곳에 있는 일본비행학교 정과에 들어갔다. 그녀는 이곳에서 지상 교육을 받았다. 아직 자격과 경제력이 허락지 않아 조종과에는 들어갈 수 없었다.

박경원은 원래 안창남이 교관으로 있는 오구리 비행학교로 가고 싶어했으나, 오구리 비행학교는 1923년 관동대지진으로 불타고 없어졌다. 안창남도 가고시마에서 혼다(本田稻作)가 경영하는 수륙(水陸) 비행장으로 옮겨서 그 소식이 끊어졌었다. 1925년 2월경 중국 상하이에 있다는 뉴스뿐이었다.

그녀가 입학할 즈음 이미 일본에는 여류 비행사가 두 명이나 탄생하였다. 3등 비행사였다. 당시 비행사 급수는 1, 2, 3등 비행사로 나눠져 있었다. 20시간 비행 경력이면 3등, 50시간은 2등, 100시간이면 1등 비행사 시험 자격이 주어졌다. 순서는 3등부터 시작한다. 3등 비행사는 자가용 비행기로 운동장 주변만 비행하고, 2등 비행사가 되면 비행은 자유였지만 자가용 비행기밖에 조종할 수 없었다. 1등 비행사가 되면 영업용 비행기도 조종할 수 있었다. 그런데 1등 조종사는 남자에 한하을 뿐 여자는 2등이 최고였다. '여자는 엉덩이가 커서 조종은 무리'라는 성차별의 조롱도 있던 시대였다.

더구나 그녀에게는 돈이 없었다. 그녀는 순회 간호부와 자동차 운전수를 하며 모은 돈으로 간신히 비행 훈련을 할 수 있었다. 탈 때마다 돈인데 1시간에 15원이었다. 기름이 귀할 때였다. 면허증을 따려면 2,000원이 든다고 했다. 당시 대학 졸업생 초임이 40원이었고 500원이면 웬

《동아일보》 1925년 9월 4일자 기사.

만한 집 한 채를 살 수 있었다.

박경원의 후원자는 《동아일보》였다. 1925년 7월 9일자를 시작으로 9월 4일자, 12월 12일자에 연속으로 그녀에 관한 기사가 나갔다.

여용사 박경원 양
비행학교에 입학,
부모의 거절과 만흔 청혼도 버리고 단연 일본으로 건너가 비행가 지원(《동아일보》 1925년 7월 9일)

…녀자가 비행긔 공부를 한다고 그리 장할 것야 무엇이겟슴닛가마는 일본에서는 아즉 이에 뜻을 두는 녀자가 드물 뿐 아니라 조선 녀자로는 나 한 사람뿐임으로 때로는 남달은 곤난을 격근 일이 만앗슴니다. 학교를 졸업한 후 선생들의 호의로 그 학교 조교수로 잠간 잇게 되엿섰슴니다. 그런데 작란 조화하는 일본 학생들이 하도 놀리고 못살게 굴어서 할 수 업시 남복(男服)을 하고 다닌 일까지 잇섯슴니다마는 역시 그들의 성화로 결국 그것을 그만두게 된일도 잇슴니다……(《동아일보》 1925년 12월 12일).

조종과에 정식으로 입학한 것은 1926년 2월 1일이었다. 이은 왕세자는 구한국 정부 학부대신을 지낸 이용직(李容稙, 1852~1932)을 통해 거금을 기부하였다.

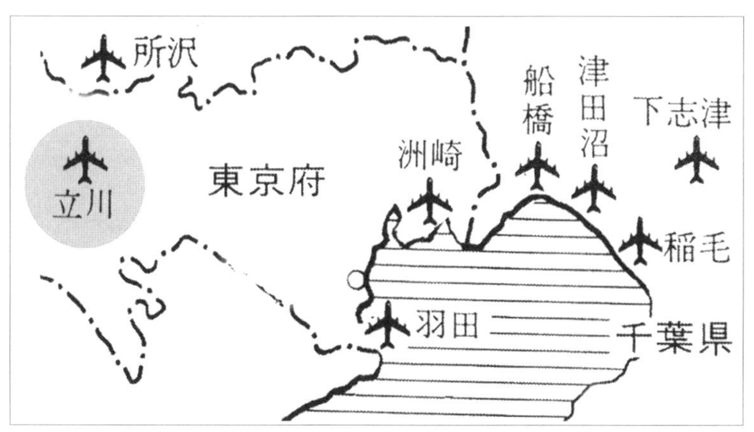

당시 비행장 위치도. ✈는 비행학교·비행장. 다치가와(立川) 비행장이 왼쪽에 있다.

조선인 젊은이들이 닦은 다치가와 비행장

박경원은 1926년 2월 이른 봄, 일본비행학교인 다치가와 분교에서 비행기 조종 연습을 위해 시모 다치가와 정(下立川町)으로 이사왔다. 주변에 뽕나무밭이 많았고 붉은 바람이 유난히도 심하게 부는 곳이었다. 다치가와 역에서 북쪽으로 5분, 비행학교에서 남쪽으로 10분 거리였다. 스스키(鈴木)라는 사람의 집이었는데 단층 목조로 방 두 칸에 부엌, 현관, 목욕탕이 붙어 있었다. 육군 다치가와 비행장은 도쿄에서 한 시간 거리로, 1922년 육군이 41만 5,250평의 대지를 매입해 만든 것이다. 제5비행연대의 비행장이었다. 제도(帝都) 도쿄를 방위하기 위해 만든 것이라 하여 이 다치가와는 '하늘의 성지'라고도 불렸다.

비행장 공사는 히로시마의 모리타 구미(森田組)가 맡았다. 이때 많은 우리 젊은이들이 공사판에 투입되었다. 우리 동포들의 땀과 피가 섞여 있는 이곳에서 조선인 인부들은 삼태기로 흙을 나르고 바닥을 다듬었다. 격납고도 세우고 수리 조립공장, 막사 등도 세웠다. 1922년 3월 준

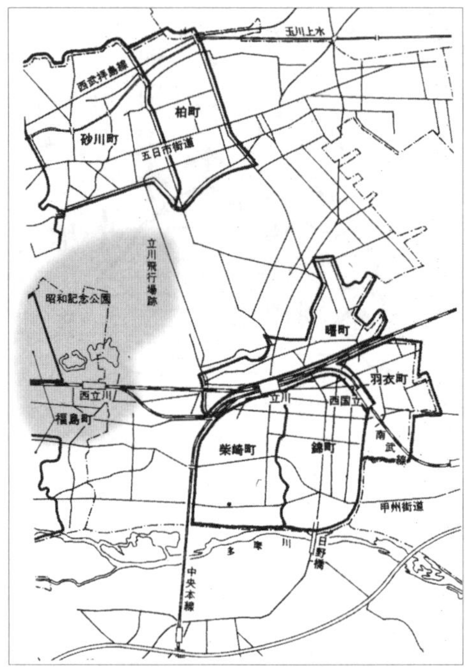

다치가와 시 주변. 왼쪽에 비행장 터가 보인다.

공되었다. 1923년 12월 무렵 이곳은 이미 시골에서 도시로 변모해 있었다.

현재의 다마(多摩) 지구에 속하는 이곳에서 박경원의 흔적을 찾는 것은 거의 불가능했다. 비행장터였다는 것 외에는 당시를 알 수 있는 것이 아무것도 없었다. 비행장터 일부인 니시 다치가와(西立川) 역 주변에는 '국영 소화기념공원'이 들어서 있는데, 히비야 공원의 11배 면적을 자랑한다. 부근에는 히토쓰바시 대학(一橋大學)이 들어서 많은 학생들이 오가고 있다.

1927년 3등 비행사가 되다

1927년 초까지 그녀는 194회 비행 기록을 세웠고, 25시간 44분 이상을 탔다. 1회 비행은 보통 3~5분이므로 25시간은 그렇게 적은 시간이 아니었다. 1927년 1월 25일 그녀는 3등 비행사 시험에 합격했다. 일본에 온 지 3년 만이었다. 28일 면허증을 받았다. 조선 최초의 여류 비행사가 탄생하는 순간이었다. 1월 29일 가마다 본교에서 졸업식이 열렸다(도쿄,《아사히 신문》 1927년 1월 30일자).

그녀는 이어 2등 비행사에 도전했다. 일본에는 이미 여자 2등 비행사가 있었던 것이다.

1928년 7월 12일 관동비행구락부 주최로 도쿄 시부야 구(澁谷區) 요요기(代代木) 연병장에서 제4회 비행경기대회가 열렸다. 이때 일본비행학교에서는 박경원을 포함 네 사람이 참가했다. 그 중 여류 비행사는 박경원과 같은 한국 여인 이정희(李貞喜, 1910~?), 그리고 일본 여자 한 명이었다.

박경원은 고도상승 경기에서 3등으로 입상했다. 30분 동안 요요기 연병장 상공을 나는 것이었다. 2회, 3회 때는 입상하지 못했으나 이때는 당당히 입상한 것이었다. 참궁교(參宮橋)에서 시상식이 열렸다.

박경원은 같은 해 7월 30일, 2등 비행사가 됐다. 면허증 번호는 81번. 여자로는 일본인 두 명에 이어 세번째였고, 우리 나라 여자로는 모두 처음이었다. 물론 한국 최초는 안창남이었다.

그녀가 2등 비행사가 됐을 때, 일본인 교장과 교관들은 "박양은 일본비행학교의 꽃으로서, 머리가 좋은 미인이다"라고 칭찬하였다. 키도 크고 명랑한 그녀는 많은 남자들의 시선을 끌기에 충분했다.

이정희도 2등 비행사 면허를 받았다. 그들보다 조금 뒤에 또 한 사람의 여류 비행사가 탄생한다. 바로 김복남(金福男)인데 1939년 3월 2등

1930년의 여의도 비행장. 항공수송주식회사 건물(자료 : 《서울의 20세기》).

비행사가 되었다. 남자 비행사로는 당시 오사카의 일본항공수송연구소에 근무하는 장덕창(張德昌)이란 1등 비행사가 있었다. 박경원과는 잘 알고 지내는 사이였다.

또한 강세기(姜世基)란 이름도 보인다. 그는 충청남도 출신으로 이정희와 입학 동기였다. 그는 어렵게 공부하여 3등 비행사 자격증을 땄다. 그런데 불행히도 1929년 4월 18일 도코로자와 비행장에서 비행 연습을 하다가 추락사했다. 기체는 1미터 흙 속에 처박혀 원형을 알 수 없을 정도였다고 한다. 그의 시신도 마찬가지였다. 23세의 꿈 많은 젊은이였다.

고국을 날고 싶어

다치가와 일대도 변모해갔다. 1929년 4월 이곳에 도쿄 비행장이 건설되었다. 민간 정기편을 운영하는 일본항공수송회사가 이 일을 맡았다. 일본과 조선, 그리고 만주를 연결하는 비행장이었다. 8인승 네덜란드

하늘의 여자들이 도쿄 제국호텔에 모였다. 제일 앞줄 오른쪽이 박경원이다. 가운데 줄 오른쪽에서 네번째가 고이즈미 체신대신이다(자료 : 相羽 有, 《고 2등 비행기 조종사, 박경원양 추도록》, 1933) / 자료 제공 이순우).

제 비행기와 6인승 미국제 비행기가 투입되었다. 9월 10일부터 후쿠오카-울산-경성-평양을 지나 만주의 대련으로 이어지는 여객 수송이 시작된 것이다.

시간표를 보면 아침 8시 다치가와 출항, 오사카 10시 30분 도착, 후쿠오카 밤 12시 57분 도착, 새벽 2시 50분 후쿠오카 출항, 울산에는 4시 46분에 도착했다. 후쿠오카-울산은 240킬로미터 구간이었다. 아침 7시 울산 출항, 서울 여의도의 일본 육군 이착륙장에는 9시 32분 도착이다. 다치가와에서 서울까지는 비행거리 1,500킬로미터였다. 물론 운임이 비싸 처음 승객은 호기심 많은 사람, 돈 많은 사람, 고관대작 등이었다.

당시 일본 비행사들은 면허를 따면 자신의 고향까지 비행하는 것이

관례였다. 금의환향을 한 셈이다. 이는 일제의 선전도구로도 이용되었다. 안창남의 경우도 그랬고 박경원도 고향 방문을 계획하였다.

1930년 현재 일본에서 2, 3등 비행사는 12명이었는데, 그 중 직접 비행을 하는 여류 비행사는 박경원밖에 없었다. 그녀는 아시아의 여류 비행사를 꿈꾸었다.

1931년 4월 3일, 그녀는 도쿄 제국호텔에서 고이즈미 체신대신과 처음 만난다. 체신대신이 몇몇 여류 비행사를 점심에 초대했기 때문이다. 이 기회에 그녀는 고국 방문을 위한 비행기를 불하받기를 원했다.

박경원은 도코로자와 육군비행학교로부터 비행기 '살무손'을 불하받았다. 무척 다행스런 일이었다. 체신대신의 입김이 작용했기 때문에 오해도 생겼다. 함께 고려신사를 간다든가 하는 개인적인 만남들이 신문 가십에 오르내렸다.

그녀는 비행기 이름을 '파란 제비호(靑燕號)'라 붙였다. 이제 이 비행기는 그녀의 소유였다. 《도쿄 니치니치신문(東京日日新聞)》은 이를 이렇게 보도하고 있다 .

　…드디어 11월 20일경 정비가 완료될 전망이다. 이 조선 비행의 출발에 직접 관계가 있는 다치가와 시 및 민간 비행 관계자들은 대대적으로 전송을 하려고 계획하고 있다……(1931년 10월 23일).

박경원은 '일만친선 황군(皇軍) 위문 일만 연락비행'이라는 군국의 냄새가 물씬 나는 이름으로 비행을 해야 했다. 제국비행협회에서 지어낸 명칭이었다. 관동군, 협화회, 조선총독부 등 거창한 곳들에서 후원을 했다. 어쨌든 그녀의 고국 비행은 비행사의 뜻을 품은 지 13년, 일본 비행학교에 들어가서 9년, 2등 비행사가 되는 데 5년이 걸린 후였다.

이 즈음 그녀의 후배로 윤창현(尹昌鉉)과 윤공흠(尹公欽)이 입학한다. 윤창현은 1931년 7월 일본비행학교에 입학하여 11월 2등 비행사가 되고, 1932년 5월 15일 다치가와 시를 날아 서울로 갔다. 윤공흠은 윤창현보다 한 달 뒤 입학하여 1932년 6월 초순 2등 면허를 땄다. 그는 조선으로 비행중 히로시마에 불시착했다.

박경원은 그 사이 '국민비행 클럽'이라는 단체에 회원으로 가입한다. 그 회원 자격으로 외국의 여류 비행사들을 만나게 된다. 영국의 런던에서 도쿄 다치가와까지 비행기를 몰고 온 브르스를 만나 요코하마 개항 기념관에서 열린 기념식에 함께 나타나기도 한다. 프랑스의 여류 비행사 마리 일루스, 독일의 에츠츠도르프, 그리고 미국의 린드버그 부처와 에이미 존슨 등도 만난다. 그들을 만나는 와중에 박경원은 유럽과 미국 비행 방문을 꿈꾸었다.

재일본 한국인들의 모임인 '13구락부'에도 참가했다. 일정한 직업의 사람들끼리 히는 모임인데 정치나 항일이라든가 하는 것과는 관계없는 개인 친목단체였다.

긴자(銀座)의 백화점 히라키야(白木屋)에서 열리는 일본 육군제(陸軍祭)에 가서는 일반인들에게 비행기를 설명하기도 한다. 만주의 신경(新京, 현재의 長春)을 방문해 관동군사령부 고위 관계자들도 만났고 대구에도 갔다. 대구의 강연회에는 수천 명이 모였다고 한다.

마지막 비행

드디어 1933년 8월 3일 오후 2시, 그녀가 탈 비행기는 하네다(羽田) 도쿄 비행장에 도착했다. 그녀 스스로 출발지인 하네다 비행장으로 몰고 온 것이다.

1933년 8월 7일, 이륙하기 직전의 박경원. 오른손에 일장기가 쥐어져 있다.

하네다 비행장은 1931년 8월 29일에 개장했다. 국제공항이었다. 1929년부터 하네다 앞 바다를 메워 만들었다. 다치가와의 도쿄 국제비행장 시대는 이제 끝났다. 1967년 나리다(成田) 공항에 국제공항 지위를 물려줄 때까지만 해도 하네다는 일본의 현관이었다. 지금은 국내선 위주로 운행되고 있다.

그녀의 비행기는 하네다 비행장 격납고에 넣어졌다. 그러나 박경원의 계획은 여러 사정으로 미뤄졌다. 마침 8월 9일부터 12일까지는 관동 방공연습이 있을 예정이어서 8월 7일밖에 날이 없었다. 고이즈미 체신대신은 비행일을 공식 발표했다. 기상 조건은 최악이었지만 일정상 미룰 수도 없었다.

박경원은 8월 7일 오전 10시 34분 '파란 제비호'에 올랐다. 옅은 화장

하코네 산중에
추락한 박경원
의 비행기.

을 한 얼굴에 나비 넥타이, 녹색 비행복과 빨간 구두가 한껏 어울려 매우 아름다웠다고 한다. 그녀의 죽은 모습이 요염했다고 쓴 자도 있을 정도였다.

비행장을 이륙, 오사카 방향으로 기수를 잡았다. 비행기에는 육군대신, 체신대신, 척무대신과 도쿄 시장, 제국비행협회 등의 축하 메시지도 실렸다. 기수는 도쿄를 벗어나 가와사키 공장지대 상공을 지났다. 멀리 잿빛 구름이 낮게 깔렸다. 불길한 징조였다. 도카이도 선(東海道線)의 선로를 건너 에노시마(江の島)를 지났다. 이제 별장, 해수욕장이 즐비한 오다하라(小田原) 상공을 지나고 있었고 고도 400~500미터였다. 이어 아타미를 지나 해발 800미터의 하코네 산을 넘는다. 비행한 지 40분이 경과하였다. 빽빽한 구름과 난기류가 비행기를 둘러쌌다.

박경원의 비행기는 11시 17분 하코네의 남쪽에서 폭음을 울린 후 사라져버렸다. 하코네 항공 무선전신소에 폭음이 들려왔다. 얼마 후 시스오카 현 전방군(田方郡) 다하촌(多賀村) 상다하(上多賀) 현악치(玄岳

峰)에 기수를 거꾸로 박은 채 비행기가 발견되었다. 시계는 11시 25분에 머물러 있었다. 그녀는 가슴을 강타당한 채 조종석 핸들을 잡고 죽어 있었다. 모든 꿈은 사라졌다. 그녀의 짧은 생애는 마감되었다. 대구 비행장에서 그를 기다리던 많은 군중들은 충격적인 뉴스에 경악했다. 서울에서도 마찬가지였다.

8월 8일 오후 7시 30분, 관계자들에 의해 그녀의 시신과 기체는 수습되었다. 시신은 그곳 화장장에서 화장되었고 기체는 다하(多賀) 소학교에 기증되었다. 유골은 도쿄로 돌아와 시바(芝)의 청송사(靑松寺)에 안치되었다. 장례식은 8월 11일, 사쿠라다(櫻田) 혼고 정(本郷町)에 있는 제국비행협회 비행관에서 일본비행학교 교장(校葬)으로 치러졌다. 일본 육군대신, 체신대신, 척무대신, 조선 총독부 정무총감, 관동군 참모장 등이 조화를 보내왔다. 그녀는 이 자리에서 '하코네의 여신' 이라 칭송되기도 했다. 시신도 일제의 융화 선전책의 제물이 되었다.

박경원의 유골은 14일 오전 10시 47분 대구역에 도착하였고 불교 포교원에 안치되었다. 그것은 고야산(高野山) 포교사 고바야시(小林弘教)가 주관했다.

조난당한 자리에는 '1933년 박경원양 조난위비' 라고 새긴 돌기둥이 세워졌고, 같은 해 11월에는 일본비행학교 출판부에서 아이하네 시로 수(相羽 有) 일본비행학교 교장 이름으로《고 2등 비행기 조종사, 박경원양 추도록》이란 책자를 냈다.

1983년 8월 7일 아타미의 의왕사(医王寺)에서는 '박경원 추락사 50년 제' 가 열리기도 했다. 우리 나라 최초의 여류 비행사, 그녀는 이내 잊혀졌다.

윤심덕과 김우진의 현해탄

격랑에 불사른 청춘

수선같이 지다

몇 년 전 8월 한여름, 시모노세키(下關) 부두에서 부관(釜關) 페리를 탄 적이 있다. 부관 페리는 320킬로미터를 달려 부산을 향해 갔다. 갑판에 오르니 일본을 여행하고 돌아가는 학생들, 신혼부부, 보따리 아줌마, 그리고 이상한 아저씨들의 왁자지껄함이 분위기를 달구고 있었다.

배는 '마의 해협' 이라는 현해탄을 건너는 중이었다. 현해탄의 바닷바람은 시원하기 그지없었다. 현해탄은 한국과 일본을 물길로 이어주고 있다. 그런데 한국과 일본에서 이 바다를 부르는 이름은 달랐다. 한국에서 건널 때는 현해탄(玄海灘)이고, 일본측에선 겐가이나다(玄界灘)이다. 바닷물은 검지 않았으나 마음은 어둡고 험한 곳이 그곳이었다. 왜의 관정(寬政) 10년, 즉 1798년 기록에는 현해탄이 '조선 부산해'라고 나와 있다.

한참 항해하던 중 왼쪽으로 멀리 대마도가 보인다는 안내 방송이 나왔다. 후쿠오카에서 떠나는 배는 대마도를 스치듯 지나가는데, 시모노세키 항로는 대마도와 멀리 떨어져 가고 있는 것이다. 해도를 보니 지

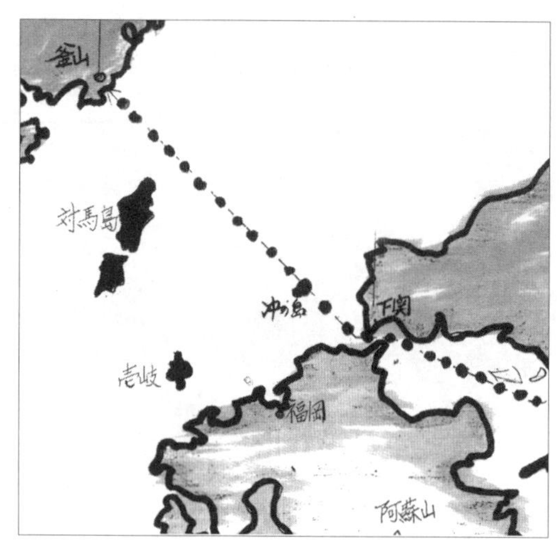

부관 항로. 오키노시마가 시모노세키에서 조금 떨어진 곳에 있다.

금 지나는 지점은 오키노시마(沖の島)쯤 되는 것 같았다. 지도에도 그려지지 않는 아주 작은 섬이었다.

1926년 8월 4일 밤 현해탄, 그러니까 70여 년 전 일이었다. 시모노세키를 떠난 관부연락선 도쿠슈마루(德壽丸)는 부산을 향해 갔다. 배는 오키노시마를 지나 대마도를 왼쪽으로 두고 있었다. 새벽 4시 모두 잠든 시간, 갑판 위에는 김우진(金祐鎭, 1897~1926)과 윤심덕(尹心悳, 1897~1926)이 서 있었다. 둘 다 갓 서른의 동년배였다.

칠흑 같은 밤바다에는 물을 가르는 뱃소리만 넘쳐 흘렀다. 그때 그들은 서로 약속한 대로 순식간에 바다로 몸을 던졌다. 매우 극적인 사건이 벌어졌던 것이다. 다음날 1926년 8월 5일자 《동아일보》는 이 사건을 비교적 신속히 보도하였다. 그 신문을 다시 꺼내 본다.

현해탄 격랑 중에 청년 남녀의 정사

극작가와 음악가가 한 떨기 꽃이 되야 세상시비 던저두고 끝없는 물나라로

54

남자는 김우진, 여자는 윤심덕

지난 3일·오후 11시에 시모노세키를 떠나 부산으로 향한 관부연락선 덕수환이 4일 오전 4시경에 대마도 옆을 지날 즈음에 양장을 한 여자 한 명과 중년 신사 한 명이 서로 껴안고 갑판으로 돌연히 바다에 몸을 던져 자살을 하였는데, 즉시 배를 멈추고 부근을 수색하였으나 그 종적을 찾지 못하였다.

그 승객 명부에는 남자는

《동아일보》 기사(1926. 8. 5).

전남 목포부 북교동 김수산(金水山, 30), 여자는 경성부 서대문 정 1정목 73번지 윤수선(尹水仙, 30)이라 하였으나 그것은 본명이 아니요, 남자는 김우진이오 여자는 윤심덕이였다.

유류품으로는 윤심덕의 돈지갑에 현금 1백 40원과 장식품이 있었고 김우진의 것으로는 현금 20원과 금시계가 들어 있었다.

연락선에서 조선 사람이 정사를 한 것은 이번이 처음이라더라(‘부산 전보’).

신문은 그날 이후 속보를 계속 내었다. 유명 예술인이었던 그들이 죽게 된 이유라던가, 정사(情死)의 찬반 여론 같은 것까지 실었다. 1926년의 여름을 뜨겁게 달군 기사였다. 그 이후 우리는 김우진은 잘 몰라도 윤심덕에 대해서는 잘 알게 되었다. 그러면 그들이 떨어져 죽은 그 장소는 어디였을까. 신문 기사 외에 기록이 하나 더 있다.

일엽 스님은 다음과 같은 글을 남겼다.

오키노시마 통신장들은 오키노시마와 대마도 사이에서 가끔 자살을 한다고 말했다. 이곳은 적막하고 물살이 세어 자살자들이 좋아하는 장소가 되었던 것이다(《청춘을 불사르고》, 文宣閣, 1962).

나는 지금 그 물길 위에서 오키노시마를 보고 있는 것이다. 기록에 의하면 이 부근 수심은 대략 200미터 정도라고 한다. 그 해저에 그들의 혼이 담겨져 있지 않을까 생각해보았다.

관부연락선 시대

윤심덕은 조선 총독부 추천으로 관비 유학생에 뽑혀 일본으로 가게 되었다. 1919년 3·1운동이 일어나기 1년 전인 1918년 4월이었다.

당시 일본 관비 유학생이 되기는 쉽지 않았다. 관비 유학생 제도는 일본 정부가 식민지 조선의 유망한(?) 학생들을 공부시킨다는 명목으로 시행하였던 것이다. 결국 친일파를 만들기 위한 수작이었는데 어떻게 선발되었을까.

어쨌든 윤심덕은 시라기마루(新羅丸)라는 관부연락선을 타고 부산을 출발했다. 콸콸콸 하는 '쓰크류' 소리를 요란히 내며 연락선은 부산 잔교(棧橋)를 빠져 나갔다. 잔교는 피어(pier) 혹은 부두를 말하는 것이다.

당시 관부(關釜) 연락 기선은 고마마루(高麗丸)와 신라환 등이 있었는데, 이 배는 3,102톤 짜리로 611인승이었다(1등 43인, 2등 128인, 3등 440). 두 배는 똑같은 크기였다.

한일간을 오고가려면 지정학적으로 뱃길밖에 없었다. 초기는 군함,

윤심덕이 타고 간 관부연락선 고려환.

부정기선, 우편선 등이 부산, 인천 등에 이어졌으나 러일전쟁 직후 관부연락선이란 이름의 배를 띄웠다. 관부연락선은 일본의 시모노세키와 부산 사이를 항해하는 배였다. 1905년 9월 11일 첫 배 이키마루(壹岐丸)가 취항했다. 미쓰비시 조선소에서 만든 이 배는 1,680톤짜리로 317명을 태울 수 있었다. 시모노세키에서 부산까지 11시간 반이 걸렸다. 그러다가 조선이 식민지가 되고는 그들 마음대로 배를 띄우게 된 것이다. 1911년 12월 29일부터 관부연락선이 정기 운항을 개시, 조선은 일본과 가깝게 이어졌다.

 1921년에는 경복환(景福丸), 덕수환(德壽丸), 창경환(昌慶丸) 등 3척을 여객 전용선으로 띄웠다. 우리 나라의 옛 나라 이름, 그리고 궁궐의 이름을 붙여 한국으로 가는 배임을 확실히 했다. 이 배들은 주야 2회 취항했는데 3,619톤짜리였다. 여객이 폭주하자 신라환, 고려환 등 3척을 추가로 배치했는데 이 배들은 부정기선으로 화물을 주로 실어 날랐

최초의 관부연락선, 이키마루(壹
岐丸(자료 : 《관부연락선의 금석》,
계간《삼천리》13호).

다(有馬純吉, 1931년판《조선신사록》, 조선신사록간행회, 1931).

일제시대 전후, 일본에 가려면 일단 기차를 타고 부산에 가서 여관에서 하룻밤을 묵는다. 그리고 부두에서 관부연락선으로 갈아타야 했고 현해탄을 건너 시모노세키 항에 내리는 것이었다. 하루 두 번씩 연락선이 오갔는데 조선인은 통행증을 얻어 밤배 3등칸을 빌려 타던 때였다. 부산에서 시모노세키까지는 7시간 반 내지 8시간이 걸렸다. 시모노세키 역에서 내륙 기차로 갈아 타고 도쿄 등으로 가는 방법이 가장 보편적이었다. 시모노세키 역에서는 아침 8시 50분발 도쿄 행 급행 열차가 대기하고 있었다. 일본에서 조선으로 오는 경우는 그 반대였다. 성악가 윤심덕은 시모노세키 항에서 내렸다.

윤심덕의 신화

윤심덕은 1897년 평양에서 태어났다. 숭의(崇義) 여학교를 졸업하고 평양여자고등보통학교를 거쳐 다시 경성여자고등보통학교 사범과를 졸업했다. 당시 여성으로는 보기 드문 신교육을 받은 것이다. 그녀는 졸업 후 강원도에서 보통학교 교원으로 봉직하기도 했다.

부산 부두에 정박해 있는 창경환. '쇼케이마루(SHOKEIMARU)라는 배 이름과 일장기가 선두(船頭)에 보인다.

그녀의 집안은 우리 나라 최초의 음악 가족이기도 했다. 언니는 소프라노 윤심성이고, 둘째가 윤심덕이었다. 남동생은 바리톤 윤기성, 셋째 딸이 피아노 전공 윤성덕이었다. 그러나 불행히도 윤심덕의 아버지는 친아버지가 아니었고 그래서인지 그녀는 심하게 구박을 받았다고 한다. 신여성인 그녀는 가정에 안주할 수가 없었을 것이다.

윤심덕은 도쿄음악학교에 무시험 입학했다. 우리가 흔히 우에노(上野) 음악학교라고 부르는 도쿄음악학교는 1887년 관립으로 개교했다. 일본에서는 가장 권위 있는 음악학교인 이곳에는 본과와 사범과가 있었다. 본과는 그야말로 연주가를 지망하는 학생이, 사범과는 음악 교사가 되려는 학생이 입학했다.

윤심덕은 원래 관립학교만 다녀, 도쿄음악학교가 그렇게 이질적이지 않았으리라 생각된다. 1918년 4월 홍난파(1898~1941)와 동기생으로 입학했으며, 나이는 윤심덕이 한 살 위였다.

최근의 도쿄예술대학 음악학부 정문.

당시 김우진도 일본에 와 있었다. 그는 목포의 대지주로서 호남 전체에서 가장 영향력이 컸던 김성규(金星圭)의 아들이었다. 김성규는 한때 장성현감도 지냈고, 광주농공은행, 호남은행의 설립자였다. 그는 1880년대 이미 서양을 돌아볼 정도로 서양 사정도 잘 파악하고 있었으며, 1897년에는 제6대 무안(務安) 감리(監理)가 되어 있었다. 현재로 보면 목포 시장에 해당될 것이다.

목포 북교동(北橋洞)에서 태어난 초성(焦星) 김우진은 구마모토(熊本) 농업학교를 졸업하고 도쿄에 와서 와세다 대학 영문과를 다니고 있었다. 그들의 만남은 아주 자연스러웠으리라. 윤심덕은 우에노 기숙사에, 김우진은 시바 구(芝區)에 있는 하숙집에서 생활하였다. 데이트는 주로 우에노 공원에서 이루어졌다.

윤심덕은 음악학교를 졸업하고도 1년 동안은 도쿄에 머물며 성악에 관한 연구를 계속했다고 한다. 그들은 1921년 7월 동우회 순회 연극 공

60

연 때부터 아주 가까워진 것으로 보인다. 윤심덕이 그 공연 때 소프라노 가수로 찬조 출연했기 때문이다.

1921년 귀국한 그녀는 23년 6월 서울 청년회관(YWCA), 경성공회당 등에서 연주 활동을 해 대중적 명성을 얻었다. 그녀의 연주 레퍼토리는 보면 1920~30년대 유행했던 〈매기의 추억〉이 빠지질 않았다. 캐나다 토론토 대학 졸업생 조지 존슨이 청년 때 쓴 시로 원제목은 〈매기, 그대와 내가 젊었을 때(When You and I Were Young, Maggie)〉이다. 우리도 중학시절 많이 불렀던 그 노래의 2절은 다음과 같다.

북망산 수풀은 고요타
매기 영웅호걸이 묻힌 곳
흰 비석 두러서 적힌다
매기, 아 우리가 놀던 곳
고운 새들은 집을 짓고
기쁜 노래 지저귀며 부른다
우리도 노래를 부르자
매기 내 사랑하는 매기야.

지금 가사와는 사뭇 다르다.

1925년 윤심덕은 테너 안기영(安基永)과 함께 이 노래를 음반으로 취입하기까지 했다. 일본 축음기회사(1928년 일본 콜럼비아로 개칭)에서였다. 그녀는 이로써 우리 나라 최초의 레코드 가수, 즉 목소리를 남긴 성악가가 되었다.

여류화가 나혜석(羅蕙錫)은 〈1년 만에 본 경성 잡감〉이란 글에서 윤심덕에 대한 비판을 하고 있다.

토월회 여배우 시절의 윤심덕.

'청년회관 음악회'

듣기에 하도 유명한 성악가 윤심덕 씨이기에 마침 기회가 있어서 들어간 것이다. 음량은 충분하나 소프라노 음이 아니요 엘토 음이었다. 다른 때 독창한 것도 그러한지 모르지만 이 날 두 가지 독창한 것은 음악이란 것보다 창가이었다. 없는 표정을 일부러 내는 것은 비열한 편이 많았다. 그리고 호의로 보면 활발하다고 할는지 너무 껍쩍대는 것 같았다. 좀 자연한 태도를 갖도록 수양하는 것이 어떠할는지……(《개벽》1923년 7월호).

두 여류 예술인들은 나이도 비슷, 유명세도 비슷한 때라 아마 라이벌 의식이 강했는가 보다. 또 다른 기록에서 보면, 윤심덕은 아름다운 눈에 키도 크고 몸매가 날씬했다고 기록되어 있다. 때문에 그녀는 악단에서 사취를 삼춰 극단으로, 토월회(土月會) 여배우로도 활동했고 라디오 방송과 레코딩을 하기도 했다. 요즘 식으로 하면 만능 엔터테이너였던 것이다.

윤심덕에게 말년이 다가오고 있었다. 염문이 계속되고 불안정한 상태에서 도피생활이 이어졌다. 집을 나온 그녀는 서울 종로구 수은동(授恩洞) 60번지 오쿠다(奧田) 사진관 뒷방에 세를 얻어 숨어들었다. 단성사(수은동 58)와 아주 가까운 곳이었다.

긴자 마쓰야 백화점.

어두운 사회를 버리다

1926년은 다이쇼(大正) 시대의 마지막 해였다. 시대는 암울했다. 사회주의, 염세주의 풍조가 지식인들 사이에 깊숙이 퍼져들었다.

이 해의 사회상황을 대충 훑어보자. 4월 25일 순종 임금이 종로구 와룡동(臥龍洞)의 창덕궁 대조전(大造殿)에서 승하하였고, 5월 9일 도쿄 긴자(銀座) 마쓰야(松屋) 백화점에서는 첫 투신 자살이 있었다. 건물에서 떨어져 자살한 사건은 이것이 최초였다.

6월 10일에는 6·10만세운동이 일어났다. 7월 29일 도쿄에서는 박열(朴烈), 김자문자(金子文子) 사건이 일어난다. 이런 시류에서 서른 살의 두 사람은 죽음을 결정하였던 것이다.

17~18세기 일본에서는 청춘 남녀의 정사가 열병처럼 번지고 있었다. 함께 죽는 것이 미화되었다. 그들은 1923년 정사를 해 큰 사회문제

를 일으킨 아리시마 다케오(有島武郎)와 하타노 아키코(波多野秋子)를
생각했던 듯하다. 김우진은 소설가이며 사회주의자였던 아리시마를 숭
배했다고 한다. 그들은 가루이자와(輕井澤)의 한 별장에서 정사한다.

김우진은 인산(因山) 날인 6월 10일 하루 전날 목포에서 서울로 온다.
수은동의 윤심덕을 찾아가 도쿄로 가라고 하고, 자신은 7월 9일 먼저
도쿄 시바 구(芝區)에 있는 옛 하숙집으로 간다.

윤심덕은 7월 16일 여동생 성덕과 함께 서울을 떠나, 7월 18일 오사카
의 오카하루 여관(岡春旅館)에 묵는다. 그곳에 김우진이 찾아든다. 〈죽
엄의 찬미(死の讚美)〉를 녹음하기 위해서였다. 1926년 8월 1일, 일동축
음기주식회사(日東蓄音機株式會社, Nitto Record)에서 녹음을 했다.
1920년 창립한 이 회사의 사장은 다누치(田內)였다.

죽엄의 찬미

광막(曠寞)한 광야(廣野)에 달리는 인생아
너의 가는 곳 어데이냐
쓸쓸한 세상 험악한 고해(苦海)에
너는 무엇을 찾으러 가느냐

눈물로 된 이 세상이
나 죽으면 그만일까
행복 찾는 인생들아
너 찾는 것 설음

이바노비치의 〈도나우 강의 잔물결〉에 김우진과 윤심덕이 가사를 바

뀌놓은 것이었다.

〈사(死)의 찬미(讚美)〉라고 부르는 노래의 원 제목은 〈죽엄의 찬미〉였다. 여기서 '찬미'는 '창가' '음악' 이란 말이었다. 그때는 음악을 '찬미' 라고 했던 것이다. 이 노래는 그들이 죽음으로써 크게 유행하였다. 녹음 후 그들은 주변을 정리하고 시모노세키로 간다. 그리고 관부연락선을 탄다. 그들의 정사 뉴스 후 레코드 회사는 돈방석에 앉았다.

두 사람이 죽은 다음에 토월회는 새로운 연극을 준비했는데, 종로 우미관(優美館)에서 〈사(死)의 승리(勝利)〉란 제목의 연극을 올린다. 박승희(朴勝喜)가 김우진, 윤심덕의 정사 사건을 주제로 한 것이다. 흥행에는 실패했으나 당시 사회의 관심도를 보여준다.

윤심덕의 서울 주소, 니시다이몽 정(西大門町) 1정목(丁目) 73번지는 지금 서소문동 서소문 파출소 앞의 도로가 되어 있는데 당연하게도 아무런 흔적이 없다. 그곳을 거닐다 보니 왠지 스러져간 청춘의 덧없음이 몰려와 고개를 주억거리게 되었다.

나는 조선인이다

다시 듣는 이봉창 의사의 외침

천황을 향해 폭탄을 던지다

때는 일본군의 대중 침략이 한참인 1932년. 1931년 만주사변이 일어나고 한 해가 지나가고 있었다.

대한의 수리 이봉창(李奉昌, 1901~32) 의사는 이 해 정초 도쿄 궁성의 사쿠라다 문(櫻田門) 밖에서 히로히토(裕仁) 천황에게 폭탄을 던졌다. 천황은 마차를 타고 돌아가는 중이었다. 이날 일을 일본은 어떻게 기록히고 있는가.

1932년 1월 8일 조선인 이봉창, 사쿠라다 문 밖에서 천황의 마차에 폭탄을 던짐, 이를 '사쿠라다 문 사건'이라 한다. 수상 이누가이(犬養 毅)는 사표를 던졌으나 유임되었다. 9월 30일 대심원, 이에 대역죄로 사형의 판결을 내리다. 10월 10일 처형됐다.

이 기개 높은 조선인 청년의 우국(憂國) 행동을 일본인들은 '사쿠라다 문 사건'이라 이름했다. '천황 폭살사건'이라 하기에는 아마 너무

불경스러워서였을 것이다. 극우 낭인 우치다 료우헤이(內田良平, 1874~1937)는 '사쿠라다 문 한심(寒心) 사건'이라고까지 했다. 더구나 폭탄을 마차에 던진 것으로 기술하고 있다. 우리측 기록도 한심하기는 마찬가지이다. 이를 '수류탄 투척사건'이라고 한 것이다. '일황 폭사 미수사건'이라 해야 마땅하지 않은가.

일본 태평출판사가 발행한 《조선 특고탄압사(상)》를 보면,

1월 8일, 천황은 육군관병식을 마치고 황거로 돌아가던 중, 행렬이 11시 44분 경 앵전문 앞에 이르렀을 때 배관자 1,200여 명이 땅에 엎드려 절하고 있었는 데, 그때 맨 뒤에서 갑자기 이봉창이 뛰어나오며 폭탄을 던졌으나 궁내대신이 탄 마차가 부서지고 근위병이 탄 말 2필만 부상당했다. 폭탄이 떨어진 장소에 서 18미터 후방에 오던 천황은 무사하여 오전 11시 50분에 궁성으로 귀성하였다.

라고 하고 있다. 이어 기록은 이봉창이 상해 임시정부 백범(白凡) 김구 (金九, 1876~1949) 선생의 사주에 의하여 대역 행위를 했으며 이봉창 의 사는 백범이 만든 한인애국단의 최초 단원이었다 하고 있다.

이봉창 의사 기념사업회는 1994년 10월 10일 이봉창 의사 순국 62주 기 때, 백범이 1949년 1월 8일 이봉창 의사의 의거 17주년을 기려 가족 에게 써준 '이봉창 의사 어 동경 앵전문 작격 일황지 기념(李奉昌義士於 東京櫻田門炸擊日皇之紀念)'이란 추모 한시(漢詩) 한 편을 공개했다. 이 시는 불교 경전을 인용한 글이다(번역 이길상 스님).

영욕에 놀라지 않고
한가히 뜨락에 피고 지는 꽃을 보며
움직임과 머무름에 무심하고

하늘가에 걷히고 펼쳐지는 구름 따라 흐르며

맑은 창공 밝은 달

어느 곳인들 훨훨 높이 날 수 없을까만

부나비는 유독 촛불에 투신한다.

맑은 물 고운 풀잎 무엇인들 마시고 쪼아먹지 못하랴만

수리는 유난히도 썩은 쥐만 즐긴다.

아아 세상에서 부나비와 수리 아닌 자 몇이나 되랴.

나는 국제한국연구원 최서면(崔書勉) 설립자가 일본 최고재판소 형사사건 서고에서 찾아 《동아일보》(1994. 12. 15)에 공개한 이봉창 의사의 《옥중수기》, 《재판기록》의 도움으로 이 글을 쓴다.

사쿠라다 문밖

금년 3월 말 일본 문화청을 찾아간 일이 있다. 교과서 문제가 불붙고 있는 외중이었다. 현재 문제가 되고 있는 일본 교과서는 일제 침략, 만행에 관한 일들이 거의 실려 있지 않다. 따라서 일본 교과서는 수정되어야 하는 것이 아니라 개정되어야 한다.

문화청 안은 검은 승용차가 꽉 들어차 있고 그 주변에는 사쿠라가 만발하였다. 그들은 이 문제에 아무 관심도 없는 듯했다. 문화청에서 궁성까지는 걸어갔다. 이 길은 관아가로 중앙 관서가 계속 이어졌다. 왼쪽으로는 재무성, 외무성, 건설성, 경시청이 그리고 오른쪽으로는 경제산업청, 농림수산성, 재판소, 최고검찰청, 법무성 등이 들어서 있었다. 이봉창 의사는 이렇듯 으스스한 길을 어떠한 마음으로 갔을까 궁금해졌다.

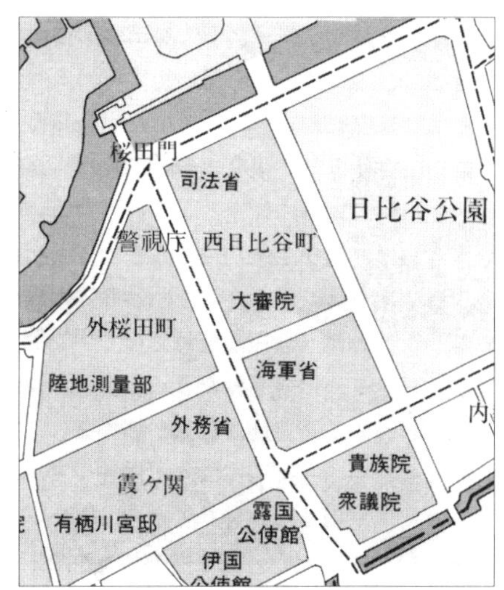

도라노 문에서 사쿠라다 문까지의 약도. 왼편 위쪽에 사쿠라다 문과 경시청이 보인다.

관아가가 끝나는 곳에 사쿠라다 문 앞 큰 삼거리가 있다. 그 오른편에는 붉은 벽돌(赤煉瓦, 아카렝가)조의 법무성 건물이 있고, 왼편에는 경시청 건물이 있었다. 이봉창 의사가 봤던 위풍당당한 경시청 건물은 1931년에 세워졌던 것인데 1980년 헐렸고 지금은 3대째 건물이 들어서 있다. 경시청 건물 앞 삼거리 건널목에는 신호등이 있는데 이곳이 바로 이봉창 의사가 천황에게 수류탄(手榴彈)을 던진 곳이다.

에도 성을 드나드는 관리들을 위해 만든 사쿠라다 문은 원래 에도 성의 동남쪽에 있는 쪽문이라 크지 않다. 1925년 개축되었다. 이 사쿠라다 문은 일본인 사이에도 사연이 많다. 1860년 3월 3일 막말의 정치가인 이이 나오수케(井伊直弼, 1815~60)가 미토(水戶) 낭인들의 칼에 찔려 죽어 '사쿠라다 문 외의 변(櫻田門外の變)'이 있던 곳으로 유명했다(吉村 昭,《역사소설과 사서》, UP, 2001. 3, 도쿄대학 출판회).

궁성의 동남쪽 문, 사쿠라다 문.

"나는 조선인이다"

이봉창은 1901년 현재의 서울 용산구 효창동 금양초등학교 부근에서 이진규(李鎭奎)의 3남으로 태어났다. 이진규는 수원에서 농사를 짓고 살았는데 일본 정부에 그 땅을 철도부지 명목으로 빼앗기고 유랑민이 되었다. 그가 살려고 온 곳이 신개척지 용산이었다. 10세 되던 해에 용산 문창(文昌) 소학교에 입학했고 4년 후 졸업했다. 그 후 생업에 뛰어들어 일본인 제과점의 점원으로 일했고 19세 때에는 남만철도회사 용산철도국 용산정거장 전철수(轉轍手)로 근무하기도 했다. 여기서 그는 심한 차별대우를 받는다. 그는 이 일을 계기로 민족의식과 독립의식에 크게 눈을 뜨게 된다. 이봉창은 그 즈음인 1924년 항일 청년단체 금정 청년회(錦町靑年會)를 결성한다. 금정은 오늘의 효창동을 가리킨다.

1925년 11월 하순 그는 초등학교 동창생을 믿고 조카와 함께 지리도 모르는 오사카로 건너간다. 오사카 우메다(梅田) 역 앞을 헤매고 다녔

70

다. 그는 1928년 11월 교토에서 치러지는 히로히토의 천황 즉위식을 구경하러 교토에 갔다가 구경은커녕 불심 검속을 당해 유치장에 유치되기도 했다. 돈 써가며 유치장에 들어간 꼴이었다.

그는 《옥중수기》에, "나는 조선인이니까 조선독립운동에 몸을 바쳐서 우리 이천만 동포를 위해 일하지 않으면 안 된다고 생각하게 되었다"고 적고 있다.

1929년에는 오사카 쓰루하시(鶴橋)에 있는 비누 도매상에서 일을 한다. 조선인이 가장 많이 살고 있는 그곳에 사랑하는 조카딸이 살고 있었다. 이봉창은 일본인이 조선인을 엄청나게 차별하고 있음을 보고 복수의 길을 찾게 되었다. 그는 1931년 1월 중순 상해로 건너간다.

엄항섭의 《도왜실기(屠倭實記)》에서 보면, 이봉창은 그 즈음 어느 날 한밤중 상해 한국인 거류민단을 찾아갔다. 건물 2층에서 회의가 열리고 있었다. 민단 사람들은 소개장도 없이 혼자 찾아온데다 일본말 어투가 섞인 우리말을 하는 그를 수상히 여겨 내쫓아버리려 했다. 이때 거류민단장직을 겸임하고 있던 백범은 그가 비범한 인물임을 알고 부근 여관에 머물게 했다.

12월 중순경 이봉창은 백범의 한인애국단에 가입한 뒤 천황 폭살계획을 세웠다. 그동안 미국, 하와이 등지에서 부쳐온 애국 헌금을 거사자금으로 삼아 백범은 김홍일(金弘壹)과 김현(金鉉)에게서 구한 수류탄 두 개를 가지고 거사를 할 계획을 세웠다. 폭탄 한 개는 자폭용이었다. 수류탄은 마미(麻尾) 수류탄으로 꼬리에 긴 끈이 달렸다. 돌멩이처럼 생겨 다루기도, 던지기도 좋은 것이었다.

백범은 며칠이 지난 뒤 이봉창이 묵고 있는 프랑스 조계의 중흥여사(中興旅舍)라는 여관에서 지내고 13일에는 안중근 의사의 동생 공근(恭根)의 집에 가서 선서식을 마치고 기념사진을 찍었다. 이때 이봉창은

태극기를 뒤로 하고 선서하는 이봉창 의사. 양손에 수류탄이 쥐어져 있다.

백범에게 "제가 영원한 쾌락을 얻으러 가는 길이니 우리 기쁜 낯으로 사진을 찍읍시다" 하고 활짝 웃었다. 사진 속에는 다음과 같은 선서문이 들어 있다.

나는 적성(赤誠)으로서 조국의 독립과 자유를 회복하기 위하여 한인애국단의 일원이 되어 적국의 수괴(首魁)를 도륙(屠戮)하기로 맹세하나이다. 대한민국 13년 12월 선서인 이봉창.

"상품은 꼭 팔아버리겠으니 안심하소서"

이봉창은 일본에 있을 때 가게 주인으로부터 받은 이름, 기노시타 쇼

오조(木下昌藏)란 이름을 쓰고 홍구공원 쪽에 살면서 기회를 기다렸다. 일본인의 인쇄공장에 직공으로 들어갔다가 얼마 뒤에는 악기점 영창공사의 점원으로 일했다. 사교술이 좋아서 일인들과 잘 사귀었는데 개중에는 시게후지라는 헌병대 대장, 홍구 경찰서장까지 있었다.

거의 1년을 상해에서 보낸 이봉창은 1931년 12월 19일 그곳을 떠났다. 일본인들이 부두에 나와 전송을 해줄 정도였다. 드디어 그는 적지에 뛰어들었다. 이튿날 고베(神戶)로 들어갔다. 12월 22일에는 도쿄에 도착, 아사쿠사 구(淺草區) 마쓰기요 마치(松淸町) 오하리야(尾張屋) 여관에 자리를 잡았다. 그곳에 머물면서 천황을 도륙할 기회를 엿보았다. 관음사(觀音寺)에서 점까지 쳤다.

1931년 12월 28일자 《아사히 신문(朝日新聞)》을 보고 천황이 이듬해 1월 8일 요요기(代代木) 연병장에서 신년 관병식에 참석한다는 것을 알게 되었다. 3월 1일 건국될 예정인 만주 괴뢰국 황제 푸이(傳儀)와 함께 하는 것이었다. 해를 넘기고 1932년 정초가 되었다. 이봉창은 상해의 백범에게 "상품은 1월 8일에 꼭 팔아버리겠으니 안심하소서"라는 전문을 보냈다.

1월 8일 사쿠라다 문 앞 주변은 구경 나온 사람들로 복잡했다. 1,200명이나 되었다고 한다. 이봉창은 그들 속으로 들어갔다. 경비는 삼엄했다. 이에 대한 《재판기록》을 보면 다음과 같다.

거사 4일 전 그는 택시를 타고 거사 장소를 물색하기 위해 시내를 돌던 중 택시 운전사에게 "내일 천황의 행렬을 보고 싶은데 검열이 심해서"라고 말했다. 그러자 운전사가 아는 사람의 것이라며 갖고 있던 오바 젠케이(大場全奎)라는 헌병 헌병조장의 명함을 주어 이 명함을 갖고 삼엄한 경비를 뚫고 거사 현장에 침투할 수 있었다.

사쿠라다 문에서 경시청 건물을 보고 찍은 사진.

드디어 오전 11시 44분, 사쿠라다 문과 경시청 부근에 천황 행렬이 나타났다. 도로에는 생쥐 한 마리 얼씬거리지 못했다. 사람들은 바싹 엎드려 있었다.

히로히토가 탄 마차가 눈앞에 나타났다. 이봉창은 때를 놓치지 않고 수류탄을 던졌다. 그러나 수류탄은 궁내대신이 탄 마차 옆에서 폭발하며, "천황의 옷자락을 조금 상하게 하였을 뿐이다."(이강훈, 《무장독립운동사》, 1975, 서문당, 227쪽) 그리고 일장기를 든 기수와 근위병이 탄 말 두 필만 쓰러뜨렸을 뿐이다. 수류탄 성능이 시원치 않았던 것이다. 이봉창은 천황이 죽지 않은 것을 알고 나머지 하나로 자폭하려 했으나 이미 때가 늦어 체포되고 말았다. 그의 《재판기록》에서 그때의 상황을 다시 보자.

…폭탄을 던지고 두서너 발짝 물러나 폭탄이 떨어지는 것을 보았더니 큰 폭음이 일었다. 폭음을 듣고 무의식적으로 몇 발짝 뒤로 물러섰을 때 누군가 앞

거사 당일 천황이 타고 있던
마차(자료 : 《동아일보》).

에서 "나는 아니오"라고 외치며 경찰에 체포되고 있었다. 나는 그 순간 "그 사
람이 아니라 나야 나"라고 외쳤다. 그러자 순경과 헌병들이 나를 덮쳤다.

이봉창은 현장에서 "내가 했다"고 당당히 말하고 곧 체포되어 '대역
죄인'이 되었다.

이날 이봉창의 '회천(回天)의 거사'는 일본 신문에 대서특필되었다.
아마 히로히토도 대경실색했을 것이다. 수상 이누가이 쓰요시(犬養 毅,
1855~1932)와 내각은 사표를 제출하며 아부를 떨었다.

이 일황 폭사 미수사건은 곧 중국에도 알려졌다. 칭타오(靑島)에서
발행되는 국민당 기관지 《국민일보》는 "한국인 이봉창이 왜황을 저격
했으나 불행하게도 성사시키지 못했다(韓人李奉昌狙擊倭皇不幸不中)"
고 썼다. 중국인들은 내심 그가 대신 이 거사를 성공시켜주기를 바랐던
것이다. 한편 멀리 러시아의 블라디보스톡 방송은 "일황 암살기도 사
건은 일황의 위치와 신성함을 아무도 믿지 않음을 입증한 것"이라고 하

이봉창의 의거를 호외로 알린 일본 신문(大阪每日新聞).

였다.

그런데 정작 당시 우리 신문은, '대불경 사건 돌발' '폐하께옵서는 무사 어환행'이라는 기사를 싣고 "천황폐하께옵서 륙군 관병식행으로부터 환행하시는 도중 어료차에 돌연 폭탄을 투척, 어료차 별무이상…"이라 하고 있다. 참으로 어처구니 없는 노릇이 아닐 수 없다.

이봉창 의사는 그런 일은 아랑곳없이 재판과정에서, "일황 폭사가 목적이었으나 폭탄 위력이 부족해 목적 달성을 못한 것이 유감"이라고 말하였다.

그는 도쿄 나가노 구(中野區)에 있는 도요다마(豊多摩) 감옥에 있다가 1932년 9월 30일 대심원에서 사형선고를 받고, 10월 10일 오전 9시 2분 이케부쿠로 북쪽 도시 사이타마 현(埼玉縣) 우라와 시(浦和市) 형무소에서 교수형에 처해졌다. 시신은 그곳 공동묘지에 버려지듯 묻혔다.

도요다마 감옥은 고도 게이지(後藤慶二, 1883~1919)가 설계한 것으로 1915년 3월에 세워졌다. 1983년 문을 닫았고 현재는 정문만 현지에 남

도요다마 감옥.

아 자료관으로 쓰이고 있다.

윤봉길(尹奉吉, 1908~32) 의사는 이봉창 의사 의거 후 석 달이 지날 즈음인 1932년 4월 29일 상해에서 우리 독립 염원의 기개를 드높였다. 윤봉길 의사는 이봉창 의사보다 일곱 살 아래였는데 1932년 같은 해에 일본 땅에서 사형을 당했다. 두 의사는 비슷한 시기에 함께 몸을 던져 일본에 경종을 울린 것이다.

한편 8 · 15 후 1946년 5월 18일, 이봉창, 윤봉길, 백정기(白貞基) 세 의사의 유골은 봉환되어 고국으로 돌아왔다. 그리고 7월 6일 서울 용산구 효창운동장 부근 효창원(孝昌園)에 묻혔다. 매년 4월 13일, 효창원에서는 이봉창 의사를 비롯한 독립운동가 추모제전이 열렸다.

실패하지 않은 거사

애국은 무엇이고 그 실행자는 과연 누구였는지. 이봉창 의사와 상해 민단 사람들간의 대화록에 있다.

"일본 천황을 찔러 죽이기는 아주 쉬운 일인데 당신네들 독립운동자는 왜 이 일을 못하시오?"

"그다지 쉬운 일이라면 그대는 왜 여태까지 천황을 죽여버리지 못하는가."

"나는 작년에 동경에 있을 때 하루는 천황이 역에서 돌아온다는 소식을 듣고, 곧 천황을 구경하러 가서 한참 바라보고 서 있으려니까 천황이 바로 내 앞으로 지나갑디다. 나는 이때 가슴이 울렁거리고 전신이 피가 끓어오르는 듯하여 '내 몸에 무기만 지니고 있다면 큰 일을 한번 해볼 터인데' 하고 생각하는 중에 천황이 내 어깨를 스치고 지나가버렸는데 참 좋은 기회를 놓쳐버리고 말았소이다."

이봉창 의사는 결코 누구의 사주에 의해 그 일을 한 것이 아니었다. 다만 수류탄을 얻기 위한 목적으로 상해를 찾았던 것이다. 스스로의 적성(赤誠), 즉 조국을 위한 일편단심의 마음이었다. 결혼을 하지 않고 후손도 두지 않은 그였다.

결과론적으로 봐도 그는 결코 실패한 것이 아니었다. '상품'을 팔지는 못했어도 큰 시장에는 내놓아 경종을 울린 것이다. 전세계에 조선은 일본의 합병을 원하지 않는다는 것을 몸으로 일러주었다.

이봉창 의사의 절규는 참된 마음에서 우러나오는 정성, 즉 단성(丹誠)이었다. 그러나 그 역사적인 현장, 사쿠라다 문에는 지금 아무것도 남은 것이 없다.

가나자와 땅에 버려진 윤봉길 의사의 유해

멀고 먼 땅에 묻힌 혼

의사와 열사

학생들에게 우리 근대사 속에서 우리를 위해 몸을 바친 의사(義士)를 아는 대로 말하라고 하면 대부분 안중근, 윤봉길, 이봉창 의사 순으로 말한다. 그리고 열사(烈士)를 말하라고 하면 이준(李儁), 유관순 열사를 말한다. 민영환 선생은 의사도 열사도 아니고 그냥 선생이다. 안창호, 이상재도 마찬가지이다.

몇 년 전 민주화 투쟁이 한창일 때 많은 젊은이들이 죽어갔다. 언뜻 떠오르는 이름이 전태일, 이한열 등이다. 그들을 언론에서는 열사라고 했다. 그러면 열사는 의사와 어떻게 다른가. 의사나 열사 모두 나라를 위해 지조를 바쳐 목숨을 버린 사람을 뜻하지만, 국가보훈처에서는 편의상 무기를 들고 싸우다 죽은 사람을 의사로, 무기 없이 싸운 사람을 열사라고 하고 있다.

역시 학생들에게 "그 의사들이 일제에 어떤 일을 했는가"라고 물으면 대부분 머뭇거린다. 물론 안중근 의사에 대해서는 머뭇거림이 없지만 윤봉길 의사에 대해서는 막연해한다.

그는 어떻게 우리를 위해 자신을 내던졌는가. 이번에는 윤봉길 의사를 찾아보기로 한다. 그의 행동 반경은 매우 넓다. 먼저 충남 예산에서 출발, 중국 상하이로, 일본 고베(神戶), 오사카(大阪), 그리고 최후의 땅 가나자와(金澤)까지 가야 한다. 물론 마지막은 서울의 효창원이다. 나의 여정도 그 코스를 따라간다.

부흥원 회관을 짓다

윤봉길(尹奉吉, 1908~32)은 1908년 5월 19일, 충남 예산군(禮山郡) 덕산면(德山面) 시량리(柿梁里) 139번지에서 태어났다. 그가 두 살 되던 해 안중근 의사의 의거가 일어났고, 세 살 되던 해에는 우리 나라가 일제의 손아귀에 넘어갔다. 그 역시 식민지 백성으로 전락했다.

그는 한학과 신학문을 배우고 농민과 함께 살아가던 보통 시골 어린이였다. 1918년 봄 덕산공립보통학교에 입학했다. 그 이듬해 3·1운동이 일어났고 예산과 덕산에도 운동의 열기가 미쳤다. 그는 일본인 교장이 진을 치고 있던 덕산공립보통학교를 떠나야 했다. "왜놈들이 저 닮으라고 가르치는 공부는 하지 않겠다"는 것이 소년 윤봉길의 의지였다.

그는 최병대(崔秉大)의 문하에 들어가 한학을 배웠다. 그 후 1921년 수덕사 방향으로 5리쯤 떨어진 곳, 가막고개 너머의 오치서숙(鳥峙書塾)으로 옮긴다. 그곳에는 매곡(梅谷) 성주록(成周錄) 선생의 사숙이 있었다. 거기서 열아홉 나던 1926년까지 한학을 배운다. 그리고 1926년 가을, 마을의 문맹 퇴치를 위해 야학회(夜學會)를 열고 《농민독본(農民讀本)》 세 권을 지었다. 야학회는 1927년 부흥원(復興院)으로 이어졌다. 이듬해 윤봉길이 직접 설계하여 지은 건물이 부흥원 회관이었다.

그 부흥원은 야학하던 터에 세워졌다. 마을 사람들이 자급자족하여

1962년 복원된 윤봉길 생가.

세운 것이다. 건축 재목 구하는 일, 흙일, 잡일을 직접 하였다. 1928년 2월 25일 정오 상량식이 거행되었다. 상량문은 "용 조선개국 4261년 무진간 2월 25일 오시 입주상량자좌 구(龍 朝鮮開國 四千貳百六拾壹年 戊辰間 貳月 貳拾五日 午時 立柱上樑子坐 龜)"라고 썼다. 그는 부흥원의 창립기념 학예회에서 공연한 풍자 촌극(寸劇)이 문제되어 예산경찰서에 연행되어 가기도 했다.

1929년 기사년(己巳年) 2월 말 준공 후 야학, 월례강연회, 토론회, 아동 학예회, 구매조합 등으로 다양하게 쓰였다. 이것이 4월 23일 월진회(月進會)로 발전하게 되어 오늘에 이르고 있다.

윤봉길은 야학 당시의 일기에서 이렇게 쓰고 있다.

야학 학동들과 포플러 나무 6천 주를 심었다. 산 산마다 나무 나무를 심는 것

은 뜻을 심는 것이고 푸른 마음을 심는 행위이다. 온 마을을 푸른 동산으로 가
꾸어 나가야겠다(4월 3일 목요일).

지금 그가 심은 나무는 다 어디 있고 그 푸른 마음은 다 어딜 갔는가.

"나는 살아 돌아오지 않겠다"

그는 이어 마을 근처 수암산(修岩山) 기슭 냇가 도중도(島中島) 건너
편 다박솔과 가시덤불, 잡초가 뒤엉켜 있는 황목지에다 1,000여 평의
운동장도 만들어 수암체육회를 발족시켰다. 도중도는 그가 태어나서
네 살까지 살던 생가터가 있는 곳이다.

윤봉길은 매죽헌(梅竹軒) 성삼문(成三問)과 스승 매곡(梅谷) 성주록
(成周錄)으로부터 마음의 원천을 찾았다. 그래서 그의 호는 매헌(梅軒)
이다. 그는 나라만 일제에 빼앗기지 않았다면 아마 이 땅의 위대한 학
자가 되었을 것이다. 그러나 그에게 그것은 안주였다. 점점 조여오는
일제의 압박에 그는 더이상 농촌에만 머물 수가 없었다. 1929년 광주학
생사건, 함흥 수리조합 조선인 타살사건 등이 그를 분노케 했다.

죽지 않고 구태여 오늘까지 살아왔구나(不死苟生今日下)
아 소리 없이 통곡하는 조선사람들이여(無聲痛哭此人間)

그는 주인 잃은 백성과 조국을 위하여 분연히 일어났다. 일제를 정면
에서 타격하기 위해서 한 몸 버리는 것을 두려워하지 않았다. 1930년 3
월 6일 23세의 젊은이는 한 통의 유서를 쓴다.

그는 한복에 캡을 눌러 쓰고 덕산을 떠나 삽교(揷橋)로 가서 경성행 기차를 탔다. 이어 신의주행 열차에 몸을 실었다. 도중 선천(宣川) 역에서 체포되어 경찰서로 넘어가 45일여를 묶여 있었다. 그 후 그는 정주(定州)를 거처 만주로 가서 2년 동안 그곳에서 생활했다. 그 동안 만주에서는 만보산(萬寶山) 사건과 삼성보(三姓保) 사건이 연이어 일어나 우리 민족들이 고통을 당하고 있었다. 그는 중국 칭타오(靑島)로 내려갔다. 1931년 24세를 맞았다. 그곳에서 네 살 난 아들 종(淙)에게 편지를 쓴다.

후일에 따뜻한 악수와 따뜻한 키스로 만나자.

칭타오는 독일 식민도시로 이뤄진 곳이었다. 나도 얼마 전 윤봉길을 생각하며 칭타오의 이곳 저곳을 살펴본 적이 있다. 아마 기차역 주변 일대였을 것이다.

1932년 4월 29일, 상해

이어 그는 상해로 갔다. 민족을 위해 마음의 폭탄을 가슴속에 지니고.

윤봉길은 후어흐어팡(和合坊), 시아이위시루(西愛威斯路), 딸피스루(陶爾斐司路), 왕지루(望志路), 포우스루리(浦石路立)를 전전한다. 집 없는 부평초 생활이었다. 1931년 9월 이후는 프랑스 조계(法租界) 샤베이루흐어팡(霞飛路合坊) 뚱포우스루(東浦石路) 91호 3층 루(樓)에 든다. 그리고 마지막이 바이론로(貝勒路) 도호꼬구(東方公寓) 30호였다.

바야흐로 시간은 다가오고 있었다(매헌장학재단, 《불멸의 애국혼》, 1976).

그는 공장 직공으로, 야채상으로 위장하고 날을 기다린다. 김홍일(金弘壹, 1898~1980)에게서 받아놓은 폭탄을 간직한 채.

1932년 4월 20일자 일본인이 발행하는 《상해일일신문(上海日日新聞)》에 '덴쵸우세쓰(天長節) 축하회'가 있다는 보도가 실렸다. 천장절은 일본 천황의 생일을 칭하는 것으로 당나라 현종의 생일, 즉 천추절(千秋節)을 본따서 만든 것이다. 일본 4대 축일 중 최고로 여기는 날이 천장절이다. 따라서 천장절은 천황에 따라서 날짜가 달라진다. 당시 소화 천황 히로히토의 생일이 4월 29일이었다. 지금은 천황탄생일이라고 부른다. 우리 나라에서는 황태자의 생일을 천추절이라 했다. 히로히토의 생일은 지금 '미도리(녹색)의 날'이란 이름으로 되어 있다.

입장자는 점심 도시락 1개, 물통 1개, 일장기 1개만을 소지할 수 있다고 했다. 그 장소가 홍코우(虹口) 공원이었다. 당시 신공원(新公園)이라 불리던 곳이다. 더구나 당시 홍코우 공원 일대는 일본인 거리였고 그 심장부였다.

4월 26일 한인애국단원이 된 윤 의사는 나머지 며칠 동안 바쁜 일정을 보낸다. 그 자신의 생명도 끝이 나는 것이지만 조국을 위해 실패해서는 안 되는 일이었기 때문이다. 그는 홍구공원을 사전 답사하며 다음과 같은 시 한수를 적는다.

처처(萋萋)한 방초(芳草)여
명년(明年)에 춘색(春色)이 이르거던
왕손(王孫)으로 더불어 같이 오게

청청(靑靑)한 방초여

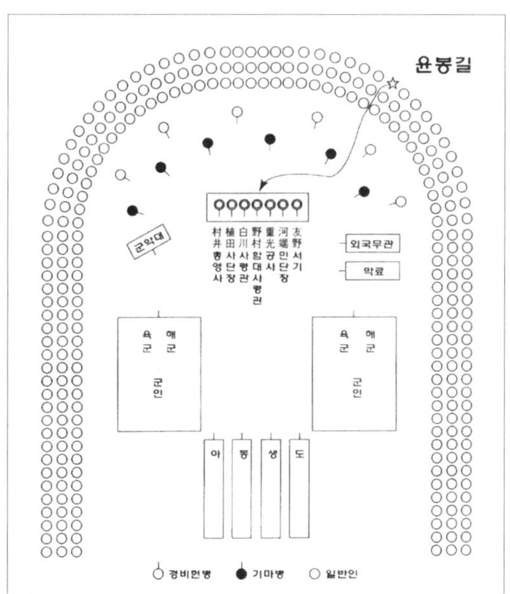

그날의 단상, 단하 배치도(자료 : 山口 隆, 《4월 29일의 윤봉길》).

명년에 춘색이 이르거던

고려 강산에도 다녀 가오

다정한 방초여

금년 4월 29일에

벙포일성(放砲一聲)으로 맹세하세.

4월 29일이 예정일이었다. 지금 그 홍코우 공원은 루쉰 공원(魯迅公園)이 되어 있다. 루쉰(魯迅, 1881~1936)을 기념하는 공원이 된 것이다. 고려인의 후예 윤봉길이 노래한 방초는 찾을 길이 없다.

4월 29일 아침 윤봉길은 김구 선생과 최후의 아침을 함께 했다. 그리고 집을 나섰고 자동차를 탔다. 조계 큰길가에서는 군사 퍼레이드가 펼

폭탄을 던진 직후, 일본군에 의해 잡혀가고 있다.

처지고 있었다. 장갑차, 전차, 중화기 등이 굉음을 내며 지나갔다. 우에다 겐기치(植田謙吉, 1875~1962) 9사단장이 지휘하는 육군 보병부대 1만 명이 일본군 상하이 파견군 사령관 시라카와 요시노리(白川義則, 1868~1932) 대장 앞을 지나갔다. 11시 40분 퍼레이드는 끝나고 그들 귀빈은 홍코우 공원으로 옮겨갔다. 이어진 축하회를 갖기 위해서였다.

홍코우 공원에서 내렸다. 공원 안에는 '천장절 축하회장' 단상이 마련되어 있었다. 높이 2미터 위에 6미터 정방형의 단이었다. 단상에는 군관민 일곱 명이 서열순으로 섰다. 기미가요가 울려 퍼지자 그들은 부동자세를 취했다. 라운드 스피커가 소리를 높였다. 비가 조금씩 내리기 시작했다. 기미가요가 끝나갈 즈음 윤 의사는 뒤에서부터 돌아들며 단상 위로 폭탄을 던졌다. 굉음과 함께 흰 연기가 솟았다. 상오 11시 40분이었다.

일곱 명 중 시라카와 대장, 우에다 중장, 시게미쓰 마에루(重光 葵)

주중공사 등 여섯 명이 중상 혹은 즉사했다. 이들에게 폭탄을 던졌지만 상징적으로는 일본 천황에게 던진 것이나 다름없었다. 이를 일본은 '상해폭탄사건'이라는 애매한 이름으로 불렀다.

5월 25일, 상해 파견 일본군 군법회의는 윤 의사에게 사형을 선고했다. 9사단이 이 일을 맡았다. 윤봉길의 호칭은 일본식으로 바뀌어 있었다. '인호우기치'였다.

11월 18일 윤 의사는 일본 헌병에 의해 일본으로 호송되었다. 그들은 적지에서 처형하기가 곤혹스러웠던 것이다. 안전지대는 일본 땅밖에 없었다. 우선 대양환(大洋丸)에 실린 윤 의사는 20일 오후 2시 40분 고베 항 밖의 와다사키(私崎)에 도착했다. 극비 호송이었다. 헌병 고베 분대 및 수상서원이 그를 기다리고 있었다. 윤 의사는 쾌속정 마야환(摩耶丸)으로 미쓰비시 조선소 독크를 거쳐 육로로 오사카로 넘겨졌다. 오후 5시 오사카 위수(衛戍) 형무소 미결감 중앙동사 독방에 수감되었다.

거의 한 달이 지난 12월 18일 오진 6시 25분 윤의사는 오사카 역을 떠났다. 오사카 헌병본부의 헌병 네 명이 호송을 맡았다. 모두 사복 차림이었다. 위장한 것이다. 어디까지나 그들에게 윤 의사는 '조선인 흉악 폭탄범'일 뿐이었다. 사형 집행이 기다리고 있는 가나자와 사단사령부가 목적지였다. 왜 그는 그 먼 곳까지 끌려갔는가.

이는 중상을 입은 육군 제9사단장 우에다 중장의 사단본부가 바로 가나자와였기 때문이다. 그는 '1차 상해사변(上海事變)'에 참가하여 혁혁한 공을 세우고 승승장구하는 중이었다. 그 과정에 윤 의사로부터 폭탄을 맞아 왼쪽 다리에 전치 6주의 중상을 입었던 것이다. 그를 애지중지하던 상관 시라카와도 죽었다. 그는 복수욕에 불탔다. 죽지 않은 것만도 다행이라는 마음은 없었다. 한 달 정도가 지나자 좀 나아져 지팡이를 짚고 걸을 수 있게 되었다. 그는 6월 7일 가나자와로 돌아왔다. 개선

처형 직전의 윤봉길 의사.

장군 자격이었다. 우에다는 자신의 사단 군법회의가 윤 의사에 사형을 내린 것도 모자라 자기 손으로 그를 죽여야 직성이 풀릴 것 같았다.

가나자와에서의 죽음

이시카와 현(石川縣) 가나자와 시는 북육(北陸)의 땅이라 불리는 일본 중부지역 동해 쪽에 자리잡은 중소 도시이다. 교토와 가까워 17세기 이후 그 영향을 많이 받았다. '가나자와(金澤)' 란 이름은 "한 농부가 감자에 묻은 금 부스러기를 연못에 씻어냈다"라는 고사에서 지어진 도시 이름이다. 메이지 시대 이후 일본의 침략 야욕이 불타면서 이곳은 청일·러일 전쟁, 그리고 조선·만주·중국 침략의 기지가 되었다.

윤 의사가 끌려갔을 때 가나자와는 한겨울이었다. 가나자와 역을 피해 바로 전 역에서 내려, 군용차로 사단사령부로 향했다. 사단사령부는 일본이 자랑하는 겐로쿠엔(兼六園) 가까운 곳에 있었다. 겐로쿠엔은 일본의 3대 정원이라고 한다.

그는 사단사령부 위수구금소의 영창에 들어갔다. 12월 19일 월요일 오전 7시 15분 추운 겨울 아침이었다. 가나자와 교외 남쪽(石川郡 內川村)에 있는 미쓰고우지 산(三小牛山)의 제9사단 공병 작업장으로 끌려 갔다. 잡목이 우거진 곳이었다. 7미터 벼랑(斷崖)의 전방에 3미터 높이

매장 지점. 앞에 보이는 길에 묻혀 있었다. 뒤의 건물은 관리 사무소.

의 목제 형틀(刑架)이 설치되어 있었다. 7시 27분 2인의 사격수 중 정사수인 나카노(中野吉三郎) 보병 군조(軍曹 : 중사에 해당)가 10미터 앞에서 총을 겨누었다. 민간인에 대한 처형은 원래 교수형인데 우에다 사단장은 특별히(?) 총살형을 지시했다. 9사단 군법회의 검찰관 네모토(根本莊太郎) 정도야 하수인에 불과했다.

집행자는 윤봉길의 미간(眉間)을 향해 쏘았다. 모든 일이 종료된 것은 7시 40분이었다. 윤 의사는 일본 땅 한구석에서 아무도 알지 못하던 그 시간, 짧은 생애를 접은 것이었다(《문예춘추》, 1988. 4).

시신은 관에 넣어져 인근 노다야마(野田山) 육군묘지 아래쪽 빈 터로 옮겨졌다. 육군 묘지와 일반 묘지가 경계를 이루고 있는 도로가였다. 시신은 비밀리에 매장, 즉 암장되었다. 그것도 사람들이 지나다니는 길 한복판에 묻었다. 시신은 개나 고양이처럼 취급되었다. 봉분도 묘석도 없었다.

유체 발굴 현장(1946. 3. 6).

이 일을 지휘한 자가 바로 우에다 중장이었다. 오사카 태생인 우에다 중장은 1934년 조선군사령관이 되어 용산으로 온다. 윤 의사가 지하에서 땅을 칠 일이었다. 그는 이후 승진하여 대장에 올랐고 1936년 관동군사령관이 된다. 용산에서 2년 동안 조선 전역을 억압하던 그는 일본 패전 후 전범재판도 받지 않고 오래도록 살아 남는다. 우에다는 해방후 윤 의사의 유골이 조국으로 돌아가는 것을 보았을 것이다. 그는 그때 무슨 생각을 했을까.

아직도 계속되고 있는 의사의 뜻

조국, 부모자식, 그리고 동지들과 이별한 25세 젊은이의 생애는 너무나 안타까운 것이었다. 일본의 패전 후 그 암장터는 더더욱 버려졌다.

육군묘지와 공동묘지 사이의 쓰레기 소각장이 바로 그 암장터 위에 만들어졌다. 해방 후 박동조(朴東祚) 등 몇몇 뜻있는 동포들에 의해 그 터가 암장터임이 밝혀지자 소각로는 철거되었다. 그리고 암장 후 13년 동안 버려졌던 윤봉길 의사의 유해는 1946년 3월 6일 동포들에 의해 발굴되었다. 그 터에는 꽃이 심어졌다(아에라, 1992. 5. 5).

3월 8일 윤 의사의 유해는 가나자와 역을 떠나 도쿄 역에 도착했다. 도쿄에서 이봉창(李奉昌), 백정기(白貞基) 의사와 함께 '삼의사 합동추모장'이 열렸다. 미국 군함이 그들 3인의 유골을 싣고 부산항으로 들어왔다. 부산에서는 대추도

'대동아성전대비' (자료; 아사히 신문).

식이 열렸다. 이어 특별 열차편으로 서울역으로 옮겨졌다. 같은 해 6월 30일 국민장이 치러졌고 효창원에 안장됐다. 이봉창, 백정기 의사와 함께였다.

1962년에는 덕산면 생가 광현당(光顯堂)이 복원되었고 근년에는 충의사(忠義祠)가 세워졌다. 윤 의사가 총살당할 때 묶였던 형틀 한 쪽과 유품들 일부가 지금 충의사에 보존되고 있다. 윤봉길 의사를 기리는 매헌문화제가 매년 4월 27일 충의사에서 열린다. 일본에도 '매헌 윤봉길 의사 암장지(暗葬地) 보존회'가 만들어져 있다. 일본 회원들이 윤봉길

의사 의거 기념 제향(祭享) 및 매헌문화제에 참석하러 덕산에 온 적이
있다. 15명의 일본인들이 제를 지내러 온 것이었다.

우리가 암장지 적(跡)을 보존함으로써 일본 내의 한국인과 일본인이 서로를
이해하며 세계 평화를 위해 노력하게 될 것입니다. 윤봉길 의사의 나라 정신은
후세들에게 영원한 귀감이 될 것.

이라고 이 모임의 회장인 이토 마사도시 참의원은 말했다(《대전일보》,
1995. 5. 3). 그러면 일본인들은 지금 윤봉길 의사를 알고 있는가? 내가
가나자와에 처음 간 것은 1988년 7월 17일이었는데 그때 그곳에 윤봉길
의사를 알리는 자료는 아무것도 없었다.

지금 가나자와 윤 의사 암장터 주변에는 '윤봉길 의사 순국기념비'
(1992. 4. 21)와 '윤봉길 의사 암장지적비'(暗葬之跡地, 1992. 12. 19)가
세워져 있다. 기념비는 거북 위에 검은 돌을 세우고 그 위에 용관(龍冠)
을 올린 것이다. 그러나 그것이 지금 무슨 의미가 있을까. 그나마 우익
의 반대 속에 세워졌지만 그 위치도 암장터는 아니다.

대조적으로 시내 한복판에 있는 '혼다(本多)의 숲' 공원에는 일본의
아시아 침략전쟁을 노골적으로 미화하는 '대동아성전대비(大東亞聖戰
大碑)'가 세워져 있다. 태평양전쟁은 대동아전쟁도 모자라 대동아성전
이라고까지 미화되고 있다. 누구를 위한 성전이었을까. 12미터짜리 대
형 비는 이시카와 현 우익단체와 현청에서 2000년 8월에 세운 것이다.
두 비는 일본인의 역사인식을 상징적으로 보여주고 있다.

교토에 매몰된 송몽규의 시첩

윤동주의 그늘에 묻힌 청년 문사

윤동주의 그늘 아래

시인 정지용(鄭芝溶, 1902~?)의 말대로 윤동주(尹東柱, 1917~45)는 죽어갈 때까지 무명 인사였고 문단과는 전혀 무관했다. 그러나 지금 그는 민족시인으로 자리매김하고 있고 그와 함께 했던 송몽규(宋夢奎, 1917~45)는 거의 알려져 있지 않다. 이런 불공평한 일이 있는가.

윤동주 50주기가 되던 1995년 2월 16일, 후쿠오카 형무소에서는 윤동주 추모제가 열렸다. 그런데 그 자리에 함께 있어야 할 송몽규는 없었다. 왜 송몽규는 우리에게 기억되지 못하는가. 송몽규는 윤동주에 가려졌다. 사랑받고 있는 한 시인 뒤에 우두커니 서 있는 송몽규를 지금 다시 생각해본다. 그도 한 점 부끄럼 없이 살았기 때문이다.

나 역시 송몽규가 누군지 알 리가 없었다. 오래 전 일본에서 1976년 판 《소화특고탄압사(昭和特高彈壓史)》라는 책을 보고도 송몽규에 대한 관심은 없었다. 1992년 8월 중국 연변 여행길에 연변대학 조선문학계(朝文系) 리해산(李海山) 교수의 안내로 룡정(龍井)의 동산(東山) 중앙교회 묘지에 있는 윤동주 묘소를 찾았을 때도 마찬가지였다. 송몽규에 관심이 없던 나는 한 울타리에 있는 그의 묘소는 찾지도 않았다. 그런데 윤동주에 대해 글을 쓰려고 교토와 후쿠오카를 방문하면서 송몽규가 누구인가 생각하게 되었다. 그 후 어떤 일로 여류 소설가 송우혜를 만나 송몽규에 대한 이야기를 듣고서야 관심이 생겼다. 그녀가 쓴 《윤동주 평전》을 읽으면서 새삼 그를 떠올리게 된 것이다. 송우혜는 윤동주와 송몽규 두 사람과 인척이고 송몽규의 조카였다.

송몽규가 움직인 흔적을 다시 찾아보기로 한다. 물론 그 길은 윤동주와 떨어질 수 없다. 그들은 같은 해에 북간도 연길 한 집에서 태어났고, 1945년 일본 후쿠오카의 형무소에서 함께 죽었다. 참으로 기이한 운명이었다.

윤동주와 송몽규

윤하현(尹夏鉉, 1875~1947)은 외아들 영석(永錫, 1895~1962)과 두 딸 신영(信永, 1897~?), 신진(新眞)을 두었다. 명동촌(明東村) 친정집에 와 있던 큰딸 신영은 1917년 9월 28일 몽규를 낳았고, 외아들 영석은 12월 30일 동주를 낳았다. 송몽규는 윤동주보다 석 달 앞서 윤동주네 집에서 태어난 것이다. 송몽규는 윤동주의 동갑내기 고종 사촌형이다. 그들은 다섯 살이 될 때까지 북간도 명동 학교촌의 한 집에서 자랐다.

1925년 윤동주, 송몽규 그리고 친구 문익환은 명동촌의 명동소학교에 함께 입학한다. 이 학교는 영연방 캐나다 기독교 장로교파 명동교회가 운영하는 학교였다. 1931년 3월 25일 이 학교를 졸업한 후 윤동주, 송몽규 등은 명동에서 10리 떨어진 중국인 소학교에 편입했다.

윤동주 가(家)는 1931년 늦가을 용정으로 이사하게 되어 윤동주와 송몽규는 1932년 4월 봄 은진(恩眞) 중학교에 함께 입학했다. 송몽규만 윤동주네 집으로 오게 된 것이다.

송몽규는 1934년 12월 은진 중학 3년생으로 《동아일보》 신춘문예 콩트 부문에 응모한다. 송한범(宋韓範)이란 아명으로였다. 〈술가락〉이라는 글로 당선되었다(《동아일보》, 1935. 1. 1). 윤동주보다 빠른 문단 진입이었다. 그들 둘의 평생에 걸친 동료로서의 인연으로 볼 때, 이는 윤동주에게 큰 자극이 되었으리라 짐작해볼 수 있다.

연희전문 시절의 송몽규(자료 : 송우혜, 《윤동주 평전》).

윤동주는 1935년 3학년을 수료하고 그 해 9월 평양의 숭실중학교 3학년생으로 편입해 들어간다. 숭실중학은 기독교계의 5년제 학교였다.

당시 용정에서 평양은 머나먼 길이었다. 용정에서 기차를 타고 두만강을 건너 상삼봉, 회령, 청진, 원산을 거쳐 서울로 가야 했다. 그리고 서울에서 경의선을 타고 평양으로 다시 올라가는 것이었다.

윤동주는 숭실중학을 자퇴하고 1936년 4월 초 용정으로 돌아와 광명(光明) 중학교 4학년에 편입한다. 송몽규가 1936년 3월 중국 제남(濟南)에서 체포되어 4월 함북 웅기(雄基) 경찰서로 유치될 때였다. 광명중학은 5년제로 친일계 학교였다. 일본의 구마모토(熊本) 로우닌(浪人) 출신 히다카 헤이고로우(日高丙子郎) 소유였다. 윤동주는 각각 기독교계와 친일계 학교를 다니게 된 셈이다. 사실 친일계 학교는 가려서 가야 할 곳이었다. 광명중학교는 1946년 용정중학교로 통폐합된다.

여기서 윤동주의 시 〈이런 날〉을 보자.

사이좋은 정문의 두 돌기둥 끝에서
오색기와 태양기가 춤을 추는 날,
금을 그은 지역의 아이들이 즐거워하다.
……
이런 날에는
잃어버린 완고하던 형을
부르고 싶다.

-1936년 6월 10일.

친일계 광명중학교 정문 양쪽 돌기둥에는 만주국 깃발과 일장기가 걸렸다. 이를 본 윤동주는 형을 기리고 있다. 송우혜는 여기서 형이 송몽규였을 것이라고 조심스럽게 말한다. 윤동주의 눈에 송몽규는 완고하게 비쳤다. 나이 차이도 없었는데…….

요시찰인이 된 문학청년

열여덟 살의 송몽규는 1935년 4월 독립운동을 하러 중국 내륙 남경으로 들어간다. 천진-제남-서주를 거쳐 남경으로 간 그는 김구 선생을 찾는다. 이는 기독교계인 은진중학교 선생 명희조(明義朝) 선생의 영향을 받은 것이다. 명 선생은 도쿄 제대에서 동양사를 전공한 당시로는 최고 학벌의 역사 선생이었다.

송몽규는 김구 선생이 주도하는 임시정부 군관학교(낙양군관학교) 2기생으로 들어간다. 독립운동을 하기 위해 군사훈련을 받은 것이다. 1년

간 교육을 받다가 1936년 4월 10일 산동성의 성도인 제남에서 제남 주재 일본 영사관 경찰부에 체포된다.

송몽규는 이제 특고(特高)의 리스트에 이름이 오른 것이다. 이것이 1943년 7월 일본 교토에서 윤동주와 함께 체포된 한 원인이 되었다. 특고는 경찰의 특별고등계를 줄인 것으로 정보·보안계를 가리킨다. 6월 27일 웅기경찰서로 이감되어 9월 14일까지 유치되었다가 명동촌으로 돌아온다. 1937년 4월 다시 용정의 윤동주네 집으로 와 민족주의 계통의 4년제 중학교인 대성(大成) 중학교 4학년에 편입했다. 송몽규는 2년 만에 다시 공부를 시작한 것이다. 윤동주는 1938년 2월 17일 광명중학을 졸업한다.

그들은 공부를 계속하기 위해 서울로 온다. 1938년 초봄 그들은 연희전문에 나란히 합격한다. 윤동주는 의사나 고등고시로 출세하라는 부모의 뜻을 거스르고 문과를 택했고 몽규도 문과에 간다.

윤동주의 입학 동기인 유영 교수는,

혈연관계가 있기도 하겠지만 얼굴도 비슷하고 키도 비슷해서 마치 쌍둥이 같았다. …동주는 얌전하고 말이 적고 행동이 적은 데 반해, 몽규는 말이 거칠고 떠벌리고 행동 반경이 큰 사람이었다.

고 회고하고 있다(송우혜, 앞의 책, 182쪽).

송몽규는 소년시절부터 문학소년이면서도 활동적인 성격이어서 동료 간에 리더십이 돋보였다고 한다. 윤동주와는 대조적이었다. 중국 내륙에서 독립운동을 하고 온 송몽규와 윤동주는 이제 비교도 할 수 없을 만큼 다른 사람이 되어 있었던 것이다. 스케일이 달랐을 것이다.

그들은 연전 '문우회'에 함께 가입하였다. 연전에서는 1941년 6월부터 동인지 《문우》를 발간하였다. 그들은 시 작품을 발표한다. 윤동주는 〈새로운 길〉, 〈우물 속의 자상화〉 등을 송몽규는 '꿈별'이란 필명으로 〈하늘과 더부러〉를 발표한다. 몽규(夢奎)를 꿈별이라 풀어 쓴 것이다.

그러나 이런 와중에도 송몽규는 1938년 전후 치안유린죄로 몇 차례 서대문 경찰서에 구속되었다가 석방되는 일을 거듭하였다. 중국에서의 활동이 이어졌음을 알 수 있다.

1938년 2월 24일 서대문서 고등계 형사대는 연전과 이전 도서관을 수색하기도 한다(《이화 80년사》, 772쪽). 1938~41년경에 송몽규와 윤동주 중심의 사상문제가 있어 연전의 사찰은 더욱 강화되어갔다. 더구나 1941년 12월 8일에는 태평양전쟁이 일어나 시국은 더욱 암담해졌다.

서울 거리의 남자들은 군인도 아니면서 대부분 까까머리에 전투모라고 불리는 모자를 썼고, 한결같이 카키색 국민복을 입고 다리에는 각반을 두르고 있었다. 정오에는 매일같이 사이렌이 울려댔다.

미군의 폭격에 대비한 공습경보, 방공훈련을 빙자한 불시 훈련이 시도 때도 없이 계속됐다. 불령선인(不逞鮮人)의 폭동을 진압한다는 투의 훈련도 이어졌다.

그 사이렌 소리는 총독부에서만 나는 것은 아니었다. 부청에서, 헌병대에서, 경찰서에서, 형무소에서… 아니, 이 경성에서만이 아니라 지금 이 순간 조선 전역에서, 남쪽의 부산에서, 북쪽의 평양과 신의주에서, 농어촌과 산촌의 구석구석에서도 똑같이 울리고 있을 터였다. 그리고 사이렌이 울리는 1분 동안, 모든 조선인들은 묵념을 드리지 않으면 안 된다. 성전완수(聖戰完遂)와 일선 장병의 무운장구를 기원하면서……((김달수, 《현해탄》).

일제는 일본에서도 안하는 이런 짓을 조선 땅에서 자행하고 있었다.

창씨개명의 굴레

12월 27일 연전 졸업식이 치
러진다. 문과 졸업생은 21명
이었다. 윤동주와 송몽규도
이날 졸업생으로 참석한다.
송몽규는 2등이었다.

졸업 후 1942년 그들은 일본
으로 갔다. 일제는 이 해 11월
1일 대동아성(大東亞省)을 만
들고 대동아 공영권을 부르짖
기 시작했다. 대동아성은 이
미 식민지화한 조선, 대만, 화
태(樺太)를 제외한 동아시아

새로이 등장한 '대동아성'.

제국에 대한 침략 야욕을 드러낸 것이다. 그 동안 있던 척무성(拓務省)
과 흥아원(興亞院)은 폐지되었다.

그들은 그런 상황하의 일본 땅에 간 것이다. 대학 과정으로 진학하기
위해서는 어쩔 수 없는 일이었다. 사실 국내에 취직자리도 있을 리 없
었다. 이것은 당시 모든 젊은이의 문제였다.

문제는 창씨개명(創氏改名)을 해야 하는 것이었다. 1939년 12월 26일
시행된 '조선인의 씨명(氏名)에 관한 건'이란 법령이 공포되어 조선인
의 씨명을 일본식으로 바꾸어야 했다. 즉, 우리의 고유한 단성(單姓)을
복성(複姓)으로 바꾸는 것이었다. '성(姓)을 갈 놈'이란 욕은 이때 나왔
다. 사실 일본인들에게 창씨하는 것이 별일도 아니었다. 그들 대부분이
메이지 유신 후 성을 갖게 되었기 때문이다. 어떤 사람은 높은 사람에게
호도(胡桃)를 갖다 바치고 '구루미(胡桃)'라는 이름을 받기도 하였다.

조선인에 대한 창씨개명이라는 발상은 히틀러의 숭배자이며 전체주의 예찬자였던 미나미 총독에게서 나왔다. 행동대원은 그의 비서이며 학무국장이었던 시오하라 도키사부로(塩原時三郎)였다. 시오하라는 44세의 최연소 국장으로 출세 지향자였다. 그는 '황국신민의 서사(誓詞)' '황국신민체조' 등을 만들어낸 작자이기도 했다. 창씨개명 작업은 1940년 3월 말부터 시작되어 8월 10일 79.3%의 성과(?)를 올리고 있었다.

따라서 1940년도부터 일본으로 유학가는 청년들은 이를 피할 길이 없었다. 더구나 당시 연전의 교장은 일본인 가라지마 다케시(辛島 驍)였다. 이 학교 운영권이 미국인과 조선인에서 일본인으로 넘어간 것이다.

몽규와 동주는 연전에 창씨개명계를 냈다. 그들이 창씨개명을 하면서까지 일본으로 가야 했는가 하는 아쉬움이 남는 것은 어쩔 수가 없다. 그들의 창씨개명 이름과 날짜는 다음과 같았다.

  히라누마 도쥬(平沼東柱) : 1942. 1. 29.
  소무라 무게이(宋村夢奎) : 1942. 2. 12.

윤(尹)은 히라누마(平沼)로, 송(宋)은 소무라(宋村)가 된 것이다.

죽음의 땅 일본으로

상황은 더 나빠졌다. 일본과 조선 땅에 1941년 3월 7일자로 '치안유지법'이 2차 개정된다. 또한 12월에는 언론, 출판, 집회, 결사 등의 임시단속법이 공포되어 공포의 사회상을 만들어내고 있었다. 특고의 조직을 강화하는 것이었다.

일본 내무성 경시청 특고과는 마루야마 쓰루키치(丸山鶴吉, 1883~1956)가 만든 것이다. 그가 특고과장으로 1924년까지 조선총독부 경무국장이었는데 그 주 업무는 특고 일이었다.

1919년 2월 8일 도쿄 유학생들의 독립선언이 그들의 신경을 예민하게 건드렸다. 1923년 9월 1일의 관동대지진 때 상황은 특고를 본 궤도에 올려놓기에 족했다.

중국에서 독립운동을 한 바 있는 송몽규는 이미 그 취체 대상에 들어 있었다. 취체는 단속을 의미하는 말이다. 송몽규는 언제든지 단속될 상황이었다.

두 사람은 1942년 3월 초 부산에서 관부연락선을 탔다. 송몽규는 1942년 4월 1일 교토 제대 사학과 서양사학 전공(선과)에 입학하고, 윤동주는 4월 2일 릿교(立教) 대학 문학부 영문과(선과)에 입학한다. 선과는 본과와 달리 전문학교를 졸업하고 편입해 들어오는 것을 말하는 것이며 본과는 고등학교를 졸업하거나 대학 예과를 졸업한 자에 한하는 것이다. 대개 조선에서 공부한 학생들은 선과로 입학하게 되는데, 이런 경우 조선인 학생이라는 게 저절로 드러나는 것이다. 물론 일본 학생의 경우도 여기에 해당되기는 마찬가지였다. 어쨌든 정통 코스는 아니라는 표시였다.

물론 1940년대에 조선인이 일본의 제국대학에 입학하는 것은 쉬운 일이 아니었다. 그런데도 송몽규는 제국대학에 입학하였다. 윤동주는 교토 제대에 떨어져 도쿄 이케부쿠로(池袋)에 있는 사립 릿교 대학에 들어갔다. 둘은 이제 멀리 떨어졌다.

내가 1988년 여름 교토 대학에 들렀을 때 제일 먼저 찾은 건물이 문학부 교사였다. 안내해준 교수는 이 건물이 이제 오래 되어 보수 공사를 하고 있다고 했다. 교사는 1923년, 1925년, 그리고 1929년 각각 증축되었

현재의 교토 대학 정문과 본관, 송몽규가 드나들 때와 같다.

단다. 송몽규가 공부한 교사는 그대로 있었다. 1985년부터 대학 종합박물관으로 사용되고 있었다. 박물관 내부에는 조선사 관계 책자 코너가 있었다. 많은 자료가 정리도 되지 못한 채 상자 속에 그대로 있었다.

윤동주가 간 릿교 대학은 사립 미션계로 미국 성공회파가 운영하고 있었다. 영문 이름은 세인트 폴 학교라고 했다. 그런데 릿교 대학은 연희전문학교와 교사풍이 비슷했다. 이는 미국인 건축가 머피(Henry Killiam Murphy)가 설계한 것이어서 그럴 수밖에 없었던 것이다. 선교사들에 의한 대학 캠퍼스는 실용적으로 만들어졌고 대부분 중앙축이었다. 릿교 대학 이케부쿠로 캠퍼스는 1918년 준공되었고 연희 캠퍼스는 이보다 뒤늦은 1925년 세워졌다.

얼마 전 흥미있는 뉴스가 있었다. 붉은 벽돌로 지어진 릿쿄 대학 본관 건물을 보수하기 위해, 지금까지 유일하게 벽돌을 생산하는 우리 나

102

현 교토 대학 문학부. 송몽규가 공부하던 곳이다.

라 경상북도의 한 벽돌 공장에서 수입한다는 것이었다. 우리도 모르는 일이어서 부끄럽기조차 했다.

윤동주의 도쿄 이케부쿠로에서의 생활은 별로 알려진 것이 없다. 다만 그의 시 〈쉽게 씌어진 시〉에서 그의 하숙생활의 단면을 볼 수 있을 뿐이다(1942. 6. 3). 그는 "6첩방은 남의 나라"라며, "창 밖에 밤비가 속살거리는데" 그 다다미 방에서 홀로 시를 쓴다 하고 있다. 또 하나 〈사랑스런 추억〉이 있다.

> … 봄은 다 가고-동경 교외 어느 조용한
> 하숙방에서, 옛거리에 남은 나를 희망과
> 사랑처럼 그리워한다.…
>
> -1942년 5월 13일.

용정에서 1942년 8월 4일 찍은 마지막 사진. 윤동주와 송몽규가 보인다. ○표는 윤동주, △표는 송몽규(자료 : 《윤동주 시집》, 정음사, 1972).

마지막 귀향

1942년 7월 여름방학을 맞은 윤동주와 송몽규는 함께 용정으로 간다. 이것이 두 사람의 마지막 귀향이었다.

윤동주는 용정에서 일본으로 돌아가면 학교를 바꾸기로 마음먹고 있었다. 아마 릿교 대학이 그에게 충족치 못했던 것 같다. 센다이(仙台)의 도호쿠(東北) 제국대학과 교토의 도시샤(同志社) 대학을 희망하였다.

1942년 10월 1일, 그는 사립 미션계 도시샤 대학에 입학한다. 도호쿠 제국대학을 가려 했으나 여의치 않았기 때문이다. 그에게 제국대학 입학의 문은 열리지 않았다. 이것이 그의 운명을 바꾸었는지도 모른다. 그가 릿교 대학에 남았거나 도호쿠 제국대학에 갔더라면 죽음을 피할 수 있었을는지도 모르겠다.

윤동주는 어렸을 때부터 송몽규에게 열등감을 느껴왔다고 한다. 윤동주와 송몽규는 가족까지 경쟁하는 관계였던 듯하다. 윤동주가 송몽규와 같은 제국대학에 다니고 싶어했던 이유도 거기 있었을 것이다.

윤동주는 도시샤 대학 이마데가와(今出川) 캠퍼스로 갔다. 도시샤 대학과 연희전문 캠퍼스 안에는 치원관(致遠館)이란 동명의 교사도 있어 윤동주는 마음이 편했을 것이다. 도시샤 대학의 치원관은 현재도 잘 남아 있으나 연세대학교의 치원관은 1950년 무단 파괴되었다.

송몽규와 윤동주는 한 집에서 지내지 않았다. 그들의 하숙은,

> 윤동주 : 사교우 구(左京區) 다나카 다카하라 정(田中高原町) 27번지. 다케다(武田) 아파트.
> 송몽규 : 사교우 구(左京區) 기타시로가와(北白川) 히가시헤이 정(東平井町) 소스이도리(疎水通) 60번지. 스미즈 에이치(淸水榮一)의 2층 집.

두 집은 도보로 5분 거리였다. 교토 제대와 은각사(銀閣寺) 사이에 해당한다. 비파호(琵琶湖)에 가깝다. 윤동주가 살던 교토의 다케다 아파트는 1943년 불에 타버렸다. 현재의 예술단과대학 분교 자리이다.

치안유지법 제5조

두 사람은 여름방학이 되자 일본 경찰의 손아귀에 들어간다. 송몽규는 1943년 7월 10일, 윤동주는 7월 14일 각각 교토에서 특고 형사에게 체포되어 시모가모(下鴨) 경찰서 유치장에 감금된다. 일본에 온 지 1~2년도 채 안 된 때였다. 그들과 잘 알고 지내던 고희욱(高熙旭, 1921~)도 윤동주와 같은 날 아침 체포되었다. 고희욱은 교토의 명문 제3고 3학년 학생이었다. 고희욱에 의하면 영문도 모르는 채 체포되었다고 한다. 체포된 사람은 다른 사람 4명을 합하여 7명이었다. 하숙집 주인 스미즈(淸水榮一)는 돈도 없는 고등학생, 대학생들 신분인 그들을 밀고한 것이다. 사건명은 '재 교토 조선인 학생 민족주의 그룹 사건'이었다.

그 그룹은 송몽규가 중심 인물이고 윤동주가 이에 동조했고 고희욱

이 관련된 3명의 모임이었다. 그러나 작은 일도 침소봉대되는 때라 특고의 감시하에 있던 송몽규가 그 사정권에 들었던 것이다. 송몽규의 만주와 조선에서의 활동이 겹쳐졌다.

이 즈음 치안유지법 위반 조선인의 취조상황 예를 보면,

재 사카(在阪) 조선인 고학생 민족주의 그룹 '충성회' 사건.

재 사카(在阪) 조선인 고학생 민족주의 그룹 '조선독립청년당' 사건.

재 교토(在京都) 조선인 학생 민족주의 그룹 사건.

재 메이(在名) 조선인 민족주의 그룹 '와룡회(臥龍會)' 사건.

재 후나바시 시(在船橋市) 조선인 고학생을 중심으로 한 민족주의그룹 사건.

조선인 중등학교 촉탁 교사를 중심으로 한 민족주의 분자의 책동사건.

등이 있었다. 대부분의 경우는 혐의만 가지고 체포하는 상황이었다.

이 중 '재 교토 조선인 학생 민족주의 그룹 사건'이 송몽규 등이 관련된 사건명이었다. 이 사건의 송국(送局) 피의자 사항은 다음 표와 같다.

일제는 그들이 교토 시내 각처에서 모여 조선 민족의 장래, 독립운동이니 하는 이야기를 했다고 했는데 그들이 주로 간 곳은 가모가와(鴨川)였다. 교토 역 동쪽을 남북으로 흐르는 가모가와 10리를 거니는 일이 그런 대로 행복했던 것이다.

가모가와에 대한 묘사는 윤동주가 1927년 6월 《학조(學潮)》 2호에 쓴 〈가모가와〉에 나타난다. '교토 가모가와(京都鴨川)'라는 원제를 고친 것이다. 이곳은 나혜석이 졸업작품을 그리던 곳이기도 하다.

그 외에 그들이 가는 곳은 지은사(知恩寺) 앞 햐쿠만벤(百萬遍) 거리, 하치세(八瀬) 유원지, 그리고 하숙집 정도였다. 그들은 결사(結社)를 한 것도, 폭탄을 던진 것도, 데모를 한 것도 아니었다. 조선인 학생이

라면 누구나 할 수 있는 원론적인 이야기를 한 것에 불과했다. 그들이 학업을 하는 외에 무슨 큰 독립운동을 했겠는가. 시와 글을 쓰는 문학도들인데. 물론 군국체제 상황에서 공부만 하고 있을 수는 없었을 것이다. 교토라는 지역세도 한 몫했다. 전형적인 일본 도시에서의 활동은 도쿄나 오사카보다 훨씬 불리했다.

재판 때에는 '치안유지법 위반 피고 사건(조선독립운동)'으로 사건명이 바뀐다. 예비단속 차원으로 치안유지법 제5조가 적용된 것이다. 제5조는,

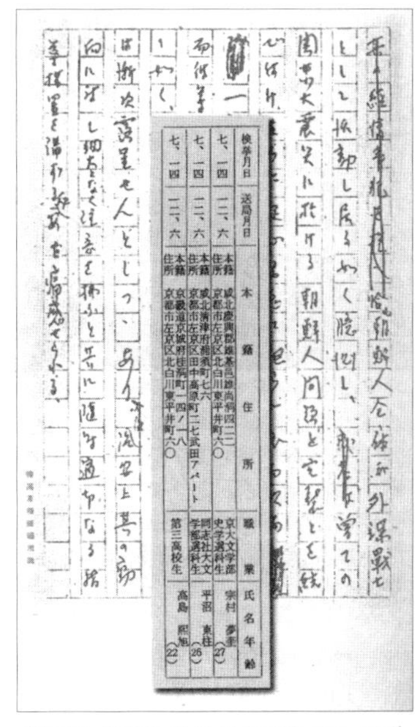

'재경도 조선인 학생 민족주의 그룹 사건'으로 송국된 3인. 여기서 종촌몽규(宗村夢奎)는 송촌몽규(宋村夢奎)의 오자이다. 배경 그림은 조선인의 동향을 조사 기록한 《특고월보》의 한 원고이다.

국체변혁의 목적을 가지고 결사를 조직하거나, 또는 그 지원이나, 준비를 위한 목적으로 결사를 조직하려는 그 목적사항의 실행에 관하여, 협의 또는 선동, 선전 기타 그 목적수행을 위한 행위를 한 자는 1년 이상 10년 이하의 징역에 처할 것.

이라 하고 있다.

12월 6일 세 사람은 교토 지방 검사국으로 넘겨진다. 그들은 독방에 갇힌다. 담당 검사는 에시마(江島 孝)였다. 송몽규와 윤동주는 2월 22일 기소되고, 고희욱은 기소유예로 이내 풀려난다.

교토 지방재판소 본관. 현재도 그대로 쓰이고 있다.

재판은 교토 지방재판소에서 열린다. 이 건물은 1923년 준공된 붉은 벽돌조 위에 인조석 물갈기한 외피를 입힌 3층 건물로 좌우 대칭형의 권위적 인상을 주는 건물이었다. 그들은 우선 이 건물에 압도되었을 것이다.

1944년 1월 19일 첫 재판이 열렸다. 판사는 고니시(小西宜治) 외 5명이었다. 송몽규는 제1형사부에 넘겨졌다. 재판장은 고니시, 판사는 후쿠시마(福島 昇)와 호시치(星智 孝) 두 사람이었다. 윤동주는 제2형사부였다. 재판장은 이시이(石井平雄), 판사는 와타나베(渡邊常造)와 가와라다니(瓦谷末雄)였다.

윤동주는 1944년 3월 31일, 송몽규는 4월 13일에 결심 공판을 받았다. 둘 다 2년 징역형을 받았다. 형 종료 시기는 윤동주가 1945년 11월

108

30일, 송몽규는 1946년 4월 12일이었다. 송몽규의 형이 더 무거웠다. 송몽규의 비중이 더 컸음을 말해준다.

후쿠오카 형무소의 비극

형이 확정된 그들은 후쿠오카 형무소로 이송되었다. 하카다(博多)만에서 가까운 니시아라이 정(西新町) 108번지였다. 독립운동 관계자는 주로 조선 땅과 가까운 구마모토와 후쿠오카 형무소로 보내질 때였다. 그들은 머리를 깎고 붉은색 죄수복을 입었다.

일제는 패망으로 줄달음치고 있었다. 일본 본토에 대한 미군의 폭격이 한창이었다. 1945년 2월 소련의 대일 참전이 결정됐다. 일본은 당황하기 시작했다. 재소자를 재소자답게 처우할 처지가 아니었다. 이때 조선과 가까운 곳에 있는 조선인 복역자들은 일제에 큰 짐이 되었다. 그들은 이들의 처치 방법을 생각하고 있었다.

윤동주는 복역중인 1945년 2월 16일(금요일) 오전 3시 36분 "외마디 소리를 높게 지르면서" 절명했다고 한다. 병명은 뇌일혈이라 했다. 구슈 제대(九州帝大) 의학부의 생체 실험 의혹이 남아 있다. 송몽규는 그 며칠 뒤인 3월 7일 죽었다. 해방을 5~6개월 앞둔 때였다. 후쿠오카 화장장에서 재로 변한 윤동주의 시신은 용정 고향으로 돌아왔다. 그가 태어나 15세까지 살았던 곳이다. 이때는 이미 일제 괴뢰 만주국 땅이 되어 있었다. 공식 주소는 간도성 연길현 지신촌 명동둔(間島省 延吉縣 智新村 明東屯). 1945년 3월 6일 장례를 치르고 교회 묘지에 묻혔다. 가족들은 '시인' 윤동주지묘라 새겼다.

송몽규의 시신도 후쿠오카 화장장에서 재가 되어 명동의 장재촌 뒷산으로 왔다. 가족들은 '청년문사(青年文士)' 송몽규지묘라 했다. 1990

년 4월 송몽규의 묘는 윤동주의 묘 가까이로 옮겨졌다.

잊혀진 송몽규

최근의 한 뉴스를 보면 연변에선 애국시인 윤동주 기념사업을 대대적으로 펼칠 계획이라 한다. 그러나 송몽규의 이름은 없었다.

일본에서 한국에 대해 조금이라도 관심있는 사람이면 윤동주의 이름은 알고 있는 듯하다. 일본의 한 교수는 나에게 윤동주는 '민족시인'인가, '애국시인'인가 물었다. 그들은 대체로 '민족시인'으로 알고 있는 것 같았다. 윤동주를 연구하는 일본 학자들은 그의 시에 대해,

> … 국경과 민족을 초월하는 감동이 담겨 있다. 최근에는 일본 고등학교의 교과서에 윤동주의 시가 소개되고 있다…….

고 말하고 있다. 그러나 그들 역시 송몽규에 대해서는 별 관심이 없다. 그들은 윤동주가 두 나라 사람들 마음의 다리가 되어 한일 신시대를 이루는 데 보탬이 되기를 기대한다고 한다. 윤동주의 죽음이 일본인들에 의해 회자되는 것이 과연 '시' 하나 때문일까.

청년문사 송몽규를 통해 우리는 강팍했던 그 시대를 다시 살펴볼 수 있는 것이다.

불행한 건축가 김충국의 초상
우리 건축의 비극을 안고 간 사람

불행한 건축의 나라

이번에는 한 건축가의 삶을 조명해보기로 한다. 그는 해방 전후, 일본과 한국 땅에서 건축가로 활동했던 김충국(金忠國, 1918~52 ?)이다.

우리 나라 보통 사람들은 문학가, 화가, 음악가 등 예술가들에 대해서는 큰 관심을 보이면서도 건축가들에게는 별로 관심이 없다. 외국에서 특히 부러웠던 것이 대중매체에서 건축과 건축가에 대해 자주 다루는 점이었다.

하나의 예로 일본인들 중에서 당케 겐조(丹下健三, 1913~)를 모르는 사람은 거의 없을 것이다. 특히 그가 설계한 도쿄도 청사는 많은 일본인들의 사랑을 받고 있다. 우리 나라 사람들도 도쿄 관광 길에 오르면 대부분 도쿄도 청사 건물에 들러 전망대까지 오른다. 그런데 우리 관광객 중 이 건물을 누가 설계했는지 관심을 보이는 사람은 거의 없다. 우리 나라 사람들이 이처럼 건축가에 관심이 없으니 우리 건축가는 세계에서 가장 불행한 건축가인지도 모르겠다. 대중의 관심이 없는 나라에서 훌륭한 건축가가 나올 수 없음은 당연한 일 아닐까.

그 불행한 건축가 가운데 한 사람이 김충국이다. 아마 김충국을 아는 사람은 단 한 명도 없으리라. 그는 초기 시절 당케 겐조에 버금가는 자랑스러운 한국인 건축가였다.

김충국에 대한 관심

내가 김충국에 관심을 갖게 된 것은 꽤 오래 전 일이다. 1979년 나는 《꾸밈》이라는 건축 잡지의 편집장을 맡고 있었다. 이때 자그마한 체구의 일본인이 동숭동의 우리 잡지사를 방문했다. 물론 김중업(金重業, 1922~88)의 소개를 받았다.

김중업 선생과 나는 그 즈음 아주 친밀한 관계였는데 김 선생은 그 일본인에게 한국 현대건축의 오늘을 소개해주라는 것이었다. 김 선생의 소개에 따르자면 그는 아주 유명한 일본의 건축평론가라는 것이었다. 그는 1945년 전후부터 일본에서 크게 활약한 건축 논객이었는데 도쿄대 건축과를 나왔고 도쿄대 건축과의 교수였다고 했다. 건축 필봉은 그가 다 휘둘렀다 해도 과언이 아닌 사람이었다.

나도 호기심에 가득 차 그와 마주하였다. 당시 내가 일본인을 만난다는 것은 좀처럼 쉬운 일이 아니었다. 우리 나라에 오는 건축가가 별로 없었기에도 그랬지만 좀 우스운 얘기로는, 당시 나는 "일본 건축가들은 도대체 어떻게 생겼나" 하는 수준이었다. 또한 그때까지만 해도 나 역시 일본을 가보지 못했었다.

명함의 이름은 하마구치 류이치(浜口隆一, 1916~95)였다. 그 이름은 책에서도 여러 번 보았다. 생각보다 키가 작고 말랐는데 외양은 매우 겸손해 보였다. 그는 도쿄대 교수직을 퇴직한 다음 한국의 건축을 보러 여행하는 중이었다. 나는 우리의 건축에 대해 이것저것 설명해주었다.

그에게 "김충국이라는 건축가를 아는가"라고 물어보았다. 그는 "오래 되어서 잘 기억나지 않지만 알듯하다"고 말했다. 내가 본 기록에 의하면 그들이 2년 동안 같은 설계사무소의 일원이었기에 던진 질문이었다.

사실 김충국에 대해서는 미술평론가 석남(石南) 이경성(李慶成, 1919~)으로부터 이미 들은 적이 있었다. 석남은 내가 홍대학보 기자 시절 만나뵐 기회가 자주 있었는데, 어느 날인가 "일제 시대 인천 사람으로 김충국이란 건축가가 있었는데 모르지?" 하면서 김충국 이야기를 해주었다. 석남 선생은 내가 건축과 학생이고 잠시 인천에서 피난살이를 한 적이 있는 것을 알았기에 그랬던 것이다.

하마구치는 일본에 돌아가면 김충국에 대해 자세한 것을 알아봐주겠다고 했다. 그리고 그 후 그가 보내준 자료가 《신건축》 1944년 1월호 복사본이었다. 하마구치는 우리 나라 건축계에 대한 글이 실린 잡지 《근대건축》 1980년 3월호도 함께 보내주었다. 그가 쓴 글의 제목은 '한국의 현대 건축가들'이란 것이었다.

《신건축》 복사본에는 김충국에 대한 기사와 함께 그의 작품 사진도 실려 있었다. 당시 나에게는 무척 흥미로운 일이었다. "한국의 건축가가 일본에서 활동했었다"는 것만으로도 매우 관심이 가는 일이었다.

그 후 다시 김중업과 만나 대담할 기회가 있었는데 김충국에 대해서 물었다. 그 기록이 《꾸밈》 1981년 6월호에 실려 있다. 여기서 그 대담록을 잠시 펴보기로 한다.

— 누군가 좋아하는 사람이 있는 것은 아름다운 일이라 생각합니다. 이경성 선생님이 기록해주신 김충국이란 분은 어떤 분이신가요.

김충국이 출품한 '대동아 건설기
념 영조계획' 배치도.

김중업 : 그걸 뺐군요. 동경서부터 알았는데 '마에카와 구니오 사무실'에 있었지요. 그놈이 나하고 아주 절친한 사이였어요. 폐가 좀 나빴는데 내가 김충국이를 억지로 서울공대 강사로 집어 넣었지요.

그는 인천 '애관극장' 집 아들이었는데 멋쟁이였지요. 나하고 극히 가깝고 건축 얘기를 할 수 있었던 친구예요. 6·25 때 병사했어요. 학교는 일본대학 건축과를 나왔지요. 나하고 제일 통하는 놈이었지요. … 좋은 놈은 먼저 가는가봐요. 그래서 내 주위가 아주 쓸쓸해요.

두 개의 현상 설계에 도전

김충국은 전시체제하의 일본 땅에서 두 개의 현상설계에 도전했다. 달걀로 돌을 치는 격이었다. 아무나 할 수 있는 일도 아니었다.

114

첫번째 것은 1942년 일본건축학회에서 주최한 제16회 설계경기, '대동아 건설기념 영조계획'이었다.

당시 대동아공영권의 환상에 취해 있던 일본 건축가들은 건축에 있어서 '대동아 조형문화의 확립'을 추진하는 데 몰두하였다. 그들은 서양식 몸에 일본 전통식 지붕을 얹는 양식, 이른바 제관주의(帝冠主義) 양식을 선호하였다. 외국인이 제관주의 양식을 다룬다는 것은 그 자체가 '친일건축'의 상징으로 보이는 일이었다. 이 현상설계에는 무려 63점이 응모하였고 그 중 다음 7점이 입상하였다.

1등 : 당케 겐조(丹下健三) : 〈후지산록(富士山麓)의 신역(神域) 계획〉

2등 : 田中 誠·道明榮次·佐世治正 : 〈상하이(上海) 개조계획〉

3등 : 中善寺登喜次 : 〈후지산록의 대동아 성지〉

선외 가작 :

荒井龍三 : 〈민족의 碑〉

吉川淸 : 〈충령의 뜰〉

伊藤喜三郎·泉山武郎·김충국 : 〈대동아 수도(首都) 관문(關門) 계획〉

本城和彦·中田亮吉·藥師寺厚·小坂秀雄·佐藤亮 : 〈대동아 건설제(建設祭)를 목표로 하는 계획〉

이 입상자 명단에 김충국의 이름이 처음 나타난다.

심사위원회 간사는 마에카와 구니오(前川國男, 1905~)였는데 그는 당시 일본의 대표적인 건축가였다. 그의 심사평이 일본건축학회지《건축잡지》1942년 12월호에 실려 있다. 대동아 건설기념 영조계획이라는 주제가 무척 국수주의적임을 알 수 있다.

또 하나는 1944년 1월호 일본《신건축》잡지에 실린 '반곡(盤谷) 소

1942년 11월 7일 오후 1시, 도쿄 다마치(田町)에 있는 일본건축학회 회관 회의실에서 수상자들이 심사위원들과 함께 사진을 찍었다. 앞줄 맨 왼쪽이 마에카와 구니오, 뒷줄 오른쪽에서 두번째 안경 쓴 사람이 김충국. 네번째 안경 쓴 사람이 이토 기사부로(伊藤喜三郎), 여섯번째가 당케 겐조이다.

재 일본문화회관 현상설계'였다. 역시 황국(皇國) 전통건축을 아시아에 심으려는 의도로 이뤄진 것이다. 여기에 입선안에서 선외 가작까지 10점이 소개된다. 당시에는 드물게 컬러 페이지였다. 여기서 반곡은 태국의 방콕을 말하는데 오늘날은 '만곡(曼谷)'이라고 쓴다.

    1등 : 당케 겐조(丹下健三).

    2등 : 마에카와 구니오(前川國男).

    3등 1석 : 도쿠나가(德永正三) 등 4명.

    3등 2석 : 오자와(大澤浩).

    선외 가작 : 1) 秋元惇明, 2) 富田陽一郎・池邊陽, 3) 中村登一,

        4) 伊藤喜三郎・김충국・山田英彌, 5) 淸田永文, 6) 大江透.

    당케 겐조는 두 개의 현상설계에서 모두 1등을 하였다. 당케 겐조는

116

김충국의 가작 작품, 투시도.

당시 마에카와 구니오 설계 사무소의 소원이었으니 소원이 소장을 누르는 형국이었다. 당케 겐조는 오늘날 일본을 대표하는 건축가이다.

마에카와 구니오는 앞서 이미 심사위원을 했었다. 마에카와는 프랑스에서 르 코르뷔지에(Le Corbusier)에게 배웠지만 그는 어쩔 수 없는 시대의 한 산물이었다. 일본제국의 식민지 침략정책의 협력자였던 것이다.

김충국 팀은 두 번에 걸쳐 입선하였는데 이것은 대단한 '건축력' 이 있었음을 말해주는 것이다. 김충국은 그 현상설계에 일본인 건축가 두 사람과 함께 출품했는데 이토 기사부로(伊藤喜三郎, 1914~96)의 경우는 두 번 다 함께 한다. 그의 작품은 비록 선외 가작에 머물렀지만 일본 건축잡지에 그 작품이 실렸다. 그 자체가 영광일 때였다.

이 현상설계가 있을 무렵 같은 잡지 《신건축》(1944. 1~4)에는 하마구치 류이치의 〈일본국민건축양식의 문제-건축학의 입장으로부터〉(그 호를 시작으로 4회 연재)가 실렸다. 서두에 말했던 하마구치 류이치인데 그는 마에카와 구니오 사무실에 다니며 도쿄대학 대학원에 재학중이었다.

당케 겐조 형제의 파워

여기서 잠시 건축가 당케 겐조에 대해서 알아보기로 한다. 당케 겐조는 아이히메 현(愛媛縣) 이마바리 시(今治市) 이마바리 촌(今治村)에서 태어났다. 그가 태어난 1913년경의 이마바리는 기나이(畿內)와 구슈를 연결하는 세토나이(瀨戶內)의 수운과 군사 요충지였다.

여기서 중요한 것은 그의 이복형 당케 이쿠타로우(丹下郁太郎, 1899~?)이다. 그는 도쿄 제국대학 법학부 경제과 재학중 1921년 고등시험 행정과에 합격했다. 그 이듬해 대학을 졸업하고는 1923년 조선 총독부 경무국 보안과 경부로 우리 나라에 건너오게 된다.

그는 계속 경찰 계통에 있으며 승진을 거듭한다. 1926년 경시로 승진하여 충북 보안과장, 전북 경무과장, 경남 경무과장, 1930년에는 경기도 경무과장이 된다. 이후 승진을 거듭하다 일제가 패망하며 일본 내무성으로 옮겨 다시 성공한 내무 관료가 된다.

당시 건축 허가권은 경찰에 있었으므로 그는 경찰 업무뿐 아니라 건축 허가권도 행사하였다. 그의 권유로 건축을 공부한 이복동생 당케 겐조는 1938년 도쿄 제대 건축과를 졸업한다. 그에게는 막강한 권한을 가진 형이 있었던 것이다. 따라서 그는 일본 내무성이 주관하는 프로젝트를 계속 수주하게 된다. 물론 여기서 그의 건축적 능력은 논외이다.

김충국과 함께 한 사람들

김충국은 틀림없이 일본에서 활동한 우리의 첫 건축가였던 것이다. 나는 도쿄에서 김충국의 족적을 찾아보기로 했다.

1993년은 내가 도쿄대학 생산기술연구소에 적을 두고 있을 때라 우리 연구실 후지모리 데루노부(藤森照信) 교수에게 이것저것을 부탁했다. 그도 흔쾌히 연락을 취해주었다. 이토 기사부로와 야마다(山田英彌)에게 연락이 닿아 두 사람 모두 살아 있다는 것을 나에게 알려줬다.

후지모리는 나를 이토 기사부로와 만나게 해주었다. 8월 23일 오후였다. 치요다 구(千代田區) 기오이 정(紀尾井町) 문예춘추 빌딩 8층에 이토의 설계사무소가 있었다. 이토 기사부로 건축연구소. 그는 이 회사의 대표취제역 회장이었다.

설계사무실 규모는 무척 컸다. 사무실로 들어서자 바로 컬러링된 서울 삼성의료원의 투시도가 눈에 들어왔다. 뒤늦게 알았지만 그는 삼성의 이병철, 이건희와도 친분이 있다고 했다. 그래서 그 병원 설계를 맡았던 것이다.

어쨌든 이토 회장은 오후 시간을 나를 위해 비워놓았다고 말했다. 매우 반가워하기도 했다. 연로한 그는 정열이 넘치는 듯했다. 그에게서 받은 명함은 화려했다. 도쿄도 건축사사무소협회 명예회장, 일본병원 건축협회 고문 등 여섯 가지나 되었다. 병원 건축 설계가 그의 전문이었다.

이토는 도쿄 태생으로 1938년 사립 일본대학 건축과를 졸업했고 1952년부터 자신의 이름으로 설계사무소를 개업했다. 마침 한국에서 일어난 6·25전쟁은 그에게 성장할 수 있는 발판을 만들어주었다. 동료 김충국은 죽어가는데 그는 성공을 거듭했던 것이다. 한일 건축가의 시대 운을 볼 수 있다.

그는 소파에 마주 앉은 나를 바라보면서, 김충국을 해방된 후 한 번도 만나본 적이 없다고 했다. 이미 죽은 것을 모르고 북한에서 활동하는가 하고 생각한 적도 있었다고 했다. 나에게 김충국과 친척이냐고 묻기도 했다. 같은 김씨였고 그를 찾아 여기까지 왔기 때문이었다. 아무런 관계도 없다고 하자 그냥 고개를 끄덕였다.

이토 회장, 즉 산키암이 그려준 김충국의 초상.

저녁이 되자 그는 나를 시내 뉴 오타니 호텔로 안내했다. 그 호텔의 고급 식당을 예약해두었던 것이다. 내가 김충국에 대해 이것저것을 묻자 그는 웨이터에게 종이를 갖다 달라고 하여 이내 펜을 들고 스케치를 시작했다. 그는 내 얼굴을 보며 김충국을 그렸다. 그림은 순식간에 완성됐다. 놀라울 뿐이었다. 거기 '산키암(三喜庵)'이라 쓰고 '93. 8. 23'이라고 날짜를 적었다.

'산키암', 그는 일본에서는 유명한 화가이기도 했다. 《요미우리 신문 (讀賣新聞)》 연재소설의 삽화가로 매일같이 신문에 그림을 그리고 있었던 것이다. 나는 너무 놀랐다. 건축가이며 신문 삽화가. 나는 아무 말도 할 수 없었다. 그는 이제 여유있게 자기 일을 하고 있다며 즐거워했다. 고베의 고기가 입에서 씹히는지 녹는지 알 수 없었다.

산키암은 1996년 3월 3일 81세를 일기로 작고했다. 《신건축》 잡지 1996년 4월호에 그 기사가 실려 있었다. 1942~44년까지 힘든 시절 김충국과 함께 했던 그도 이제 갔다. 또 한 사람의 동료인 야마다는 도쿄 주오 구(中央區 日本橋 石町 4-5-5)에서 국제건축연구소를 열고 있었는데 연락이 되지 않아 만나지 못했다.

'산키암'의 삽화(《요미우
리 신문》, 1993. 8. 21).

적치하에서의 일

김충국은 일본에서도 기대되는 유망주였다. 김충국은 1942~44년까지 마에카와 구니오 사무실에서 직원으로 일하였다. 마에카와가 긴자(銀座)에 설계사무실을 열고 있을 때였다. 마에가와의 자택은 혼고(本鄕) 6정목에 있었다.

당케 겐조는 1938~41년까지 일하고 떠났기 때문에 함께 일할 시간이 없었다. 그러나 하마구치 류이치는 1941~45년까지 근무했으므로 김충국은 그와 함께 2년 동안 일하였던 것이다. 김충국이나 당케 겐조, 하마구치 류이치가 모두 마에카와 구니오 사무실에 있으면서 현상설계에 관여하는 것으로 보아 어떤 역학관계가 작용하였음을 알 수 있다.

김충국은 일본 건축학계의 신뢰(?)를 받아 일본건축학회 '도시방공(防空)에 관한 조사위원회'에 조수로 참여하기도 한다. 그는 당시 일본 건축학회 준회원으로 있었다. 건축계의 초년병이었던 것이다. 그러던 중 동료들이 전쟁터로 끌려 나가고 분위기는 엉망이 되어갔다. 또한 도쿄가 1944년 미공군의 대공습을 받자 김충국은 퇴소하였다. 그는 이제 생활의 터전을 잃은 것이다.

미 공군의 대공습으로 폐허화된 도쿄 시내.

지금 김충국이 제국주의 일본에 대해 갈등을 했는지는 알 수 없다. 그 역시 전시하의 조선인이었기에 견디기가 어려웠을 것이다. 병약한 것도 원인이 되었을 것이다.

학적부 속의 김충국

나는 다음으로 일본대학을 찾아갔다. 김충국의 학적부를 보기 위해서였다. 그러나 담당자는 비밀이라며 보안을 지켰다. 어렵게 보게 된 김충국의 학적부를 직접 손으로 적을 수밖에 없었다. 일본대학 구제 공학부 졸업생 학적부는 다음과 같다.

씨명 : 김충국 '긴추우고쿠.'

생년월일 : 1918년 5월 3일생.

본적 : 조선 경기도 인천부 경정(京町) 171번지.

거소(居所) : 동경 요쓰야 구(四谷區) 단수 정(簞笥町) 81.

제1보증인 : 씨명 김석근(金石根), 경기도 인천부 경정 171번지, 관계 부(父),

　　　　　직업 곡물상(정미업).

제2보증인 : 씨명 이노우에 미요코(井上美代子), 동경도 세다가야 구(世田谷

　　　　　區) 삼겐쟈야(三軒茶屋) 127, 관계 지인(知人), 직업 일본여자대

　　　　　역원(役員).

입학 : 1939년 4월 1일.

졸업 : 1942년 1월 31일.

입학 전 학력 : 1939년 3월 본학(本學) 예과 이과 수료.

　학적부를 정리해보면, 김충국의 일본 호칭은 '긴추우고쿠'였고 3·1
운동이 일어나기 1년 전 인천 경동에서 정미업을 하던 김석근의 아들로
태어났다. 김석근이 몇 형제를 두었는지는 알 수 없었다. 당시 정미업
을 하면 대단한 토호였으니 김충국은 사는 데 걱정이 없었고 일본 유학
까지 할 수 있었던 것이다. 김충국은 인천에서 인천중학을 졸업하고 일
본으로 건너갔다. 1939년 일본대학 예과를 수료하고 일본대 건축과에
입학했다. 건축가의 길로 들어선 것이다.

　김충국이 살던 단수 정(簞笥町)은 지금 신주쿠 구(新宿區)에 속한다.
그는 신주쿠에서 간다(神田) 수루가다이(駿河台)에 있는 일본대학을 다
녔다. 제2보증인인 이노우에(井上美代子)는 잘 알고 지내던 사람이라
적었는데 연인이었는지도 모르겠다.

김충국이 걷던 수루가다이(駿河台) 아래쪽 사거리. 부근에 일본대학이 있다.

그와 함께 졸업한 동기생은 57명 가운데 김안수남(金安秀男)이 있는데 창씨개명한 조선인인 듯하다. 당시 일본대학에는 전문부 공과도 따로 두었는데 그 즈음 조선인 졸업생 몇몇이 그 학교를 졸업하였다.

안타까운 마감

1993년 8월 27일 아침, 도쿄의 소게츠(草月) 미술관에 와 있는 석남 이경성 관장을 다시 찾기로 했다. 몇 년 전부터 잘 알고 지내던 조각가 최재은(崔在恩)이 안내해주었다. 관장실에서 만난 석남 관장은 옛날을 다시 더듬었다. 그 내용은 다음과 같았다.

그는 인천 율목동 올라가는 언덕 집에 살았어. 중구 경동 100번지일 꺼야. 그는 160센티 정도의 호리호리한 몸매로 상냥하고 센씨티브한 사람이었어. 까

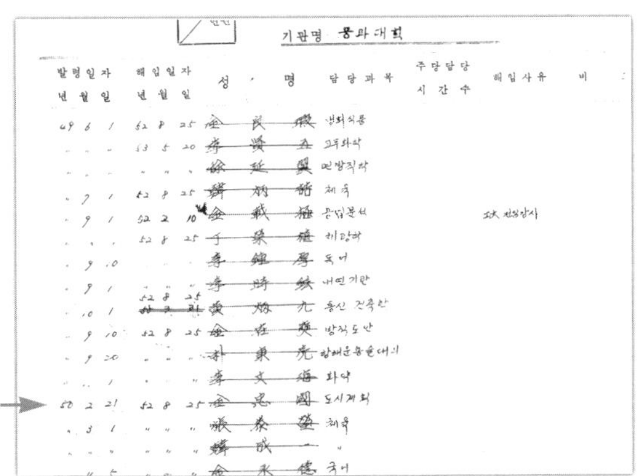

김충국의 유일한 흔적인
경력 증명서, 열세번째 줄
(자료 : 서울대학교).

만테의 로이드 메가네라는 안경을 쓰고 있었지. 여행가로 잘 알려져 있는 김찬삼과는 동기였지. 김찬삼은 1941년인가 일본 동양대학 역사학과를 나왔지…….

애관극장 주인인 김윤복(金允福)은 큰할아버지였지. 그는 경남 사람인데 부산 사투리를 썼어. 개항시대 인천 개척자였지.

충국이는 평소에 경주 석굴암에 관심이 있어 '석굴암 방위 연구'라는 논문을 쓰고 있었지. 수천 장의 논문을 썼어. 황수영 선생도 보여드린 적이 있지. 그 유가족이 갖고 있을지도 모르지. 아주 귀한 논문인데…….

김충국과 김중업은 해방 후 함께 서울공대 강사를 해서 둘이서는 친했지. 서울 공대 건축과에서 강사를 하던 중 폐병으로 죽었어. 서울서 결혼을 했는데 자식은 아마 없었을 꺼야. 6·25 때였어.

귀국한 김충국은 1945년 10월 1일 덕수궁에서 열린 해방기념 미술전람회에 '해방기념탑'이란 작품을 출품했다. 인천 문학산을 배경으로 하는 작품이었는데 설계도를 전시했다.

그는 1950년 2월 21일부터 1952년 8월 25일까지 서울대 공대에서 '도시계획'을 강의하며 활동을 모색했다. 서울대 교무과에 소장되어 있는 공과대학 강사 자료가 그 근거인데 서울대 규장각 한명기 특별연구원이 찾아주었다. 강의는 6·25 전부터 했는데 강의 기간은 치열한 전쟁의 와중이었다. 서울대도 피난을 갈 때였다. 그의 강의는 5학기가 진행됐는데 수업은 아마 제대로 이뤄지지 못했을 것이다.

그는 인천에서 기차로 서울을 오르내렸다. 그가 인천 내동 병원에 입원했을 때 병명은 폐병이었다.

이것이 지금까지 찾아내 알 수 있었던 김충국의 전부이다. 그는 우리 건축의 비극을 몸소 안고 갔다. 일제 식민지 치하, 그리고 6·25전쟁 와중에. 살아 남았다면 분명 우리 건축의 거목이 되었을 텐데…….

재일동포 소녀의 가슴 아픈 일기

〈구름은 흘러가도〉의 무대를 찾아서

해변 마을을 향하여

아리다(有田)에서 후쿠오카로 돌아 온 다음 날, 나는 다시 가라쓰(唐津)로 향하는 기차를 탔다. 이번 목적지는 무려 세 곳이었다. 가라쓰와 나고야(名護屋)를 찾는 일이 우선이었고 맨 마지막이 이리노 무라(入野村)로 들어가는 것이었다. 나는 몹시 망설였다. 이리노 무라를 지도에서 찾는 데만도 한나절 이상이 걸렸기 때문이다. 나고야까지는 그런 대로 가겠지만 이리노 무라는 정말 들어갈 수 있을까 싶었다. 관광 지도에도 적혀 있지 않은 곳이었다. 일본 사람들 중에도 이곳을 아는 사람이 거의 없었다.

하카다 역을 떠난 기차는 해안선을 따라갔다. 기차가 달리는 방향 오른쪽이 현해탄이었다. 아무래도 도시 속을 달리는 기차가 아니라서 그런지 마음이 놓이고 좋았다. 타고 내리는 승객의 차림새도 꾸밈없이 순박했다.

차창에 앉아 다시 꺼내 든 책은 《구름은 흘러가도》였다. 우연히 도서관에서 책을 뒤지다 찾아내 얼마 전 다시 보게 된 것이다. 책의 표제는 다음과 같았다.

재일교포 10세 소녀의 애절한 일기
《구름은 흘러가도》
야스모토 스에코(安本末子) 저
이문구(李文九) 역
대흥(大興) 출판사, 1976.

1953년 안(安)씨가의 한 어린 여학생이 쓴 일기책 17권이 1958년 일본 광문사(光文社)에서 《니안짱》이란 제목으로 출판되어 세상에 알려졌다. 그 후 20년이 지나서야 우리 나라에서 번역되어 나온 것이다.

훨씬 뒤의 일이지만 그녀의 딸은 재일 3세 이영자(李玲子)라고 밝혀졌다. 1997년 10월 오덕수(吳德洙)가 제작한 기록영화 〈재일(在日)〉에 그녀의 딸이 등장한다는 뉴스가 있었다(《동양경제일보》, 1997. 10. 24. : 《민단신문》, 1997. 10. 29).

나는 지금 막연하게 그 일기의 무대를 찾아가고 있는 중이다. 차창으로 문득 옛 영화 한편이 비춰진다.

아마 내가 열두 살이었던 1959년 초등학교 6학년 졸업반 때였던 것 같다. 학교에서 가까운 동양극장에 단체로 가서 보았던 영화가 〈구름은 흘러가도〉였다. 유현목(兪賢穆, 1924~) 감독이 그 소녀의 일기를 토대로 1959년에 만든 것이었다. 〈오발탄〉보다 2년 전에 만들어졌다. 김영옥(金暎玉)이 주연이었는데 너무 슬퍼서 참 많이도 울었던 것 같다. 물론 지금은 다 잊혀졌지만 말이다.

해방 전후 어린이들은 시대의 피해자였다. 그들은 오직 순수함 하나로 배고픔을 이겨냈다.

1940년 8월 16일 서울 메이지자
(明治座)에서는 〈수업료〉라는 영화
가 상영됐다. 이 영화는 경성일보사
의 자매지인 《경일소학생신문》이
전국의 소학생을 대상으로 현상 공
모한 생활수기 작품 중 조선총독상
을 받은 것을 영화화한 것이었다.
이 작품의 저자는 광주 북정소학교
(현 수창초등학교) 4학년이던 우수영
(禹壽榮)이었다.

내용은 가난한 한 학생이 학교에
낼 수업료를 조달하기 위해 애쓰는

영화화 된 〈구름은 흘러가도〉의 포스터.

과정을 그린 것으로 일종의 국책 영화였다. 최인규(崔仁奎, 1910~50)
감독에 복혜숙(卜惠淑), 김신재(金信哉) 등이 출연했다. 어린이는 슬픔
의 상징이 되어 전국의 영화팬을 울렸다.

안 씨에서 야스모토 씨로

나는 이 아름다운 일기의 주인공이 살던 곳을 빨리 찾아가보고 싶었
다. 그러나 내가 탄 기차는 가라쓰까지밖에 가지 않았다. 그곳이 종점
이었다. 가라쓰는 우리 나라와 가장 가까운 일본 본토 땅 사가 현(滋賀
縣)에 있다. 가라쓰에서 이키(壹岐) 섬까지는 28킬로미터, 이키 섬에서
대마도 남단까지는 51킬로미터, 그리고 대마도에서 거제도까지는 66킬
로미터이다.

이리노 무라로 가는 길(왼쪽 중 간 원내).

가라쓰에서 버스로 현해탄을 바라보며 나고야를 끼고 돌아 내려오면 겐카이 정(玄海町)이란 마을이 있고 그 밑으로 데라우라(寺浦)가 있다. 그 옆에 목적지 이리노 무라가 있다. 현재 가옥만(假屋灣)의 삼각주 일대이다. 주소로는 사가 현(佐賀縣) 히가시 마쓰우라 군(東松浦郡)의 이리노 무라(入野村)이다.

예나 지금이나 일본에서 기차도 가지 않는 마을은 참으로 궁벽하다. 사통팔달 기차로 이어지는 일본 마을이건만 이곳에는 지금도 기차가 닿지 않는다. 이리노 무라는 사가 현의 서쪽 끝에 있는 작고 가난한 마을이다. 작은 탄광 오오쓰루(大鶴) 광업소가 이 마을 동쪽 해안을 끼고 있었다. 당시 인구 4,000명 정도의 탄광 마을(炭鑛町)이었다.

그 궁벽한 곳에 어떻게 한국인 일가족이 흘러들어 왔을까. 참으로 궁금하고 신기했다. 이곳에 안씨 일가가 정착했다. 아마 1940년대 초에 안씨는 석탄 탄광 노동자로 이곳까지 끌려온 것 같다. 징용되어 온 것인지도 모른다. 그는 이곳에서 야스모토(安本)라는 이름으로 불렸다.

부부는 네 남매를 낳았다. 첫째는 동석(東石), 둘째는 양숙(良淑), 셋째는 고일(高一), 막내가 말자(末子)였다. 2남 2녀였다. 그런 대로 행복한 가정이었다. 아이들은 모두 심성이 좋았으며 옳고 그름도 잘 판단하였다.

탄광 노동자의 죽음

이곳에서 말자는 일기를 썼다. 말자는 이름 그대로 귀여운 막내둥이. 말자가 10세 때부터였다. 한참 응석을 부릴 소학교 3학년 때인 1953년 1월 22일부터 일기를 썼던 것이다. 부모를 잃은 네 남매가 살아가는 이야기가 담겨지기 시작했다. 서두는 다음과 같다.

오늘은 아버지께서 돌아가신 지 바로 49일째입니다.

아버지 안씨는 1952년 세상을 뜬다. 심장마비로 죽었다고 하는데 아마 개죽음이었을 것이다. 그녀와 형제들은 그 죽음을 그냥 받아들이고 있다. 그럴 수밖에 없었을 것이다. 어찌 한단 말인가. 인권이고 소송이고 할 때가 아니었다. 조선인은 빨리 돌아가라고 할 때였다.

어머니는 아버지보다 더 빨리 죽었다. 해방 2년 뒤인 1947년이었다. 아마 눈이 안 감겼을 것이다. 어쨌든 그들은 네 남매를 남겨두고 차례로 죽는다. 그들에게는 돌봐줄 친척도 없었다. 남의 나라 땅에서 아무것도 없는 상태에서 버려진 것이다. 그들은 부모의 뒤를 이어 이 탄광

일제 당시 가라쓰의 탄광 풍경.

마을에서 그냥 살 수밖에 없었다. 부모의 고향은 머나먼 곳이었다.

그들의 행동 반경은 나루터에서 배로 이동하는 거리, 혹은 버스로 이동하는 거리 정도였다. 가라쓰, 데라우라(寺浦), 이마리(伊萬里) 등은 가까운 이웃으로 평소 버스와 배로 다니는 곳이었다. 그들이 아는 제일 큰 도시는 후쿠오카였고 멀리는 나가사키였다. 도쿄는 너무나 멀었다.

장남 동석은 이 행동 반경 속에서 동생들의 생계까지 책임지지 않으면 안 되었다. 멸시와 차별을 받더라도 그들은 탄광촌에 그대로 남아 있어야 했다.

당시 일본의 탄광은 패전 후 지리멸멸해 있다가 1950년 한국에서 6·25전쟁이 터지자 다시 활기를 찾게 되었다. 미군의 후방 기지 역할을 담당했기 때문이다. 군수산업이 급격히 신장하며 탄광들은 다시 풀 가동에 들어갔다. 동석은 아버지가 죽기 2년 전인 1950년부터 광산의 물

뿌리는 차, 즉 살수차의 운전수로서 집안의 생활을 책임지고 있었다. 그는 한국인이었으므로 임시 직원이었고 임금도 적었다. 차별 임금이 었는데 2~4배 정도나 차이가 났다.

벼랑 밑의 집

네 남매는 벼랑 밑에 집을 짓고 살았다. 집은 높다란 산 중턱에 세워 진, 불면 쓰러질 듯한 연립주택 속에 있었다. 말이 연립주택이지 열 지 은 판잣집이었다. 당시 이곳의 연립주택은 세 집이 한데 붙은 것도 있었 고 열세 개의 집이 길게 붙은 것도 있어서 그 모양은 일정치 않았다.

6조 다다미와 3조 다다미 크기의 방 두 개짜리였다. 3평과 1.5평짜리 아주 작은 방이다. 그들의 소원은 손발 뻗고 편히 한번 자보는 것뿐이 라고 했다. 더구나 이곳도 남의 집이라 마음 졸이며 새우잠을 자야만 했다.

친구와 동네 구청에 갔던 말자는 일기에 다음과 같이 쓰고 있다.

구청 안은 참으로 깨끗했습니다. 그렇게도 깨끗한 집에서 단 한 번만이라도 살아보고 싶다고 생각했습니다. 유리창이 하나도 깨진 것이 없었습니다. 너무 도 깨끗하기 때문에 홀릴 정도였습니다. … 저런 집에서 한번만 살아봤으 면…….

이 마을의 아이들은 소학교 3학년까지는 탄광의 분교실에서 배우고 4학년생이 되면 약 4킬로미터의 길을 걸어서 촌내(村內)의 본교로 다녀 야 했다. 도중엔 인가가 없었고 산비탈 길이기 때문에 춥거나 비가 쏟 아지는 날엔 고생이 말도 못했다.

소학교 선생은 이 가난한 시골 아이들에게 꿈을 주기 위해 명인들에
대해 가르쳤다. 그녀는 노구치 히데오(野口英世, 1876~1928)에 대해서
도 배웠다. 노쿠치는 세균학자였는데 서아프리카에서 황열병을 연구
하던 중 감염되어 죽었다. 그가 가난을 딛고 일어나 성공함으로써 링
컨, 에디슨 등과 함께 일본 소년소녀들의 우상이 되었던 것이다.

말자의 생각하는 수준이나 문체는 웬만한 어른보다 나을 정도였다.
그러나 말자는 기력을 잃어갔다. 학교 복도 들창에 서서,

나는 왜 이렇게 태어났을까… 다른 아이들처럼 기운이 센 건강한 몸으로 태
어나지 못했을까… 이렇게 아파서 괴로워할 바엔 차라리 죽어버려서 저 세상
에 가는 것이 좋을 거야. 그러면 아버지와 어머니를 만날지도 모르지 않나.

하며 아픔과 슬픔에 못 이겨 울었다.

그들의 식생활은 고구마와 간장이 주 재료였다. 매일 배가 고팠다.
말자는 한창 뛰어 놀고 자랄 나이에 영양 결핍증으로 쇠약해져갔다.

어린 소녀의 꿈

탄광 오오쓰루에서 6킬로미터 떨어진 해안가에 노사 자키라는 곳이
있다. 그곳에서는 현해탄이 보였다.

오늘은 아주 좋은 날씨여서 바람도 자고 오오쓰루의 바다도 잔잔했지만 노
사 자키는 과연 현해탄이라 바위라도 부서버릴 듯한 사나운 파도가 흰 거품을
뿜으면서 바위에 부딪치고 있었습니다.

영화화된 〈구름은 흘러가
도〉의 한 장면.

그들은 이곳에 자주 갔다. 오빠들은 소라, 해초 등을 땄고 말자와 언니는 쥐섬과 두꺼비바위 주위에서 놀곤 했다. 그들은 그 바다에서 아주 가까운 곳에 부산이 있다는 것도 아마 몰랐을 것이다.

일본의 상황도 악화되어갔다. 6·25전쟁이 끝나가자 탄광의 일감은 급속도로 줄어들었다. 파업이 일어나고 해고가 이어졌다. 어린 말자의 눈에 계속 어려움이 찾아들었다.

그들은 돈 없는 한국인이라고 업수이 여기며 무시하려는 눈초리에는 살이 내릴 지경이었다.

더욱이 1953년 6월 25일 기타규슈(北九州)에 밀어닥친 태풍으로 행방불명자가 무려 1,200인이나 발생하였다. 이 실종자들 중 조선인이 가장 많았고 집을 잃은 자는 수천 명에 이르렀다. 말자는 이 뉴스를 들으며 가슴 아파했다. 일기에는 "목숨만 부지하는 것도 천행인 때였다"고 했다. 집조차 없어졌다. 네 남매는 이제 막다른 골목에 이르고 있었다.

가족들은 뿔뿔이 헤어져야 돼. 우리의 소원은 돼지우리 같은 아무리 지저분한 곳에서라도 네 남매가 자유로이 사는 것이다.

그들은 그나마 정이 든 이리노 무라를 떠나야 했고 학교도 그만두어야 했다. 탄광을 그만둔 말자의 오빠는 가라쓰로 갔다. 16세의 언니는 사가 시(佐賀市)에 식모로 나갔다가 다시 가라쓰로 와서 교마치(京町)에 있는 다무라(田村) 양품점에서 일했다. 큰오빠는 나가사키로 나갔다. 역시 탄광이었다.

그녀는 남의 집 양녀로 가야 했다. 그리고 일기는 끝났다. 1943년생, 그녀는 지금 살아 있을까. 살아 있다면…….

제2부
잊을 수 없는 역사의 현장

고종의 특사들이 묵었던 엔료칸(延遼館)

부국강병화되는 일본의 힘이 모였던 곳

교과서에서 배우는 것

우리는 고등학교 국사 교과서 '근대 사회' 편에서 우리 사신이 일본에 건너갔던 사실을 배웠다. 그 내용은 다음과 같다.

개항 후, 조선 정부는 제1차 수신사 김기수와 제2차 수신사 김홍집을 일본에 파견함으로써, 그들의 발전상과 세계 정세의 변화를 알고, 개화의 필요성을 더욱 느끼게 되었다. … 신사유람단은 일본에 건너가서 약 3개월 동안 일본 정부 기관은 물론, 각종 산업시설을 시찰하였다.

교과서의 한계가 있겠지만 내용이 너무 부실한 것 같다. 어쨌든 우리 학생들은 이 정도를 배우고 사회인이 되는 것이다.

수신사들은 도쿄에 갔을 때 어디에 머물렀을까. 아직 호텔은 없었고 당시 궁성 안에 재웠을 리는 없었을 테니 말이다. 물론 우리 왕이 일본에 간 적은 없었고 대신급의 사신들이 주로 갔는데 응분의 잠자리는 마련되었겠지만, 그 장소는 아마 궁성에서 그리 먼 곳은 아니었을 것이다.

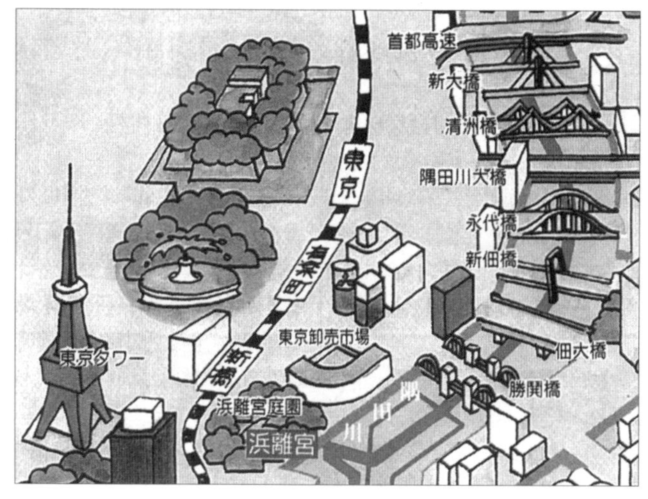

하마리큐 은
사정원 가는
길, JR 아래
쪽(약도).

나는 그 장소를 찾아 도쿄 시바(芝) 항구 쪽 현 '하마리큐(浜離宮) 은
사정원(恩賜庭園)'으로 갔다. 은사정원은 중앙구에 있는데 지하철 신
바시 역에서 쓰키지(筑地) 시장 쪽으로 15분쯤 걸으면 나온다.

수신사들, 엔료칸(延遼館)에 들다

1876년 2월 26일 한일수호조약이 체결된 후 고종 임금(1863~1907)은
접견대관(接見大官) 신헌(申櫶, 1810~84)의 계언(啓言)에 의하여, '일
본의 병농기계가 천하의 으뜸(日本兵農之器 甲於天下)'이라는 것과 서
구 제국이 용병 위주임을 알게 되었고 우리도 부국강병책을 강구해야
함을 인식하고 있었다. 따라서 고종은 일본의 문물, 제도를 견학케 하
려고 수신사(修信使)와 신사유람단(紳士遊覽團)을 파견한다.

1876년 4월 29일 제1차 수신사로 정사 김기수(金綺秀, 1832~?)와 80
명의 수행원이 일본에 파견된다. 김기수는 정3품 예조참의였다. 그들

은 4월 29일 일본의 증기선 황룡호(黃龍號)를 타고 부산항을 출발, 5월 7일 요코하마에 도착했다.

김기수는 귀국 후 《일동기유(日東記游)》(1877)를 남겼는데 여기에 엔료칸(延遼館)에 들른 것을 기록해놓았다. 이 관의 또 다른 이름으로는 원료관(遠遼館), 부소로관(富少路館)이 있다 하였고 옛날에는 대장경(大藏卿)의 집이었다고 설명하고 있다.

수행원들은 간다(神田) 니시키조(錦町) 2가에 있는 관사(館舍)에 들었다. 이 집은 니시키조 여관(錦町旅館)이라고도 불렸는데, 원래는 이마카와(今川)라는 자의 집을 일본 궁내성에서 사신의 숙소로 쓰기 위해 사전 영선(營繕)을 한 것이었다고 한다(정응수, 《근대 문명과의 만남, 일동기유와 항해일기를 중심으로, 附觀 陸軍省 精造局記》, 한국학보 제63집, 1991년 여름, 106~110쪽).

김기수는 도쿄에서 20일을 머물렀는데 엔료칸에 유하는 도중 관광이나 교제를 하지 않았다고 했다. 이노우에 가오루(井上 馨), 미야모토 고이치(宮本小一) 등과 상종했고 6월 1일 궁성에서 메이지 천황을 만났다. 수신사 일행의 송별연도 엔료칸에서 열렸다(湖岩 文一平, 《聞耳外史》).

4년 후인 1880년 6월 25일에는 제2차 수신사 정1품 예조참의 김홍집(金弘集, 1842~96)과 58명이 파견되었다. 김홍집은 부산포에서 일본 협동상사(協同商社) 소속 천세환(千歲丸)을 탔다. 7월 4일 고베에서 화가포환(和歌浦丸)으로 갈아타고, 7월 6일 도쿄에 도착해서 혼간지(本願寺)에 들었다. 혼간지는 절인데 절에 사신을 묵게 한 것이다. 아직 서양식 건축물이 별로 없었기 때문이기도 하다. 그들은 8월 4일 도쿄를 떠날 때까지 약 한 달 동안 머물렀다.

김기수, 김홍집 등은 고종을 위시한 대신들에게 일본이 서구 문물제도를 모방하여 부국강병을 이루고 있음을 알렸다. 부국강병책은 당시 일본 정부의 슬로건이었다. 부국에는 기계, 조선, 건축, 토목 분야가 중점 사업이었고, 강병에서는 육해군의 서양화가 제일 중요하였다.

김홍집은 귀국한 후《회환수신사별단(回還修信使別單)》을 냈는데, 여기에는 고종과의 귀국보고 문답이 실려 있다(1880. 8. 28).

국왕 : 혼간지(本願寺)에 유숙(留宿)했다 했는데 어째서 엔료칸(延遼館)에 유숙하지 않았느냐.

공 : 신이 알기로는 엔료칸에 무슨 사정이 있어서 혼간지에 유숙케 했다 하옵니다.

국왕 : 가옥 제도에는 많은 변혁이 있더냐.

공 : 가옥 제도에는 혹시 서양식을 따 온 것도 있으나 대부분은 역시 구제도와 같습니다.

국왕 : 그들의 궁궐을 지을 때 20년이나 걸린다 하니 얼마나 크고 화려하기에 그렇게 많은 시간을 소비하느냐.

공 : 전문(傳聞)이 그럴 뿐이고 사실 그런지는 믿기 어렵습니다.

국왕 : 그 나라의 거리, 시장, 마을은 어떻던가.

공 : 보기에 꽤 은성(殷盛)한 듯했습니다.

문답의 의미는 정치·사회적 측면에 있었겠으나 건축적 측면에서 볼 때도 그 뜻은 큰 것이었다. 그때나 지금이나 건축은 '그 사회의 복합적 수요'였기 때문이다. 김홍집은 보고에서 이렇게 말하고 있다.

근년에 와서는 나라의 법률로 가옥을 양식으로 짓게 하도록 권장하고 있는데 벽돌을 쌓고 철재를 쓰며 유리를 창에 끼우도록 합니다. … 관청이나 학교 이외에서는 흔히 판자로 지은 집에서 살고 있습니다.

김홍집은 궁성에서 아사쿠사 쪽으로 이동한 듯하다. 혼간지(本願寺)는 쓰키지(筑地) 혼간지를 말한다. 원래의 혼간지는 헐리고 1934년 이토 주타(伊東忠太)의 새 건물이 들어섰다. 여기서는 고종이 언급하는 엔료칸(延遼館)이 우리의 관심사이다. 김홍집의 기록은 계속된다.

여기저기 여러 곳을 유람해보았고 7월 25일에 이르러 그 국주(國主)가 신을 인견했으며 26일 외무성에서 공무를 집행하고 있는 모습을 보았고 27일에는 연료관(延遼館)에서 연회가 있었습니다.

엔료칸이 정부의 공식 파티장이었음을 알 수 있다. 우리 사신들도 여기서 일본인들을 위한 접대를 했다.

이듬해인 1881년 2월 9일에는 광범위한 시찰을 목적으로 한 신사유람단이 파견된다. 신사유람단은 조사(朝士) 12명을 포함하여 62명으로 구성되었는데, 모두 쟁쟁한 명문가의 인물들로 각 분야 전문가의 입장에서 곳곳을 견문했다. 이때 사신 일행도 엔료칸에 묵은 것 같다.

신사유람단의 수행원이었던 윤치호(尹致昊, 1865~1945)는 그의 일기에서, "일본 외무성을 방문 엔료칸에 있는 물건을 찾다"고 하고 있다(1883. 1. 8). 우리의 사신이 엔료칸에 든 것은 1880년 전후였음을 알 수 있다. 윤치호는 2년 정도를 도쿄에 머물며 영어를 배우다 1883년 4월 초대 주한공사 푸트의 통역이 되어 돌아왔다.

서양풍 건축물로 다시 태어나

엔료칸이 있던 이곳은 1652년 도쿠가와 막부(德川幕府) 시대 3대 장군 도쿠가와 이에미쓰(家光, 1623~51)의 셋째아들 송평강중(松平綱重)의 여

엔료칸 정면 외관.

름 별저로 조성되었다. 도쿄 앞 바다를 메운 1만 5,000평 부지인데 꿩잡 는 사냥터로 쓰이기도 했다. 1709~12년까지 6대 장군 이에노부(家宣, 1709~12)가 저택과 정원을 크게 늘리며 '하마오덴(浜御殿)'이라 이름 붙 였다. '하마덴(浜殿)'이라 줄여 부르기도 했다. 처음에는 차를 마시던 다옥(茶屋)을 중심으로 건물이 세워졌으나 후에는 군사시설로 사용되 기도 했다.

다옥에는 흥미롭게도 '압구정(狎鷗亭)'이라는 글씨가 쓰인 편액이 있었는데, 이것은 조선통신사가 써준 것으로 알려져 있다. 일본인들은 압구정을 '고우오우데이'라고 읽는데 서울 한강변에서 여기까지 압구 정이 온 것이다.

이 건물은 다옥이라기보다 정자였던 것이다. 조선통신사는 당시 에 도에 들르게 되면 주 숙소였던 아사쿠사(淺草)에 있는 히가시혼간지(東 本願寺) 외에 이곳에서도 묵었던 것이다. 이 다옥은 1983년 그 자리에

144

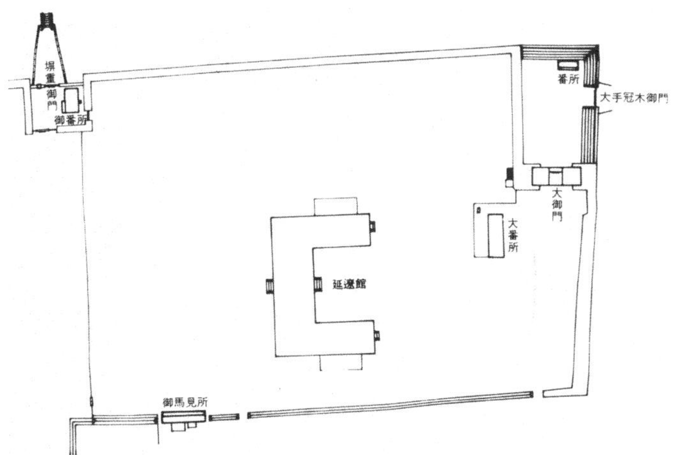

엔료칸 배치도.

복원되었다(小杉雄三, 《浜離宮庭園》, 동경공원문고, 1994). 하마텐은 1724 년 화재로 불타버렸는데 11대 장군 이에나리(家齊, 1787~1837) 시대에 복원되었다. 다시 장군가의 사교장, 위안장으로 쓰인 것이다.

에도 시대 이래로 공식 영빈관으로 사용되었다. 조선통신사가 숙박 한 외에 네덜란드 인 게젤이 1729년 9월 이곳에 숙박하게 된다. 서양인 으로는 처음이었다. 1866년 11월 이후는 막부 해군 총재 가쓰가이슈(勝 海舟, 1823~99)의 관할 아래 들어갔다. 막부 해군의 거점이 된 것이다. 이곳은 바다로 나가는 길목이니 도쿄로 들어오는 외국 군대를 막기 위 해 진지를 만든 것이다. 현재의 스미다가와 하구 쪽이다.

가쓰가이슈는 그 때 이 안에 진옥(陣屋)을 세운다. 진옥은 1866년 기 공, 1869년 5월 준공되는데 목조에다가 돌을 붙여 서양식 건물처럼 보 이게 한 소위 의양풍(擬洋風) 건축으로 화양(和洋) 절충식 건물이었다. 엔료칸은 일본 최초로 가옥 건축이란 단어가 쓰인 건물로 알려져 있다

(堀口甚吉, 《明治초기 문헌에 나타난 '건축(建築)'이란 말》, 일본건축학회(近畿), 1960. 2). 7월 9일 이 진옥은 엔료칸(延遼館)이라는 이름으로 바뀌었다. 해군의 관할이었다.

하마오텐은 1868년 메이지 유신 이후에는 황실 소유로 유럽과 미국 등과의 외교 무대가 되었다. 엔료칸은 황실 영빈관으로 외국의 원수, 귀족, 그리고 사신들이 머무는 곳으로 쓰이게 된 것이다.

1870년 10월 하마오텐은 궁내성 소관이 되어 하마리큐(浜離宮)라는 새로운 이름을 얻었다. 에도 성의 해변 쪽 이궁(離宮)이 된 것이다. 이 이궁은 외국의 빈객을 접대하는 영빈관으로 쓰였다. 여기서 이궁은 궁성과 떨어진 궁이라기보다 다른 목적으로 세워진 궁을 말한다. 우리의 별궁에 해당된다.

엔료칸은 1877년 2월 1일 외무성 건물이 불타자 한때 외무성 청사로 가사용되기도 했다. 엔료칸은 1879년 6월 대보수된다. 이는 전임 미국 대통령 그랜트(Ulysses Simpson Grant, 재임기간 1869~77, 육군사관학교 출신, 공화당, 18대 대통령)가 7월 3일 도쿄에 오는데 묵을 만한 마땅한 건물이 없었기 때문이다. 그랜트는 무려 한 달 이상 이곳에 머물 계획이었다.

영국인 건축가 조사이어 콘더(Josiah Conder, 1852~1920)의 설계를 일본 공부성이 맡아 영국식 건축물로 대보수했다. 이때 영국식 실내 장식, 가구 등이 새로 들어왔다. 그때의 설계도 일부가 지금 남아 있다.

엔료칸은 로쿠메이칸(鹿鳴館)이 1883년 완성되면서 그 명성을 잃었는데 1890년 4월까지 쓰이다가 노후화되어 도괴되었다. 로쿠메이칸은 프랑스 파리의 오페라 하우스 외관을 그대로 받아들인 건물이었다. 이 건물이 새로운 시대의 사교 클럽 건물로 그 역할을 대신한 것이다. 엔료칸의 가구류들은 로쿠메이칸으로 옮겨져 사용된다.

엔료칸 건물의 터가 정문 부근에 있다. 왼쪽 아래이다.

일본 천황은 엔료칸 건물이 사라진 뒤에도 하마리큐에 나와서 원유회를 개최하고 사쿠라 놀이를 행하였다. 1916년까지였다. 이곳 사쿠라는 흰색이 감도는 왕벚나무로 유명하다.

제2차 대전 중에는 이 아름다운 정원에 고사포 진지가 들어서 대공포를 쏘았다. 1944년 11월 야간 대공습으로 하마리큐 궁은 폐허가 되었다. 1945년 11월 3일 이 궁은 도쿄도에 소유권이 이관되었다. 이때 처음으로 이 궁이 일반에 공개되었다. 그래서 현재의 하마리큐 은사정원이란 이름이 붙었다.

그러나 1947년 5월 16일부터 이곳은 미군의 연병장 겸 연습장이 되어 미군 트럭과 지프가 달렸다. 미군과 일본 여성 사이에 시끄러운 일도 계속 일어났다.

이곳은 수산물시장이 될 뻔하기도 했고 계속 쇠락했으나 보존주의자들의 노력에 의해 다시 공원 역할을 하기 시작했다. 1952년에는 문화재

엔료칸 건물 터.

로 지정되었다. 지금은 주위에 고층 빌딩이 줄지어 서 있다. 현재 부지는 7만 5,000평으로 늘어나 있고, 정원 내 어다옥(御茶屋)은 1983년 복원된 것으로 집회장으로 사용되고 있다.

　우리의 사신들이 오가던 그 '엔료칸 터'에 우리와 관련된 자료는 하나도 남아 있지 않다.

영국 상인의 일본 부인, '나비부인'이 되다

인천에서 산 나비 부인의 딸

나가사키를 세계에 알린 오페라

1999년 9월 25일 추석을 맞이하여 서울 예술의 전당 오페라 극장에서는 오페라 〈나비 부인〉이 공연되었다. 일본 문화 개방에 발맞춰 〈나비 부인〉이 거부감 없이 서울 한복판에 들어온 것이다. 아직 일본 옷(和服), 즉 기모노(着物)에 대한 거부감이 클 텐데 그 의상이 무대를 주름잡은 것이다. '명작 오페라인데 뭘' 하는 생각이 배어 있는 것 같았다.

이탈리아 오페라 작곡가 푸치니(Giacomo Puccini, 1858~1924)는 〈라 보엠〉 〈토스카〉 그리고 〈나비 부인〉 〈투란도트〉 〈마농 레스코〉 〈자니 스키키〉 등 불후의 명곡들을 작곡했다. 그 중 푸치니 자신이 가장 자랑스러워했던 것이 〈나비 부인〉이었다고 한다.

내 자신 가장 흥미있어 하는 오페라는 〈나비 부인(Madama Butterfly)〉(1904)과 〈투란도트(Turandot)〉(사랑에 눈뜬 공주, 1924)이다. 〈나비 부인〉은 일본 나가사키의 서양관 '글로버 하우스(Glover House)'를 〈투란도트〉는 중국 북경의 자금성(紫禁城)을 각각 무대로 삼고 있었기 때문이다.

푸치니는 다른 오페라 작곡가에 비해 동양취미에 깊숙이 빠져 있었던 듯하다. 19세기 초 유럽의 낭만주의라는 게 이국 정취에 몰입하는 것을 말한다. 그런데 '왜 푸치니는 우리 나라가 무대인 것은 작곡하지 않았을까' 하는 생각을 공연히 해보게 된다. 푸치니는 런던에서 베라스코의 희곡 〈마담 버터플라이〉를 관람한 다음 악상을 얻어 착수했다고 한다. 베라스코의 희곡도 애초에는 롱(J. L. Long)의 소설에서 취재한 것이며, 또한 롱의 소설 역시 베라스코처럼 일본이라는 나라를 알지 못한 채 만들어낸 상상적 픽션에 불과했다.

줄거리는 1887년경 나가사키의 항구를 굽어보는 곳에 위치한 미국 해군 중위 핀커튼(Pinkerton)의 집을 무대로 한다. 그와 일본 게이샤(藝者) 초초 상(Cio Cio San)과의 사랑, 그리고 배신, 죽음까지가 상투적으로 그려진다.

결혼한 초초를 남겨두고 잠시 미국으로 돌아갔던 핀커튼은 그곳에서 새 여자와 결혼해버린다. 몇 해 동안이나 그를 기다리던 초초는 남편이 미국 여자와 결혼해서 다시 일본으로 돌아오자 충격을 받는다. 동양과 서양의 사랑 차이였는가. 초초는 자신의 가슴을 단도로 찔러 죽어버린다.

푸치니는 이탈리아 오페라에 일본 전통 멜로디를 첨가, 동서양의 분위기를 잘 섞어냄으로써 성공했다. 서양인들에게는 흥미로운 설정이었다. 물론 〈어떤 개인 날〉 〈귀여운 아가야〉의 두 아리아와 초초와 핀커튼의 〈사랑의 이중창〉. 핀커튼의 〈잘 있거라, 사랑의 집이여〉, 그리고 밤의 나가사키 항구에서 들려오는 〈수병(水兵)의 노래〉 등이 들어 있어 흥행에도 성공한다. 나가사키 항구는 일약 세계에 널리 알려진다. 돈 한푼 들이지 않고 도시 홍보에 성공한 것이다.

여기서 나는 〈나비 부인〉에서 몇 개의 새로운 내용을 다시 살펴보고

150

자 한다. 그것은 〈나비 부인〉의 무대가 된 집이 영국인 토마스 브레이크 글로버(Thomas Blake Glover, 1838~1911)의 집이었고, 나비 부인의 모델이 그의 부인이었던 일본인 야마무라 쓰루(山村 鶴, 1848~99)였다는 것이다.

글로버는 푸치니보다 스무 살, 그녀는 열 살이나 위였다. 그들 부부는 나가사키와 도쿄에서 행복하게 살았고 자식도 둘을 낳아서 잘 키웠다. 그 중 장녀인 글로버 하나(倉場 花, 1868~1938)가 인천에서 한 때 살았었다. 이 사실도 흥미있는 에피소드가 될 것이다. 이제 전 3막의 〈나비 부인〉을 감상하며 이에 내용을 덧붙여보기로 한다.

제1막

서곡 없이 막이 오르면 항구가 내려다보이는 나가사키의 언덕 위에서, 핑커튼은 자신이 살 집을 일본인 부동산업자 고로와 함께 둘러본다.

여기서 주인공은 남의 집을 사는 것으로 그려지고 있으나 그 집은 실제로 영국 무역상인 글로버의 집이었다.

글로버는 1838년 6월 6일 스코틀랜드의 에버딘에서 태어났다. 아버지는 해군장교로 조선업에 종사하였다.

막말(幕末), 명치시대 일본에 건너온 외국인은 대부분 영국인이었다. 특히 그 중에서도 스코틀랜드 출신이 많았다. 이는 1858년 영일수호조약을 체결할 때 영국 대표가 엘긴 경이었는데 그가 스코틀랜드 출신이었기 때문이다. 엘긴은 스코틀랜드 북동부의 지주였다. 그의 비서도 스코틀랜드 인 올리판트였다. 그에 의해 일본에 온 외교관, 상인,

지금도 잘 남아 관광 상품이 되고 있는 글로버 하우스.

공장주, 기사, 학자들이 대부분 스코틀랜드 출신이었다. 그들은 글래스고우 대학이나 에딘버러 대학 출신이었다.

글로버는 약관 20세부터 중국 상해의 영국계 상사에 근무, 아시아에서의 첫발을 내디뎠다. 그는 1859년 9월 나가사키 개항 직후 동생과 함께 나가사키에 왔다. 21세의 청년이었다. 그는 나가사키에 머물며 나가사키 항구가 한눈에 내려다보이는 미나미야마테(南山手) 언덕에 자신이 살 집을 짓는다. 1863년 3월이었다. 글로버 저택은 방갈로 식 단층 목조 서양풍 집이었다. 이로써 일본에서 제일 오래 된 서양식 목조 주택이 된 것이다. 오늘날 글로버 저택은 일본 근대 건축사의 첫 장을 장식하는 명건물이 되었고 문화재로 지정되어 있다. 이 집 일대의 언덕이 지금 '글로버 원(Glover Garden)' 이란 이름으로 관광객을 모으고 있다. '나비 부인 연고지(緣故地)'라는 이름과 함께(南山手町 8~1).

글로버는 1861년 24세 때 자신의 이름을 딴 '글로버 상회(Glover & Co.)'를 설립했다. 그리고 막부(幕府)와 제번(諸藩)에 선박과 무기 등 군수품과 기계류를 팔아 큰 돈을 벌었다. 1864년 글로버는 이화양행의 대리인이 되었다. 글로버가 일본에 판 배 중에는 운요호(雲揚艦)도 있었다. 이 배는 그의 고향 에버딘의 홀 럿셀 조선소에서 만들었다. 이 배가 1875년 대 조선 침략을 위해 띄워졌다(杉山伸也,《명치유신과 영국 상인, 토마스 글로버의 생애》, 岩波新書, 1993).

고로는 하녀들을 핀커튼에게 소개한 뒤 곧 나비 부인이 도착할 것이라고 말한다. 드디어 여성 합창이 울려 퍼지는 가운데 나비 부인이 등장하고 나비 부인은 자신의 과거에 대해 이야기한다. 그 가운데에서 나비 부인은 핀커튼과의 결혼을 위해 가톨릭으로 개종했다고 말한다.

결혼식이 시작될 즈음 나비 부인의 아저씨인 승려 본조가 나타나 나비 부인의 개종을 나무라며 그녀와의 절교라고 외친다. 사람들은 퇴장하고 무대에는 나비 부인과 핀커튼만이 남게 되는데 눈물이 글썽한 나비 부인과 핀커튼은 사랑의 이중창을 필두로 정열적인 사랑 이야기를 펼쳐간다.

야마무라 쓰루는 1848년 오사카에서 태어났다. 현재의 주소로는 니시 구(西區) 마쓰시마(松島) 1정목(丁目)이다. 그녀는 1862년 15세 때 오이타(大分) 사람 야마무라(山村國太郎)와 결혼, 이듬해 센이란 딸 하나를 낳았다. 그러나 2년 후인 1864년 이혼했다. 그녀가 글로버와 결혼한 것은 다시 2년 뒤인 1866년이었다. 19세 때였다. 당시에는 대단한 국제결혼이었다.

오페라 중의 핀커튼이 바로 글로버였던 것이다. 이혼녀라는 말은 없

〈나비 부인〉의 한 장면. 기모노가 자연스럽게
무대를 누비고 있다.

다. 글로버 부인은 항상 기모노를
입고 지냈는데 그 옷 왼쪽 팔 부
분에 나비 한 마리가 수놓아져 있
어 이곳 외국인 사이에서는 그녀
가 '나비 부인'이란 애칭으로 불
려지게 된 것이다.

이 나비 부인에 대한 이야기,
이혼녀, 국제결혼이란 특이함,
글로버란 유명세 등등이 얽혀 나
가사키 주재 외국인들의 상상력
을 높였다. 이 얘기들이 후에 푸
치니의 귀에 들어갔던 것이다.
일본에 한 번도 와보지 않았던 그
는 상상력을 발휘 새로운 나비 부인을 만들어냈던 것이다.

제2막

1막으로부터 3년이 흘렀다.

나비 부인의 집안 한쪽에서 나비 부인의 하녀 스즈키는 슬픔이 끝나도록 빌
고 있고, 한편 나비 부인은 "미국에 있는 신들에게" 하며 쓸쓸히 말한다. 스즈
키는 무심히 "외국인 남편들은 가면 돌아오지 않는다"고 말하지만 나비 부인
은 "꼭 돌아온다"고 한다. 이 말을 듣고 눈물을 글썽이는 스즈키에게 울지 말라
고 하면서 반드시 돌아온다고 말해야 하며 유명한 아리아 〈어떤 개인 날〉을 노
래한다.

노래가 끝나면 샤플레스 미국 영사와 고로가 찾아오고 샤플레스는 핀커튼으

나비 부인의 모델이었던 글로버 부인. 기모노 왼쪽 팔 부분에 나비 한 마리가 수놓아져 있다(野田平之助, 《글로버 부인》, 1972).

로부터 편지가 왔노라고 한다. 편지라는 말에 기쁨을 감추지 못하는 나비 부인에게 고로는 야마도리(山鳥) 공과 재혼하라고 타이른다.

조금 후 야마도리 공이 부하들을 데리고 들어와 사랑을 호소하지만 나비 부인은 아는 체도 하지 않는다. 핀커튼이 보낸 편지의 내용은 절연에 관한 것으로 절연장을 가지고 온 미국 영사는 나비 부인의 꿋꿋한 절개에 감탄한다.

야마도리 일행이 퇴장하자 샤플레스는 편지의 내용을 알릴 때는 이때다 하며 편지를 읽기 시작한다. 이 장면에서 불려지는 것이 '편지의 이중창'이다.

다른 곳으로 재혼하는 것이 어떠냐는 샤플레스의 권고에 나비 부인은 집으로 들어가 아기를 안고 나온다.

드디어 항구 쪽에서 포성이 울리고 망원경으로 바라다보는 나비 부인은 핀커튼이 탄 해군 군함이 들어오고 있다는 것을 알게 된다. 나비 부인은 사랑의 승리라고 기뻐하며 핀커튼을 맞이하기 위해 꽃으로 방안을 장식하며 스즈키와

글로버 하우스에서 열린 딸 글로버 하나의 결혼식. 앞 의자에 앉은 사람이 글로버 부부. 왼쪽에 서 있는 사람들이 글로버 하나 부부.

더불어 모든 사람들이 나를 괴롭혔지만 이제는 우리의 행복을 보여줄 것이다 하며 '꽃의 이중창'을 부른다. 이때 멀리서 들려오는 뱃노래 허밍 코러스는 듣는 이의 마음을 사로잡는다.

'나비 부인' 딸, 인천에 오다

쓰루 부인과 글로버 사이에는 1남 1녀가 태어난다. 물론 혼혈아였다. 아들은 글로버 도미사부로(倉場富三郎)였고 장녀는 글로버 하나(倉場花)였다. 하나는 아마 꽃(花)이란 이름이었을 것이다. 글로버 가는 창씨명을 창장(倉場)이라 했다. 일본식으로 읽으면 구라바가 된다. 글로버 하나는 1868년 9월 태어났다.

내가 1995년 8월 19일 글로버 저택을 방문했을 때 그곳 안내판에는

156

다음과 같은 글이 써 있었다.

  …장녀 하나(ハナ)는 영국 영사 부인
  으로 조선 인천에 사는 아들이 나가사키
  의 소학교 입학을 위해 내기(來崎)…….

  글로버 하나는 1897년 영국인 월터
버넷(Walter J. Bennet)과 결혼했다. 나
비 부인이 50세 때였다. 버넷은 인천
에서 광창양행(廣昌洋行, Bennet &
Co.)을 운영하던 무역상인이었다. 인
천 영국 영사를 겸하고 있었다.

나비 부인의 딸 글로버 하나와 그녀의 손
자 토마스 버넷.

  하나와 버넷 부부는 인천에서 살며
네 남매를 낳았다. 2남 2녀였다. 그중 안내판의 아들은 장남 토마스 버
넷이었다. 글로버 하나는 1938년 70세로 죽는다.

  여기서 우리는 또 한 가지 사실을 알 수 있다. 즉, 나비 부인의 딸과
사위, 그리고 손자들이 우리 나라 인천에서 1897~1938년까지 거의 40
년 동안 살았다는 사실이다. 그들은 아마 인천 영사관 관저와 광창양행
숙소에서 생활했을 것이다.

제3막

  막이 오르면 무대는 전 장면과 같고 밤을 샌 나비 부인만 항구를 바라다보고
있다. 이때 수병들의 합창이 들려오고 잠시 후 잠에서 깬 스즈키가 피곤할 텐
데 쉬라고 한다.

나비 부인이 아기를 데리고 퇴장하고 스즈키는 불공을 드리는데 샤플레스가 핀커튼을 데리고 들어온다. 스즈키는 나비 부인은 3년 동안 언제나 항구만 바라다보며 살았다고 하며 어젯밤에도 방안에 꽃을 뿌리고 기다렸다고 말한다.

이때 정원을 내려다보니 어떤 부인이 서 있고 그가 누구냐고 묻자 샤플레스는 그녀는 핀커튼의 부인이라고 대답한다. 이에 놀란 스즈키는 이게 무슨 청천벽력이냐고 하며 한탄하지만 샤플레스는 아기를 핀커튼의 부인에게 인도해줄 것을 설득한다.

괴로움이 더해가는 핀커튼은 그 자리에 있을 수 없던지 〈잘 있거라 사랑의 집〉이라는 유일한 테너 아리아를 부르며 퇴장한다.

핀커튼의 부인 케이트와 스즈키가 정원에서 나타나 아기에 대한 이야기를 하고 있을 때, 나비 부인이 나타나 케이트가 핀커튼의 부인이라는 사실을 알게 되자 비틀거린다. 여기에서 다시 샤플레스가 아기의 장래를 위해 케이트에게 인도하라고 권하자 절망적인 비탄에 빠진다.

정신을 가다듬은 나비 부인은 부친이 물려준 단도를 꺼내들고 칼집에 적혀 있는 '명예롭게 살지 못한 때는 명예롭게 죽는다' 라는 글을 읽고 단도로 목을 찌르려 할 때 아기가 들어와 아기를 안고 마지막 아리아 〈나비 부인의 죽음〉을 노래한다.

노래가 끝난 후 나비 부인은 병풍 뒤로 들어가 드디어 자살하고 만다. 긴장감을 더해주는 관현악 소리와 더불어 흰 천을 목에 감은 나비 부인이 비틀거리며 나타나 아기 앞에 쓰러진다. 비극의 죽음을 보는 핀커튼과 샤플레스의 착잡한 표정 속에 막은 내린다.

어쨌든 〈나비 부인〉의 스토리는 비극으로 끝난다. 한 일본 여인이 어린 자식을 놓아둔 채 자신의 생을 자살로 마감한다. 아마도 이것은 푸치니의 극적 발상이었을 것이다. 아리아 〈잘 있거라 사랑의 집〉은 이 글로버 하우스를 말하는 것이다. 오페라 속의 그녀는 사랑의 집을 버린다.

이와쿠라 견미구 사절단. 오른쪽에서 두번째가 이토 히로부미(자료 : 《아사히 백과》 21호, 아사히 신문사).

세계를 누비는 나비 부인

글로버는 나가사키에 들어온 후 부를 축적하고 힘을 모았다. 그리고 영국과 일본의 이득을 위한 사업에 매진했다. 그의 힘은 러일전쟁에서 일본이 러시아를 이기는 한 축의 역할도 했다. 그가 이토 히로부미(伊藤博文) 등을 영국으로 유학시키는 창구 역할을 한 것도 그 예이다. 이토는 1863년 이노우에 가오루 등과 함께 영국에 간다. 물론 나중에 그들의 힘을 자신의 사업에 이용하기 위한 것이었을 것이다.

이토 히로부미는 1871년 10월 8일에는 이와쿠라 견미구 사절단(岩倉遣米歐 使節團)의 전권부사로서 유럽과 미국 여행길에 나선다. 당시 특명전권대사는 이와쿠라 도모미(岩倉具視, 1825~83)였다.

이토 히로부미는 1882년에 다시 영국에 건너가 영국인 철학자 허버트 스펜서(Herbert Spencer, 1820~903)와 만나게 되고 그의 코치를 받아

일본 헌법을 기초한다. 스펜서는 영국 여왕을 옹호하는 수구파로 이토에게 일본도 천황을 옹호해야 한다고 꼬드겼다. 이 모든 일련의 일들이 글로버의 초기 투자에 의한 성과(?)였다.

일본 정부는 오사카 시내에 조폐료를 만들고 그 속에 들어가는 조폐 기계 등을 글로버를 통해서 홍콩으로부터 들여오기도 했다. 한편 그는 유럽, 주로 영국으로부터 군함, 기계류, 양철, 유리, 시멘트, 페인트 등 건축자재를 수입하여 일본뿐 아니라 우리 나라, 중국 등에 독점적으로 판매하여 부를 축적했다.

전성기를 지난 글로버는 그의 사업 대부분을 미쓰비시에 넘겨주고 미쓰비시의 고문이 되었다. 그리고 도쿄로 옮겨와 말년을 살았다. 그는 일본에서 50년을 살고 1911년 73세로 도쿄에서 죽어 사카모토 정(坂本町)의 외국인 묘지에 묻혔다. 죽기 3년 전에는 일본 정부로부터 훈장을 받기도 했다.

어쨌든 그는 죽음의 무기 상인이었고 나비 부인의 남편으로 일본 사회의 한 에피소드가 되었다. 그의 부인, 즉 나비 부인은 지금으로부터 100년 전인 1899년 3월 23일 52세로 도쿄에서 죽었다. 장례는 나가사키 호태사(皓台寺)에서 치러졌다. 나가사키 랑의 평정(浪の平町)에 있는 그녀의 묘비에는 나비 한 마리가 조각되어 있다.

우리 나라에서 '마담 버터플라이'는 '나비 부인(夫人)'이라고 번역되어 통용되고 있다. 우리는 일본의 번역 예를 다른 것이다. 중국에서는 나비 부인을 '호접부인(蝴蝶夫人)'이라고 한다.

윤희순(尹喜淳, 1906~47)의 《조선미술사연구》에서 보면,

…꿈에 나비가 되어 날았다. 깨어 보니 나비의 '나'는 또한 사람의 '나'였다. 현실적인 사람은 나비의 '나'로서 보면 또한 꿈일지 모른다…….

이런 초현실적인 공상은 장자(壯子)의 〈호접몽(蝴蝶夢)〉에 나온다. 우리 나라에서 나비는 한으로 그려진다. 일본에서 나비는 한이 아니고 기모노에 박힌 하나의 문양에 불과하다. 그러나 〈나비 부인〉은 지금 일본의 한 상징으로 세계를 누비고 있다.

내선융화의 상징으로 이용당한 고려신사

고구려의 피는 흐르지 않는다

고려역에 내리다

어느 겨울날, 나는 전철 세이부 이케부쿠로(西武池袋) 선을 타고 히다카 시(日高市)에 갔다. 도쿄로부터 서북쪽으로 40여 킬로미터 떨어진 곳이다. 가는 길에는 1910년대 육군 비행장으로 유명했던 도코로자와(所澤)가 있었다. 고마에키에서 내렸다. 한자로는 '고려역(高麗驛)'이다. 역 앞에는 천하대장군, 지하여장군 두 개의 빨간 장승이 서 있었다. 한국인 관광객을 맞이하기 위하여 새로 세워놓은 것 같았다.

히다카 시의 중심으로는 고려천이 흐른다. 지명들에 보이는 한자가 왠지 반가웠다. 이곳으로 나 있는 오래 된 길은 옛날 닛코(日光)로 가는 길이었는데 지금도 닛코 가도(日光街道)라고 부른다. 아마 우리 통신사들도 이 길을 걸어갔으리라. 내가 걷는 길가에는 문인석으로 보이는 석상이 이름 없이 서 있었다. 아무 설명도 없는 것을 보면 아마 우리 것인가 보다. 무척 쓸쓸해 보였다.

김달수(金達洙, 1919~97)는 1950년대 초 장편소설 《현해탄》에서, "고려인들이 개척했다는 길 연변에, 백양나무가 줄곧 보였다가는 멀어져

162

두 개의 장승이 한국인 관광객을 맞고 있다. 고려역 앞.

갔다"고 쓴 적이 있다. 백양나무는 조선을 상징하는 나무라는 것이다. 나중에는 '식민지 나무'로 혐오 대상이 되었고. 나무까지 이렇게 생각되고 있는 것이 안타까웠다.

일본에 사는 재일동포들은 이 마을을 일종의 마음의 고향처럼 느끼는 것 같았다. 고려향(高麗鄕)이란 장소만 해도 그렇다. 고려의 마을, 고려의 고향 등 여러 이미지가 떠오르기 때문일 것이다. 민단 사이타마현 본부가 '10월 마당'이란 행사를 이곳 경내에서 가졌다고 한다(일본 도쿄, 《민단신문》, 1997.10.29)

같은 해 9월에는 한 재일동포 영화감독이 다큐멘터리 영화 〈고려왕 약광〉을 만들어 발표했다. '왕의 후손이 지금도 고려신사의 대를 잊고 있으니 정말로 대단하다'는 것이 주제였다(일본, 《동양경제일보》, 1997. 10. 3).

우리 것으로 보이는 문인석이 주변에 산재되어 있다.

관동지역의 첫 개척지

고려신사에 대해서 처음 글을 쓴 한국인은 홍순혁(洪淳赫)이었다. 그는 잡지 《청년》에 〈일본 무사시노(武藏野) 개척자인 우리 상대인(上代人)—특히 고구려 유민에 대하여〉를 썼다(1928. 3). 그 뒤를 이어 박상희(朴相羲)도 〈무사시노 고려촌의 유래〉라는 글을 《조광》(1939. 8)지에 발표한다.

고려신사에 대해서 쓴 글들의 내용은 거의 비슷하다. 모두 이곳이 고구려의 땅이라는 개연성에 감복하는 내용이다. 또한 고려신사가 있다는 것만으로도 감사하다는 것이다.

일본인의 글을 보아도 마찬가지다. 일본의 한 사학자(白石實三)가 1930년대에 밝혀놓은 글을 보자.

고려신사.

고려신사는 고려촌에 있다. 그곳에는 고려씨가 살았다. 이곳은 원래 무사시노(武藏野)로 4,500년 전부터 우리 고려씨들이 개척해놓은 땅이었다.

일제 때만 해도 일본인들은 그렇게 생각하는 것이 일반적이었다. 오랜 역사를 되새겨보면, 나라(奈良) 시대 도쿄 주변, 즉 무사시노 벌판 일대는 수도 나라의 변방에 불과했다. 이곳은 사람이 거의 살지 않는 광막한 땅이었다. 이 도쿄 주변에 고구려인이 나타난다. 고구려의 왕족 약광(若光)이었는데, 그는 오이소(大磯) 지방을 거쳐 이곳으로 오게 된다.

무사시노 국(武藏國)은 현재의 도쿄와 사이타마(埼玉) 일대에 있던 지방 국명이었는데 그들이 사이타마 쪽으로 온 것이다. 그리고 716년 도쿄 주변 일대에 흩어져 살던 고구려 망명객 혹은 유민 1,799명을 모아 황무지를 개척해 나간다. 신라의 수도 경주 불국사에 석가탑, 다보탑(715년), 황룡사에 9층탑(720년) 등이 세워질 무렵이었다.

지금의 지명으로는 시스오카 현(靜岡縣), 야마나시(山梨), 가나카와 (神奈川), 치바(千葉), 이바라키(茨城), 도치키(栃木) 등 7개 지역에 흩어져서 살던 고구려인들이었다. 백제는 660년에, 고구려는 668년에 각각 신라에 의해 멸망당했으니 멸망 후 40~50년이 지난 시점이었다.

이후 이곳이 고려군(高麗郡)이 된 것이다. 우리의 관동지방 내 첫 '코리아 타운'이었던 셈이다. 고려군은 고려촌과 고려천촌(高麗川村)으로 이뤄졌다. 일본인들은 고려를 '고마'라고 읽고 고려촌을 '고마 무라'라 했다. 이 지명들은 사실 고려와는 상관이 없고 고구려라는 의미를 갖는다. 일본인들은 고구려를 고려라 했던 것이다.

한편 이 부근에 신라군(新羅郡)도 생겨난다. 고려군이 설치된 지 42년이 지나서였다. 신라 스님 33명, 보살 2명, 그리고 일반인 남자 19명, 여자 21명이 왔다. 사실 신라군은 고려군보다 뒤늦었지만 원래는 신라 사람들이 687년부터 이곳에 와서 살고 있었다. 고려군보다 29년 전이었다.

신라 사람들과 고구려 사람들은 서로의 경험을 주고받으며 이곳을 개척해 나갔다. 고국에서는 원수지간이었으나 먼나먼 이역땅에서는 한 동포간이었다. 신라군은 신라가 삼국통일을 이룬 시점에 세워졌는데, 신라인들이 왜 이곳까지 왔는지는 잘 모른다.

일본은 당시 고구려인, 백제인, 신라인을 우대하여 받아들이고 있었다. 선진 문물을 배우기 위해서였다. 고구려인들은 특히 말타기 싸움, 즉 기사(騎射)와 농업을 가르쳐주었다. 신라인들은 건축과 미술을 전수해주었다. 이 유민들은 언제나 환대를 받았다. 관직을 주어 학자와 기술자는 수도 나라에 머물게 했다. 그 외 평민들은 지방에 살게 해 그 지역 토지를 개간하게 했고 원주민들을 지도케 했다.

일본《만엽집》14권 '동가(東歌)'에는 이 망명객들이 "무사시노 풀밭에 불을 질러 개간하던 정경"을 노래하고 있는 것이 실려 있다. 이곳은 이후 쌀의 곡창지대가 되었다. 메이지 시대만 해도 일본 쌀의 반을 공급할 정도였다.

고려군과 신라군은 에도(江戶)가 급성장하며 함께 발전해 나간다. 에도는 도쿠가와 이에야스(德川家康, 1542~1616)가 새로운 막부를 연 도시였다. 전국 시대(戰國時代, 1467~1603)를 마감하고 오늘의 도쿄에 에도 시대(江戶時代, 1603~1867)를 연 것이다. 에도 시대는 전국 시대에 반해서 평화의 시대로 자리매김되고 있다. 그러나 1867년이 되어 일제는 소강 상태로 있던 주변국 침략을 시도한다. 에도 시대의 문을 닫으며 에도는 도쿄로 이름을 바꾸었다. 메이지 시대가 되면서 이곳 고려군, 신라군은 지정학적으로 큰 발전을 하게 된다. 도쿄는 우리 유민들에 의해 그 기틀이 놓여져 있었던 것이다.

이마이(今井)라는 일본 학자가 일본인의 성씨 분포를 조사한 글이 있다. 이 글에 의하면, 일본인 1,182명의 성씨를 조사해본 결과 황족이 333명, 토착족이 402명으로 되어 있고, 나머지가 외국에서 온 사람들이었다. 백제인이 324명, 고구려인이 38명, 그리고 한족이 59명이었다. 기타 미정잡성(未定雜姓)이 117명이다. 이를 보면 한국 땅에서 건너간 사람이 무려 3분의 1에 다다른다. 쉽게 얘기해서 우리가 일본에서 만나는 사람의 3분의 1은 우리 동포인 셈이다.

1896년 이후 버려진 이름, 고려

우리가 일제 침략을 받자 오히려 이곳은 새로운 유민, 즉 유학생, 노동자 등에게 마음의 고향으로 자리잡는다. 일제도 이 기분을 이용하게 된다. 그러나 1896년 일제는 한국과 관련된 지명이 기분 나쁘다고 없애

고려향. 아마 고구려 사람들의 마음의 고향이었으리라.

버리기로 한다. 고려군을 이루마 군(入間郡)에 편입시켜 고려군이란 이름을 지운다. 그리고 1955년에는 또다시 고려촌, 고려천촌이란 명칭을 없애 히다카 정(日高町)으로 만든다. 1991년에 사이타마 현 히다카 시가 된다. 이에 학자와 문화인들이 '통탄을 금치 못했다'고 하나 그런 사람은 극소수에 불과했다.

어쨌든 모든 흔적을 한꺼번에 지워버릴 수는 없는 일이었다. 그 남은 흔적이 예를 들면, 고려천(川), 고려판(坂), 백원촌(栢原村, 고마하라 무라), 고려원(原), 고려산(山), 고려본향(本鄕), 고려옥근(屋根), 고려향(鄕), 고려숙(宿), 고려치(峙), 고려구릉(丘陵), 고려왕묘(王廟), 고려가(家) 등이다. 여기에 고려신사(高麗神社), 고려전정(高麗殿井), 고려전지(高麗殿池)도 있다.

여기서 관심이 가는 것은 '고려전(高麗殿)'이다. 고려전은 고려신사의 본전을 말하는 것으로 보인다. 물론 고려전은 고구려전이다.

신라군도 예외는 아니었다. 신라군은 이미 그 전에 신좌군(新座郡)으로 개칭했다. 1896년에는 북족립군(北足立郡)으로 아예 합쳐버린다. 일본에서 가장 오래 된 군 명칭 두 개가 사라진 것이다. 신라의 지명 흔적도 몇 곳 남아 있다. 신좌군(新座郡, 니히구라 군), 백자촌(白子村, 시라코 무라), 신창촌(新倉村, 니히구라 무라) 등이 그것이다. 신창촌에는 우방산(牛房山)이 있는데, 이곳은 신라의 왕족이 거처하던 곳으로 알려져 있다. 일본인들은 신라를 '시라기'라 읽었기에 신(新) 혹은 시라(白) 등이 흔적의 하나였던 것이다.

과거 일본에서 고구려 신사라는 의미의 이름을 가진 신사는 무려 6,000여 개, 그 중 무사시노 지방에만 130여 개나 있었다고 한다. 초기에는 이 모든 것이 오늘날의 신사 규모는 아니었을 테고 대부분 당집의 형태를 띠었을 것으로 보인다. 고국을 떠난 유민들이 모국의 조상들에게 제사를 지내거나 일본 땅에서 죽은 조상에게 제사를 지내던 일종의 사당들이었는데, 오랜 세월 동안 거의 다 사라졌다. 지진, 화재, 전쟁도 한몫을 했지만 역사 지우기에 편승했다. 그 중 대표적으로 하나 남아 있는 것이 오늘의 고려신사이다.

궁전 건축가 복신

고려신사에는 신사 건물과 성천원(聖天院), 그리고 약광의 묘가 있다. 이 건물들은 고구려 왕족 약광과 관계가 깊다. 약광의 시대에 즈음하여 고구려 양식으로 세워졌기 때문이다.

고구려 망명객 중 약광 외에 유명한 사람으로는 복신(福信, ?~789)이 있다. 그는 중앙 무대에 진출하기 위해 이름을 다카구라(高倉)로 바꿨

다. 다카구라의 후손들이 초기 일본의 많은 궁전 건축물과 성들을 만들
어준다.

《속일본기(續日本紀)》 등에 의하면 복신은 81세를 산 것으로 기록되
어 있는데, 그는 일본 조야에서 존대를 받았고 그 후손들도 번창했다고
한다. 그는 조궁경(造宮卿)이었는데, 조궁경은 궁전 건축의 책임자를
가리키는 직함이었다. 복신은 고구려 궁전 건축에 탁월했던 건축가였
던 것이다. 그는 양매궁(楊梅宮)을 세웠는데 매우 화려한 궁전이었다
고 기록되고 있다. 어궁(御宮)이라고도 불렸다. 그는 궁전 주변에 우
물, 연못 등을 파놓았는데 그것이 고려전정, 고려전지인 것으로 추정
된다. 고려전은 약광이 살던 집이었다고 추정된다.

고려 옥근(屋根)은 고구려식 지붕을 말하는데, 궁전 자체가 고구려식
으로 지어졌던 것으로 보인다. 이 건물이 1259년의 화재로 모두 사라져
서 본전의 일부에만 고구려 양식이 남아 있다. 무로마치(室町) 시대
(1334~1573) 말기 이 궁의 이름이 고려신사로 바뀌고 여러 차례 고쳐진
다. 당시 우리 나라는 고려(918~1392) 말에서 조선조로 넘어갈 무렵이
었다.

고구려 탑이 보인다

고려신사는 출세와 운이 터지기를 바라는 사람들이 주로 찾는다. 약
광을 신으로 모시고 있기에 이곳에는 약광의 목상이 있다.

성천원은 약광과 그와 뜻을 같이하던 스님 승낙(勝樂)이 죽고 난 후,
약광의 아들 성운(聖雲)과 손자 홍인(弘仁)이 승낙의 명복을 빌기 위해
세웠다. 승낙은 고구려에서 이곳으로 망명해 올 때 환희천(歡喜天)이
란 것을 가져왔는데 환희천의 별칭이 성천(聖天)이었다.

묘 안에 탑이 보인다.
고구려 탑이다.

경내에 약광의 묘, 즉 고려왕묘(高麗王廟)가 있다. 묘(廟)는 제사를 목적으로 지어진 것이다. 묘 속에 고구려 양식의 탑이 하나 있다. 다섯 개의 사암을 중첩시켜놓은 아주 독특한 탑이다. 질박한 양식을 띠고 있다.

초기에 세워졌던 탑들은 원래 백제식 목탑들이었다. 돌탑이 들어간 것은 669년에 세워진 석탑사 돌탑이 처음이었다. 돌탑이 있어 석탑사라고 이름 붙여진 이 절은 시가 현 가모 군에 있다. 고구려의 돌탑은 일본에서도 아주 희소하다.

이 신사 안에는 고려의 주택이라는 것이 있다. 고려의 것과는 건축적으로 별 관계가 없고 그 후손들이 살았던 집이라는 의미일 것이다. 기둥이나 평면 형식에서 우리 쪽 느낌이 조금 드러날 뿐이다.

1898년 이 고려신사는 일제에게 완전히 버림을 받는다. 절 이름도 다카구 신사로 바꾸고 약광에 대한 제사도 금지시켰다. 대신 일본의 천황신을 제사지내게 했다(량연국, 《조선문화가 초기 일본문화 발전에 미친 영향》, 사회과학출판사, 1995, 102쪽). 8세기경의 응신천황(應神天皇)과 신공황후(神功皇后)를 이곳에 편입시켰다.

약광은 백발이었으므로 백발신사(白髮神社)라 부르기도 했다. 늙으면 백발이 안 되는 사람 어디 있는가. 건축물들도 완전히 일본식으로 뒤바뀐다.

고려신사 경내에 들어서니 일본적인 느낌이 물씬 풍겼다. 경내와 건물에서 우리 나라의 풍취는 전혀 느껴지지 않았다. 기단의 막쌓기 돌들이 혹시 고구려인의 솜씨가 아닐까 생각될 뿐이다. 이 건물들이 일본인 건축가 이토 주타(伊東忠太, 1867~1954)에 의해 1935년 세워진 것이었기 때문에 그랬다. 이토 주타는 당시 일본을 대표하는 국수주의 건축가였다. 그는 1925년 우리 나라 서울 남산에 조선 신궁까지 세워놓았다. 사실 경복궁 안에 조선 총독부 청사를 세우기로 결정한 자도 그였다.

그러다 고려신사와 관련된 일련의 장소들이 일제의 조선 침략과 함께 새로이 부각된다. 1930년대에 들어서면서 소위 내선 융화의 한 상징이 되었다. 일본 역사학자들이 한일관계의 상징물이라고 떠들어대기 시작한 것이다. 약광에 대한 제사도 형식적이나마 다시 허용되었다. 물론 일본 응신천황과 신공황후의 신위가 우선이었다.

1940년대의 친일 소설에서는 더 심해진다. 친일 소설가 장혁주(張赫宙, 1905~)는 '순례(巡禮)'라는 소설에서 고려신사를 미화한다.

'나'라는 소설의 주인공, 즉 어떤 지원병은 고려신사 참배를 하며 이 신사와 관련 깊은 이와모토(岩本)라는 지원병을 생각한다. 이와모토는 불량소년이었는데, 고려신사를 참배하고 사람이 되어 지원병이 되기로 결심했던 것이다. 고려신사야말로 내선일체의 유구한 역사를 갖고 있다는 사실을 알았기 때문이라고 했다. 이와 같이 고려신사는 일제에 의해 내선 융화의 상징으로 이용된다. 그 내용을 모르는 조선인들은 부화뇌동했다. 그러나 그 사실을 몰랐을 그들만 탓할 수도 없는 노릇이다.

친일파 조중응이 처음 찾다

이 고려신사는 어차피 친일파와의 관계도 깊을 수밖에 없었다. 그 중 대표자가 조중응(趙重應, 1860~1919)이다.

메이지 시대가 되자 조선 침략과 관련된 자들의 출입이 빈번해진다. 이것은 '참배자 제명사 방명'이라는 것을 보면 알 수 있다. 통감부나 총독부의 요직에 있는 자는 조선에 부임하기 전 꼭 이 신사를 찾았다. 여기에 덩달아 조선인들도 줄을 잇는다. 대신이라든가 하는 자들과 친일배가 꼭 들른다. 기록만으로 보면 처음 찾아간 자는 조중응이었다. 1900년 7월 19일이었다.

히다카 시 시립 고려향 민속자료관이 고려천 부근에 있다. 2층짜리 건물인데 이곳 2층 전시실에는 현판 하나가 걸리지도 못한 채 바닥에 뒹굴고 있다. 자세히 들여다보니 조중응이 쓴 현판이었다. '高麗橋'라고 목판에 음각한 것이었다. 이제는 일본인에게도 버려져 걸릴 곳을 못 찾고 있다니…….

조중응은 김홍집(金弘集, 1842~96) 일파로 외무참의를 하다 옷을 벗고 1898년 일본으로 건너가 도피 생활을 했다. 도쿄 외국어학교 조선어 선생으로도 있었다. 그는 1905년 통감부가 들어서자 일본에서 돌아와 이토 히로부미의 후광을 업고 이완용의 오른팔 노릇을 했다. 일본 말을

조중응이 쓴 버려진 현판. '고려교'라 썼다. 왼쪽 아래
에 조중응의 이름이 있다.

제법 지껄이던 조중응은 아예 미스오카 다케코(光岡竹子)라는 일본 여
인을 부인으로 앉혔다. 이후 벼락 출세길에 들어서 법부대신, 농상공
부대신이 되어 이토의 개가 되었다. 그 덕에 귀족에도 올랐다. 서열로
보면 백작인 이완용, 남작인 조민희 사이인 자작이었다.

나는 학생시절 역사 책을 보면서 우리 나라에도 귀족이라는 사람들
이 있었다는 것과 그들이 대부분 서양식 제복을 입고 사진을 찍었다는
게 이상했었다. 이제 그런 사진은 슬그머니 자취를 감춰버렸다. 반면
에 일본에서는 지금도 이런 사진이 붐을 일으키고 있다. 조중응도 그런
모습의 사진을 남겼다.

1910년 한일합방이 되고 1911년 《시사신보(時事新報)》에서 조사한 바
에 의하면 전국에서 50만 원(圓) 이상의 자산가는 모두 1,018명이며,
이 가운데 일본인은 986명, 조선인은 32명이다. 조선인 32명 중에서 왕
족 귀족은 9명, 관료 3명, 나머지는 토호 · 양반 등의 대지주였다(《每日
申報》, 1911. 7. 28). 그들 중에 조중응이 들어 있었다. 그는 박영효, 송
병준, 조민희, 이재극, 박기양 등과 함께 조선무역회사를 설립했다(《每
日申報》, 1913. 7. 6).

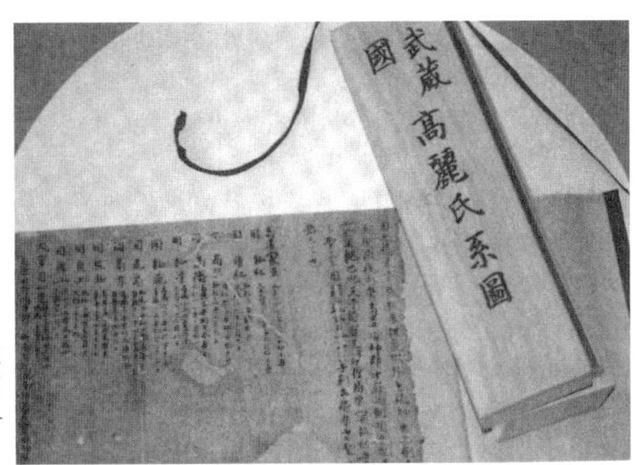

고려신사가 갖고 있는 무장국 고려씨계도(자료 : 월간 《아리랑》).

이구열에 의하면, 그는 이완용, 조민희와 함께 친일계열인 경성서화미술원의 후원자이기도 했다(이구열, 《한국현대미술사》, 국립현대미술관, 1976, 49쪽). 아마 붓글씨 정도는 좀 썼나 보다.

조중응은 이인직, 이해조 등 친일 문인들과 《소년 한반도》를 창간하기도 했다. 그는 이인직과 함께 도쿄정치학교에서 공부했다. 이때 선생이 일본인 고마쓰 미도리(小松 綠)였다. 고마쓰는 한일합방 당시 이토의 오른팔로 실질적인 실무자였던 덕에 후에 총독부 외사국장이 된다. 그 조중응이 고마쓰와 함께 고려신사를 방문하게 된 것이다.

고구려의 피는 흐르지 않는다

조중응은 이때 약광의 57대 후손이고, 고려신사 사장직(社掌職)에 있던 고려씨 고려흥환(高麗興丸, 1867~1937)과 친교를 맺게 되었다. 현재는 59대 손 고마 스미오(高麗澄雄, 1927~)가 궁사(宮司)를 맡고 있다. 약광의 후손인 고려씨는 26대 500년 동안은 고구려인 자손들끼리만 혼인해왔다. 그러나 27대부터 일본인과 통혼하여 이제 거의 일본 피로 바뀌었다.

지금 일본에서 고구려계라 하는 성씨는 고려(高麗), 고려정(高麗井) 혹은 구정(駒井), 정상(井上), 신(新), 신전(神田), 구등(丘登) 혹은 강등(岡登), 강상(岡上), 본소(本所), 화전(和田), 길천(吉川), 대야(大野), 가등(加藤), 복천(福泉), 소곡야(小谷野), 아부(阿部), 금자(金子) 중산(中山), 무등(武藤), 지목(芝木), 신정(新井) 씨 등이 있다.

가토 기요마사(加藤淸正, 1562~1611), 이노우에 가오루(井上 馨, 1835~1915) 등이 고구려인의 후손이 된다. 당시 문학박사 나카야마(中山久四郎)가 이를 글로 써낸다.

해방 이후에는 오히려 우리 나라 고관들이 고려신사를 더 찾아가고 있다. 일본과 관계된 자나 대사 혹은 권력자들, 그들의 명단은 이 신사에 잘 기록되고 있다.

복잡한 의미를 담고 있는 이 신사를 우리 나라 사람들은 지금도 순진하게 찾아가고 있다. 먼 조상을 생각하며… 그리고 이름이 반가워서. 아마 돌아오는 연말연시에도 복을 빌러 가는 우리 나라 사람들이 많을 것이다. 고려신사의 근현대사는 그만큼 오욕으로 점철돼왔고 순수한 사람들을 우롱했던 것이다.

신사를 나오는 내 발걸음은 가볍지 않았다. 그런데 한겨울에도 눈을 보기가 쉽지 않다는 일본인데, 마침 내가 고려신사를 찾았을 때 눈이 왔다. 서설(瑞雪)일까.

사라져버린 2 · 8 독립선언의 현장

도쿄 YMCA 주변과 유학생 감독부를 찾아서

일본 YMCA에 세든 우리 YMCA

매년 2월 8일과 3월 1일만 되면 도쿄의 한 건물이 뉴스에 오르내린다. 도쿄에 있는 재일 YMCA 회관. 어떤 신문들은 이 건물이 일본 속의 우리 항일 성지(聖地)라고까지 말한다. 그런데 과연 이 건물에서 2 · 8독립선언서가 낭독되었는가. 이것이 가장 큰 의문이지만, 결론적으로 현재의 그 장소에서는 그때 아무 일도 일어나지 않았다. 그곳에서 500미터 떨어진 장소가 2 · 8독립선언의 현장이다. 그러나 그곳은 지금 빌딩으로 가득 차 아무 흔적도 발견할 수가 없다.

사실을 알게 된 후 나는 공연히 재일 YMCA 회관을 찾으려는 훌륭한 분들에게 "잠이나 잘 자고 그냥 나오라"고 말하곤 한다. 이런 일에서도 현장에 대한 우리의 역사 인식 결핍증을 다시 한번 볼 수 있다.

먼저 1919년 당시 일본 내의 유학생 숫자를 보기로 한다. 한 자료에 의하면, 1919년 일본에 있는 조선인 유학생 수는 678명이었다. 관비가 47명, 사비가 631명이었다. 대부분 사비 유학생임을 알 수 있다.

당시에는 관비 유학생에 비해 사비 유학생이 오히려 행동하기 편리

1929년 새로 세워진 일본의 '도쿄 기독교회 청년회관.'

했을지도 모르겠다. 관비는 요샛말로 국비에 해당하니 나라에서 목적을 가지고 보낸 것이다. 이들은 대부분 친일파로 전락하고 만다. 유학생이라면 대학을 포함, 모든 학교의 재학생을 가리킨다. 그들 대부분은 일본 학생들보다 나이가 많았고 또한 국내에 처자식이 있는 경우도 있었다.

'대한 유학생 구락부'는 관제 모임이었는데, 1905년 12월 30일부터 도쿄 고치마치 구(麴町區)에 있던 유학생 감독청에서 첫 모임을 가졌다. 주일 한국공사관 참사관 한치유(韓致愈)가 주도했다.

일본에 우리 공사관이 설치된 것은 1887년이었다. 당시 공사 직명은 주차일본변리대신(駐箚日本辨理大臣)이라 했고 도쿄에 공사관을 설치했다. 공사관은 당시 우리 정부의 대일 대표기관으로 참찬관(參贊官)과 서기관 그리고 통역관이 따라 붙었다.

첫 공사는 민영준(閔泳駿)이었다. 민영준은 승지였는데 6월 12일 도쿄로 떠났다. 수개월 머문 다음 8월 21일자로 귀임했다. 이후 김가진

178

(金嘉鎭)이 후임으로 임명되어 1887년부터 4년 동안 근무했다. 그 후 김사철(金思轍)이 1893년까지, 청일전쟁 후에는 이하영(李夏榮), 성기운(成歧運), 고영희(高永喜), 조병식(趙秉式) 순으로 임명되었다. 조민희(趙民熙, 1859~?)는 1904년 부임했었다. 우리 나라에 통감부가 들어선 후인 1905년 12월 21일, 마지막 주일 공사 조민희는 공사관의 문을 닫고 철수했다. 20년 동안 일곱 명이 공사직을 맡았던 것이다.

공사관의 위치는 고치마치 구(麴町區) 6번정(番町) 49번지였는데 구단사카(九段坂)와 도고사카(東郷坂) 근처였다. 요쓰야(四谷) 역에서 황궁 한조몬(半藏門) 쪽 방향에 있었다. 막말 일본 다이묘(大名)들의 주택가가 있던 곳이다.

다이묘는 문자 그대로 큰 이름, 즉 고명(高名)이란 뜻인데 우리 나라에서도 삼국시대 이래 지역의 실력자를 대명(大名)이라 했었다. 이 호칭이 일본으로 흘러 들어간 것으로 보인다.

고치마치 구는 도쿄 1번지라 할 수 있는 정치 · 주거의 중심지였는데 지금의 치요다 구(千代田區)이다. 에도 성(江戸城)의 별칭이 치요다 성(千代田城)이었는데 치요다는 여기서 따온 이름이다. 치요다 구는 간다와 고치마치를 합쳐 만들어졌다.

그 후 공사관은 유학생 감독청이 되었다. 이후 유학생 감독부(監督府)로 또다시 이름을 바꾸었고 한치유가 유학생 감독을 맡았다. 1906년 1월 2일, 유학생 감독청이 비좁다 하여 혼고 구(本郷區) 소재의 가옥을 빌려 구락부를 창설한 것이다. 정부는 1906년 5월 윤치호(尹致昊, 1865~1945)를 유학생 감독관으로 보내려 했으나 본인이 이에 불응했다. 그 자리는 정략적 자리이기도 했다. 그래서 서울 YMCA는 한인 총무 김정식(金貞植, 1862~1937)을 파견하기로 한다. 4월 25일 발족된 도쿄 조선기독교청년회를 아울러 책임지게 된 것이다. 1906년 8월 일본에

온 그는 11월 5일 도쿄 조선기독교청년회, 즉 도쿄 조선 YMCA를 발족시켰고 이후 10년 동안 재직했다. 재일본 한국 YMCA는 1996년 4월 25일 창립 90주년을 맞았다.

김정식은 간다(神田) 미토시로 정(美土代町)에 있는 도쿄 기독교회 청년회관 3층에 방 한 칸을 얻어 시작했다. 1894년에 세워진 일본의 YMCA 회관이었다. 이 회관에 '조선기독교 청년회관' 이란 간판도 달았다.

도쿄 기독교회 청년회관도 관동대지진 당시 불에 타버렸다. 그 후 재건키로 하고 1928년 9월 착공해 이듬해인 1929년 12월 그 자리에 다시 세웠다. 규모가 아주 큰 6층짜리 건물이었는데 이 건물도 헐렸고, 몇 년 전 다시 세워졌다. 3대째의 도쿄 YMCA 회관이다. 지금은 호텔 기능이 제일 크다.

유학생 감독부로 전락한 공사관

한편 1906년 9월 대한 유학생 구락부는 대한유학생회로 개편된다.

태극학회는 1905년 9월 15일 조직되었다. 태극학회는 태극학교가 모체였는데, 태극학교는 선배 유학생들이 새로 일본에 오는 유학생들에게 일본어를 강습하는 일종의 어학 강습소였다. 혼고 구 모토마치(元町) 2정목에 있었다. 또 다른 일어 강습소로는 광무학교(光武學校)가도 있었다.

1905년 11월 공사관 자리에 광무학교가 들어섰고 회당에서는 유학생들에게 일본어를 가르쳤다. 강습소가 된 것이다. 또한 유학생의 입학식과 졸업식 때는 이곳에서 파티를 베풀어주기도 했다. 이어 1909년 1월 10일 이곳에서 대한흥학회가 설립되었고 구내에 있던 활판소(活版

1910년 11월, 이상
재와 김정식이 함
께 찍은 사진(왼
쪽부터 김정식,
안국선, 이상재,
이원금, 김린, 이
승만).

所)에서는 《대한흥학보》를 발행하기도 했다. 이후 일본어 강습학교들
은 1907년 9월경 모두 통폐합되어 '청년학원'이라 이름을 바꾸고 그 달
16일경 개교했다.

한일합방이 된 후인 1912년 10월, 일본 유학생들은 '학우회(學友會)'
라는 모임을 만들었는데 기관지 《학지광(學之光)》을 냈다. 유학생들 사
이의 정보를 주고받으려는 목적으로 만들었는데, 1914년 4월 창간호를
낸 후 1930년까지 29호를 출간한다. 《학지광》 1915년 7월호에 〈일본 유
학생사〉라는 논문이 실려 있다.

사실 일본 유학생들이 최초로 만든 모임은 1895년 4월에 결성한 '대
조선인 일본 유학생 친목회'였다. 그들이 만든 기관지가 《친목회 회보》
였다. 이 모임이 3년 만인 1898년 해산되고, 그 해 9월 다시 '제국청년
회'를 결성한다. 그런데 이 모임도 회원들간의 인식 차이와 불화, 반목
때문에 해체된다. 여러 단체들이 다 그렇게 태어났고, 그렇게 사라졌
으니 안타깝다. 일제의 조선 침략이 마각을 드러내며 생긴 일이기도 하
다. 대한 유학생 구락부, 태극학회, 대한유학생회, 대한흥학회 등도 마

찬가지였다.

한편 1911년 월남 이상재(月南 李商在, 1850~1927) 선생이 이곳에 들른다. YMCA 초대 교육부장 자격이었다. 김정식 총무의 초청에 의한 것이었다. 그는 이곳에서 한 많은 눈물을 쏟는다.

> …내가 평생에 울지 않고자 하였더니 오늘 처음으로 운다. 내가 이 집을 한국 공사관 때에 와서 보았는데, 유학생 감독부가 된 오늘에 와 보니 옛 일이 새롭도다…….

이상재 선생은 아마 1881년 신사유람단의 일원으로 도쿄에 들렀을 때 이 건물을 보았던 것이 아닌가 싶다.

유학생 감독부를 묘사한 글이 몇 개 있다. 김호영(金浩永)은 다음과 같이 쓰고 있다.

> …합병 이전에는 갓 쓰고 주의(周衣) 입은 유학생들이 도래(渡來)하여 공부(工夫)를 했으므로 그들을 감독하기 위한 '한국 유학생 감독부'라고 하는 것이 있었고 그 후 합병과 동시에 총독부의 손으로 그것을 경영하게 되었다는데 명칭은 감독부, 독학부(督學部), 장학부, 학생부, 금강동(金剛洞) 등이 있어 국정구(麴町區) 동향판(東鄕坂) 근방(?)의 구 한국공사관 적에 기숙사와 회당이었다고 한다……(김호영, 〈재동경 조선인의 현상(現狀)〉, 《조광》, 1939. 2).

총독부 감독부는 원래 관비 유학생들이 저렴한 비용으로 생활하며 공부하게 하기 위해 만들어졌다지만, 실제로는 유학생들이 '배일사상에 물들지 못하게 하기 위해' 일하였다. 방이 여유가 있으면 사비 유학생도 받아들였다. 80여 명을 수용하는 규모였다.

감독자와 사감은 일본인이었는데 감독자는 대좌로 퇴역한 군 출신이 맡았다.

감독부에는 장로교 목사가 근무했는데, 주공삼(朱孔三, 1875~?)이 1913년부터 이 일에 종사했다. 그는 1911년 8월 한국기독교 사절단의 일원으로 일본의 교회를 방문하게 된다. 도쿄 한인연합교회 목사를 겸했다. 현재 이다바시에 있는 도쿄교회의 전신이다. 늘봄 주요한(朱耀翰, 1900~79)이 그의 아들이다. 영변에서 태어난 주요한은 13살 때인 1913년 아버지를 따라 일본으로 들어갔다.

감독부 기숙사는 목조 2층집이었다. 밤 10시면 문을 닫아 통제했다. 이광수도 1917년경에는 이곳에서 기숙하고 있었다.

리기영(李箕永, 1895~1984)은 감독부를 어용기관으로 보고 있다.

…한창복은 그 길로 (이케부쿠로) 하숙집을 나와서 갈 곳을 생각해보았다. 그는 요코하마로 동창생을 찾아가려다가 그만두고 구단사카(九段坂) 위에 있는 조선인 유학생 감독부(어용기관)를 찾아갔다.

유학생 감독부 정문 입구에는 경찰대 십여 명이 의자를 벌여놓고 삥- 둘러 앉았다. 안채에서 마침 한 청년이 나오는데 그는 창복이와 동창인 박근이었다. 그들은 반갑게 악수를 하였다.

박근이는 창복이에게 말하기를 지금도 난민들이 저녁마다 습격을 와서 조선 학생들을 내놓으라고 야료를 하기 때문에 밤낮없이 무장경비를 한다는 것이다. 일제 경찰은 마치 조선 유학생들의 신변을 보호해주고 또한 유학생 감독부에서는 그들을 위해주는 척하지마는 실상 그것은 제놈들이 저지른 죄악을 은폐하기 위한 기만책과 위선행위에 불과한 것이었다.

교활한 일제는 이 사건이 제놈들이 날조한 것이기 때문에 사건의 진상이 밝혀졌음에도 불구하고 난민을 취체할 대신, 조선 유학생들의 신변을 보호하는 척 유학생 감독부를 이용하려고 경찰대를 동원시켰던 것이다……(리기영,《두만강》, 3부 상, 1961, 144~145쪽).

이 유학생들과 관련된 장소와 건물들은 현재까지 알려진 것이 없으나 모두 우리 정부의 소유였거나 개인 소유물이었다고 생각된다.

최승만(崔承萬, 1897~?)의《일본을 떠나면서》라는 글을 보면 이렇게 적혀 있다.

> 옛날 생각이 나서 그곳을 돌아보았는데 전연 달라지고 주택들이 들어앉아 있으며 그때 정문 자리에 들어 선 집 문패는 '오카무라(岡村)'라는 이름이 써 있었다(1976. 9. 30).

최승만은 개성 출신으로 호를 극웅(極熊)이라 했는데 그는 1919년 2월《창조》의 동인이 되었다.《창조》는 김동인, 주요한이 주도하고 전영택, 김환, 그리고 최승만이 참여해 만들었다. 그는 일제시대 월간《신동아》의 주간을 맡아했다.

우리 최초의 일본 공사관은 이렇게 아무도 모르는 사이에 일본인의 수중에 떨어진 것이다.

2 · 8 독립선언의 현장

1906년 재일본 한국 YMCA 회관은 도쿄 유학생들의 모금과 스코틀랜드 YMCA, 북미 YMCA의 기부금으로 건립되었다. 1907년 8월 이 첫 회관에 이삿짐을 풀었다. 이어 두번째 YMCA 회관은 1914년 9월 준공되었다. 3만 엔(円)의 공사비가 들었으며, 2층짜리 서양관으로 기숙사가 딸려 있었다. 간다 구(神田區) 니시오가와 정(西小川町) 2정목 5번지였다. 현재의 치요다 구 니시간다(西神田) 3정목 6번지인데 전수대학(專修大學) 뒤편이다. 이곳이 도쿄교회의 시초가 된다.

이때부터 대부분의 유학생들은 조선기독교청년회관으로 몰려들었다. 유학생들은 YMCA 회관에 자주 모여 여러 정보를 교환했으며, 망년회나 웅변대회 등도 가졌다. 이 회관에서 2·8독립선언서가 낭독된 것이다.

1918년 12월 29일의 망년회에는 200여 명의 남녀 학생들이 모여들었다. 일본에 유학하고 있는 학생의 3분의 1에 해당하는 숫자였다. 이 자리에서 '조선은 독립해야 한다' 는 대명제가 전면에 부각됐다.

이듬해인 1919년 1월 6일, 그들은 다시 모여 구체적 방안을 짰다. 도쓰카마치(戶塚町)에 있는 백관수의 집이 비밀 아지트였다. 온건 중도파의 반대 속에 10명의 독립운동 실행위원이 선정됐다. 그 10인은 최팔용, 김도연, 이종근, 송계백, 최근우, 김상덕, 서춘, 전영택, 윤창석, 백관수 등이었다. 대부분이 정치·법학도들이었다. 그러나 전영택이 건강을 이유로 실행위원을 사퇴하고 이광수, 김철수가 새로 들어갔다.

마침 고종 황제가 돌아가셨다는 슬픈 소식이 일본에도 전해졌다. 학생들은 더욱이나 마음이 아파졌다. 1월 21일 고종은 중태에 빠졌고, 다음날 덕수궁 함녕전(咸寧殿)에서 승하했다.

2월 8일 아침부터 도쿄에서는 보기 드문 눈이 펑펑 쏟아졌다. 오전 10시 30분 YMCA 회관 1층에는 '재 동경 한인유학생 학우회 총회' 란 방이 붙고 학생들이 모였다. 약 600명 정도였다. 윤창석이 사회를 시작하자 최팔용이 모임 명칭을 '재일본 동경 조선청년 독립단(줄여서 '조선청년 독립단 ')' 으로 고치자고 긴급동의했다. 이어 백관수가 등단 독립선언문을 낭독했다. 선언문은 와세다 대학 철학과 2학년생 이광수(李光洙, 1892~1950)가 기초했다. 그의 나이 27세였다. 이광수는 이 글을 그의 하숙집 명계관(明溪館)에서 썼다.

독립선언서를 인쇄한 장소는 이선근(李瑄根)의 자료에서 찾아볼 수

독립선언의 주요 인사들, 1920년 3월 9일 형무소를 나온 후 환영회에서.

있다.

…국내에 잠입하였던 송계백이 운동자금과 활자까지 짊어다놓고, 최원순, 정광호 등의 여러 동지와 함께 이광수가 기초한 독립선언서의 인쇄에 착수하였다. 처음에는 활판인쇄를 계획하였으나, 인쇄기 및 시일 관계가 급박하게 되니, 와세다(早稻田) 원병위(原兵衛)의 숲에다가 비밀 장소를 설정하고, 광주(光州) 출신 유학도(遊學徒) 10여 명이 1주일에 걸쳐 선언서와 기타 서류를 10,000부 이상씩이나 등사판으로 인쇄하였다……(《한국독립운동사》, 尙文院, 1956).

이어 김도연이 결의문을 낭독했다. 독립선언서의 서명자와 그 기록순은 다음과 같다.

최팔용(崔八鏞, 와세다 대학), 윤창석(尹昌錫, 청산학원), 김도연(金度演, 게이오 의숙), 이종근(李琮根, 동양대학), 이광수(李光洙, 와세다 대학), 송계백(宋繼白,

와세다 대학), 김철수(金喆壽, 게이오 의숙), 최근우(崔謹愚, ?), 백관수(白寬洙, 메이지 대학), 김상덕(金尚德, 무직), 서춘(徐椿, 동경 고등사범).

2·8독립선언은 3·1운동의 도화선이 되었다. 이 독립선언은 당시 국제 정세의 흐름과 무관하지 않았지만 이미 일제의 간악한 식민통치에 대한 국민적 분노가 광범위하게 끓어올랐다. 1910년 식민화된 후 9년이 흘러가고 있었다. 혹자는 미국 윌슨 대통령의 민족자결주의에 영향을 받은 것이라 하지만 그것은 우리 민족 안에 그 동안 응집되었던 정신이 한꺼번에 폭발한 것이다.

독립선언 행사가 진행되자 임석해 있던 80명의 형사와 프락치들이 위협하고 진행을 막았다. 니시간다 경찰서 서장으로부터 집회 해산 명령이 내려졌으나 학생들은 듣지 않았다. 시가 행진으로 이어지고 3시 50분경 주모자급 40여 명이 체포되었다. 나무로 만든 마룻바닥에 접는 나무의자 넘어지는 소리, 경찰과 유학생들이 부딪치는 소리로 소란스러웠다. 그들은 맨발로 설상(雪上)의 가두(街頭)를 끌려갔다.

이 중 실행위원 9명이 요쓰야 감옥 미결감에 유치되었다. 이들은 금고 9개월의 형을 받고 신주쿠(新宿)의 이치가야(市ヶ谷) 감옥으로 넘겨졌다. 송계백은 그 감옥에서 죽었다.

일제는 이 사건을 출판법 위반 사건 정도로 격하시켜 마무리했다. 간교한 계책이었다.

히비야 공원의 유학생대회

히비야 공원도 그 독립운동의 장소 가운데 하나였다. 히비야 공원에서의 독립운동에 관한 김을한(金乙漢)의 글이 있는데, 부분적으로 틀

2·8독립선언의 산실이었던
당시의 YMCA 회관.

린 것이 있지만 이해를 돕기 위해 그대로 싣는다(김을한, 《실록 동경유학
생》, 탐구당, 1986).

…이어 이들은 '히비야 공원 광장'에서 전체 유학생대회를 열기로 했다. 일
제를 규탄하는 선전문을 현장에서 뿌리고 의지를 밝히기로 했으나 사전 발각
무위로 끝나고 말았다…….

《다이쇼(大正) 뉴스 사전》(제4권)에는 '히비야 공원에서 연설한 조선
인 학생 송치'라는 기사가 실려 있는데, 다음과 같다.

…그들은 삼삼오오(三三伍伍) 히비야 공원 내 음악당 앞으로 모여들어 그 숫
자는 140~150명에 달했다. 형세가 불온한 것이라고 느낀 히비야 서장은 경관

현재의 재일 YMCA 회관.

5~6명과 함께 해산을 시키려 했지만 해산할 것 같은 기색이 없자 그 중에서 연설을 한 자, 박수를 친 자 등과 주모자로 보이는 듯한 메이지 대학(明治大學) 정치부 1년생 김유범(金裕範) 및 홍순(洪詢) 외 11명을 동서로 연행해 목하 취조중이다……(1919. 2. 18).

그날, 그들의 큰 뜻은 이루어지지 못했지만 아주 커다란 의미가 있는 일이었다.

1980년 새로 세워진 건물

2·8독립선언의 산실이었던 당시의 YMCA 건물이 지금은 없는 것이 안타깝다. 그 건물은 1923년 9월 1일 관동대지진 때 불타버렸다. YMCA 총무였던 최승만의 문집《극웅필경(極熊筆耕)》(1970)에 의하면 "기둥 두 개만이 앙상하게 남아 벌건 불길에 타고 있었다"고 한다. 그런데 우리는 모두 현재의 회관 건물을 당시 독립선언문을 읽던 장소로 알고, 민족의 고귀한 역사적 유산 혹은 독립운동사의 유적이라 하고 있다. 안타까운 일이다.

그 후 6년이 지난 1929년 4월 4일, 그곳에서 500미터 떨어진 장소에 새 YMCA 회관이 세워졌다. 최승만의 노력에 의해 이뤄진 것이다(전영택, 〈노중잡신, 평양서 동경까지〉, 표언복 엮음,《전영택 전집》제2권, 목원대학교 출판부, 1994, 397쪽).

스이도바시(水道橋) 역과 오차노미즈(御茶の水) 역 사이, 오차노미즈 역 남쪽 출구로 나서 메이지 대학 쪽으로 치요다 구 사루가쿠 정(猿樂町) 2정목 5-5번지이다. 이 회관은 구 회관터 매각 대금 2만 5,000원과 우리 국민의 성금, 북미 YMCA의 기부금으로 재건되었다.

이 건물이 빚더미에 올라앉은 것은 1976년부터이다. 새로운 건물이 필요해 현재의 11층 건물로 새로 세웠는데, 은행 대출을 받아 1977년 착공한 것이다. 이름도 여러 번 바뀌었다. 지금은 'YMCA 아시아 청소년 센터'라고 한다. 별칭이 '한국 YMCA'이다. 겉만 봐서는 'YMCA' 빌딩이다. 호텔이 주용도이고 그 안에 재 일본 한국문화관, 세미나실 등이 들어서 있다. 그런데 그 건물마저 경매에 들어가 일본인의 손에 넘어갈 처지에 놓여 있다.

1979년 우리 YMCA와 문화부는 YMCA 도쿄지부의 건물을 독립운동사의 유적으로 보존키로 결정, 한국외환은행 도쿄지점에 지불 보증

을 서주면서 YMCA측이 총공사
비 14억 엔 중 10억 엔을 대출받아
건축물을 재건축토록 했다. 그러
나 신축 회관은 1979년 10·26사
건 이후 전두환 정권으로 이어지
면서 정부의 관심이 멀어지고 이
자 부채가 늘어나 빚에 쫓기게 되
었다. 1980년 2월 준공되었으니
이제 20년이 흘렀다.

  1983년과 89년에는 외환은행이
경매 공고를 냈다. 그러자 89년 4
월 국회가 이자 전액을 국가에서
보전토록 의결하기에 이르렀다.

기념비 하나가 덜렁 남아 있을 뿐이다.

그러나 이듬해인 1990년 이 건물을 일본 내의 독립기념관으로 하자는
당시 문화부 예산안이 국회에서 거부되었다.

  당시 한국 YMCA는 성명을 냈다.

  …예결위에 참석한 국회의원들이 재일본 한국 YMCA 건축 부채를 국가 재
  정에서 지원하는 일은 '민족의 고귀한 역사적 유산' 을 보전-계승한다는 차원
  에서 뜻있는 일이라고 인정하고 지원 약속했던 것을 이번 예산 심의에서 번복
  했다. … YMCA 도쿄지부에 대한 예산은 그 항목마저 누락시켜 날치기로 예산
  안을 통과시켰다…….

비난이 일자 국회는 1991년 9월 일부를 지급했다. 당시 문공위 평민
당 소속 국회의원들이 이 안에 반대했다.

  이 건물의 경매를 막기 위한 자구 노력도 여러 번 있었으나 모두 무

위로 돌아갔다. 기독교 단체들의 행동도 한심스런 것이었다. 각 교회에서 얼마씩 분담하면 가능한 것을 아무도 관심이 없었다. 1999년 다시 경매 위기에 처했다.

이제 우리는 최초의 주일 공사관, 그리고 2·8 독립선언의 현장을 다시 찾아내야 한다. 나도 그런 목적으로 1993년 2월 21일 YMCA 내에 있는 호텔에 들었다. 810호, 싱글 7,000엔의 방이었다. 짐을 부리고 그 역사적 자료들을 찾았으나 역시 아무것도 없었다. 1982년 현관에 만들어 놓은 2·8독립운동 기념비와 9층 홀의 담벼락에 붙여놓은 릴리프 밖에 없었다. 1999년에 2·8기념 홀이 만들어졌다. 기념비와 기념 홀만으로는 될 일이 아니잖은가.

도쿄 한복판에서 찾은 명월관

금강산을 생각나게 하던 속된 세계의 선경

서울의 일본 요리점

지금 일본에는 한국 음식 붐이 분다고 한다. 야키니쿠(燒肉), 김치, 비빔밥 등에서 시작된 열풍은 서민 식생활 깊숙이까지 들어가 있는 것 같다. 그러면 일본에서 한국 음식점은 언제 시작되었을까. 어떤 것이 있었는가. 매우 궁금한 일이다. 먼저 우리 나라 것을 알아보기로 한다.

서울의 요릿집하면 제일 먼저 떠오르는 것이 명월관(明月館)이다. 그러나 명월관보다 먼저 문을 연 것은 '정문(井門)'이란 일본식 요리점(料理店)이다. 1887년 들어온 것으로 알려져 있다. 우리 나라에 '요리'란 일본식 음식문화가 도입된 것이다. 조리(調理)란 우리의 전통 이름은 뒤로 물러섰다. 정문은 이가도(井門榮太郞)란 일본인이 서울 수정(壽町)에 낸 것이다.

1890년에는 아비루(阿比留民)가 남산 줄기에 '화월(花月)별장'을 개업했다. 화월은 주로 이토 히로부미(伊藤博文)가 애용한 곳이다. 50살쯤 되어서였다. 이토는 화월 하나로는 만족을 못해 '국수(掬水)'라는 기생집도 기웃거렸다. 화월의 기생은 30명에 이르렀다. 화월의 장사가

1919년 불이 나기 전의 명월관.

잘되자 아비루는 1907년 경복궁에 있던 왕세자의 학문소였던 '옥당(玉堂)' 건물을 통째로 뜯어다가 별관으로 만들기도 했다. 천인공로(天人共怒)할 짓이다.

1881년에는 마쓰이(松井)란 자가 오사카에서 후쿠수케(福助)란 기생을 서울로 불러들였다. 이 기생이 우리 나라에 들어온 일본 기생 1호였다. 소위 기생의 내선 융화는 이때부터 시작되었다.

1890년대 서울의 일본인은 300명에 불과했는데 요리점은 모두 '성업 중!' 이었다. 1895년 청일전쟁에서 승리하자 일본 요리점과 기생들은 기하급수적으로 늘어났다. 정치가와 관리, 군인의 몫이었다.

친일파 송병준(宋秉畯, 1858~1925)도 기생 장사에 끼여들었다. 기둥서방, 즉 기부(妓夫)가 된 것이다. 그는 '청화정(淸華亭)'이란 옥호를 내걸었다. 청화정은 친일파의 소굴이었고 그곳에서 조선을 일본에 팔아 넘기는 모략이 진행됐다. 또한 자신의 이권을 얻기 위한 모리배 짓도 그곳에서 했다.

194

33인이 독립선언서에 서명했던 태화관.

　그는 우리 나라의 기생과 창기의 총관리자였다. 통감부 내부대신이었던 그가 1908년 작성해놓았던 '기생 및 창기에 관한 서류철'이 몇 년 전 정부기록보존소에서 발견되었다(《한국일보》, 1990. 8. 27). 그는 수하에 경시청을 두고 있었는데 경시청 제2과가 기생 및 창기 단속권을 갖고 있었다. 경시총감과 짜고 기생과 창기를 착취해온 것이다. 그는 갖은 방법으로 돈을 모아 조선 제1의 땅투기꾼이 되기도 했다. 이완용의 두 배가 넘는 땅 부자였다. 송병준은 일본 홋카이도의 땅에까지 손을 댔다.

　서울에 서양요리점이 처음 들어온 것은 1903년이었다. 남산정(南山町)의 경성호텔에 니시무라(西村)가 운영하는 음식점이 들어왔다. 러일전쟁 때 일본의 승전고가 울릴 때마다 일본인들은 이 집에 모여 축배를 들었다고 한다.

조선요리의 대표, 명월관

피카디리 극장 자리에 있던 명월관의
안내장. 1932년 것이다.

우리 나라 사람이 운영하는 요리점은 아무래도 명월관이 으뜸일 것이다. 서울에는 동아일보사 자리, 태화관(泰和館) 자리, 그리고 피카디리 극장 자리에 각각 명월관이 있었다. 명월관은 '밝은 달 레스토랑(The Bright Moon Restaurant)' 이라고 영역되어 외국인에게도 널리 알려져 있었다. 명월관의 명성이 높아지자 일본에까지 분점을 냈던 것이다.

첫번째 명월관은 1906년 '황토마루(黃土峴)' 에 들어섰다. 궁중의 전선사(典膳司) 사장(司長)이던 안순환(安淳煥)이 광화문 기념비각 앞 동아일보사 자리에 세운 것이다. 원래 이 터는 조선조 때 우포도청이 있던 자리로서 당시는 황량한 빈터로 남아 있었다. 회색의 2층 한양절충식으로 지어졌다. 아래층은 온돌, 2층은 마룻바닥으로 되어 있었다. 명월관은 1918년 원인 모를 화재로 소실되었다. 버려진 채로 있던 터에 1925년 9월 27일 동아일보 새 사옥이 착공되었다.

두번째 것은 태화관 자리에 있었다. 종로 네거리에서 안국동 쪽으로 가다가 서울예식장 앞에서 오른쪽으로 돌아가면 오른쪽에 돌 담장을 두른 '조선절충식' 합각지붕의 2층 건물이 있었다. 이것이 1921년 4월 5일 개관한 태화여자관이다. 종로구 인사동 194번지 일대이다. 1920년 여선교사 마여수(N. M. Myers)는 서울, 개성, 원산, 철원 등에서 부녀운동과 보육 사업을 하던 중, 이 건물을 빌려 태화여자관을 열었다(안신영, 《태화기독사회관 50년사》, 1971).

조선조 중종 때 세운 순화궁(順和宮) 터였던 이곳은 1907년 친일의 거두 이완용(李完用, 1858~1926)의 소유가 되었다. 순화궁은 1908년 서대문 밖 미동(渼洞) 순화공주의 집으로 옮겨졌다.

이 집을 이윤용(李允用), 이완용 형제가 사들였다. 1911년부터는 이완용의 소유가 되었다. 이완용은 이 집에서 2년 동안 살다가 1913년 12월 큰아들에게 이 집을 건네주고 옥인동 새 집으로 이사했다. 큰아들인 승구(升九)는 이미 장춘관(長春館)이란 요릿집을 운영했기에 나름대로 노하우가 있었는데 안순환을 주인으로 끌어들였다. 그는 1918년경부터 이 집을 명월관의 분점으로 시작하다 태화관으로 이름을 바꿨다. 이후 이곳은 친일파들이 들끓는 장소가 되었다.

1919년 3월 1일 오후 2시, 이 요릿집 태화관에 모인 33인이 독립선언서에 서명하니 이곳은 또 다른 장소성을 갖게 되었다. 선언 장소로 이곳이 선택된 것은 탑골공원과의 접근성도 한몫을 했다. 독립이 선언된 건물은 별유천지(別有天地) 규역 제6호실이었다. 이 태화관 건물은 그 직후 문을 닫게 되었고 남감리교 여선교부가 사들였다. 그리고 1938년 헐렸다.

오늘날 강윤(姜沇)이 설계한 태화기독교사회관 건물이 3·1운동과 직접 관련된 건물로 알려져 있는데 이것은 잘못된 것이다.

서울의 세번째 명월관은 돈의동 145번지에 들어섰다. 6·25 때 파괴되었다. 그 자리에 피카디리 극장이 들어서 있다.

일본의 명월관과 노경월

한편 일본에서 최초로 문을 연 조선 요리점은 한산루(韓山樓)였다. 1905년 이인식(李人植)이란 사람이 도쿄 시타야(下谷) 우에노(上野) 광

《조선독본》.

소로(廣小路) 삼교(三橋)측에 낸 것이다(西東秋男,《일본식생활사연표》, 樂游書房, 1987). 이인식에 대해서는 알려진 바가 없다. 일본에 조선인이 303명밖에 안 될 때였는데 그들은 대부분이 외교관, 관비 유학생, 상인들이었다. 요새 의미의 재일동포는 없을 때였다. 한산루는 일본 국수주의자들의 단체인 흑룡회(黑龍會), 천우협(天佑俠) 등의 단원들이 모여 조선 침략의 음모를 꾸미던 곳이기도 했다.

이어 본격적인 요리점인 명월관이 일본에 들어왔다. 도쿄에는 무려 네 곳에나 명월관이 있었던 것으로 알려져 있다. 맨 처음에는 대정 말기, 즉 1920년대 초 국정구(麴町區) 산노우시타(山王下)에 세워졌다. 조선이 식민지화된 후의 일이다. 사장은 노경월(盧瓊月)이란 평양 출신 기생이었다. 그녀가 '뜻한 바 있어' 이를 차렸다고 한다. 노경월과 나란히 노백수(盧百壽)란 사람 이름도 보이는데 그들은 친척으로 명월관을 공동 운영하지 않았나 생각된다.

산왕(山王)은 산노우 혹은 야마오라고 읽힌다. 이광수는 야마오라고 하고 있다. 여기서는 그대로 혼용하기로 한다. 산노우시타는 국회의사당과 수상관저 근처를 말한다. 그곳은 당시 무척 아름다운 무릉도원이

도쿄의 첫 명월관 전경. 《조선독본》에 있는 사진이다.

었다고 한다. 명월관은 일본 내에서도 최고로 가격이 높은 요정이었다. 조선에서 데려온 기생들이 거들고 있었다.

발행연도가 미상인 《조선독본》이라는 작은 팸플릿이 있다. 명월관에서 발행한 것인데 조선에 대해 여러 가지를 담아놓은 아주 의미 있는 자료이다(宮塚利雄, 《日本燒肉物語》, 太田出版, 1999). 일개(?) 기생 요릿집에서 이런 일을 다 했다. 그 중 사진이 실린 자료 및 명월관에 대한 내용은 무척 흥미롭다.

명월관은 뭐라 할까 아무래도 선경이라 할 수 있지 않을까요? 위치는 붉게 물든 아름다운 도쿄 시내 한가운데의 산노우(山王) 지대에 자리를 잡고 있고, 조용하고 풍취 있는 정원을 바라보며, 흐르는 작은 물결소리를 들을 때 총림괴석(울창한 숲과 기묘한 돌들)은 그(조선의 명산) 금강산을 생각나게 합니다. 번잡한 속세를 떠나 교외에 나온 기분이 드는 명월관입니다. 바쁘고 힘든 손님들에게 명월관은 피로를 잊어버리게 하는 곳입니다.

또 실내에는 조선식 방석과 기타 조선의 가구, 기구들이 있고, 기생들의 서비스 등을 받을 수 있어 일본인들이 조선에 가 있는 기분이 들게 합니다. 인삼주와 조선의 특산 인삼 소위 불로장수의 술이 기다리고 있습니다. 금강산 소나

자연과 어우러진 명월관(자료 : 이종학).

무의 과실을 입에 넣고 인삼주를 마시며 선녀 같은 조선 기생의 춤을 감상할 때 속된 세계의 선경을 노니는 좋은 꿈에 취하시기 바랍니다.

그 외의 내용은 조선식 상은 예의상 연장자 순으로 둘러앉는다거나 음식을 먹을 때 수저를 정숙하게 움직인다거나 어른이 좋은 것을 먼저 손 댄다거나, 기생이 조금씩 더 준다거나 하는 음식 예절과 관계된 것이 적혀 있었다. 야간에는 요정의 면모를 보이는데 연회와 서비스 부분도 따로 적었다. 야간은 9시 반부터 시작 11시 반에 끝난다고 했다.

이곳은 단순한 요정이 아니었고 조선 통치의 본거지였다. 조선 총독부 등의 주요 인사가 그곳에서 이뤄졌다고 한다. 즉, 요정정치의 본산지였다. 그들의 송별회, 환영식 등도 이곳에서 치러졌다. 각종 서비스, 쇼 등이 있었다. 승무, 검무, 가야금, 양금 장고, 단소, 등등이 연주되었고 물론 유행가도 흘러나왔다. 공무원 월급이 70엔일 때 일인당 60엔까지 했다고 한다.

이은 황태자, 방자 여사도 자주 드나들었다는 명월관은 1945년 도쿄 대공습 때 불타버렸다. 현재 그 자리에는 호텔 뉴 재팬이 들어서 있다.

앞 광장 부근이 명월관 터였다. 성강다료 터는 오른쪽에 보이는 호텔 자리이다.

춘원과 명월관

춘원 이광수의 글 중 〈동경문인회견기-동경 구경기의 계속-(2)〉이란 글이 《조광》 1937년 3월호에 실려 있다. 그 중에 〈성강다료(星岡茶寮)의 일야(一夜)〉란 글이 포함되어 있다. 춘원이 일본 문인 요시다(吉田絃二郎), 야마모토(山本) 개조사 사장 등과 명월관을 찾는 이야기이다.

개조사 사장은 당시 식민지 작가 우대 방침을 써서 이광수, 장혁주 등을 키운다. 춘원은 일본 요정과 조선 요정을 비교하기도 하는데 춘원의 친일적 색채가 여기에도 분명히 드러나고 있음을 볼 수 있다.

가을 비 쏟아지는 어떤 날 밤, 나는 야마모토 사장과 동차(同車)하여 성강다료라는 요정에 갔다. 성강다료는 고우치마치 구 산왕대에 있는 순일본식 요정으로 건물이나 정원이나 실내의 장식이나 전부 고전적 일본취미를 보이랴고

명월관, 무릉도원이라 했다(자료 : 이종학).

한 것이었다. 이 곧은 아모나 갈 수 있는 요리집이 아니라.

구락부 조직이여서 외교관, 정치가, 실업가 등 명사들이 그 구락부원이 되어 이용하고 그러치 아니하면 이 구락부원의 소개를 가진 사람만이 이용할 수 있는 데라고 한다.

현관에 나와 맞는 여자 하인들도 의복이나 동작이나 다 상류의 즉, 귀족적인 모양이 눈에 띠었다. 이 집에서는 예기(藝妓)를 부르지 못한다고 한다.

우리가 모인 방은 조고마한 다실풍의 방이었다. 원래 회석(會席)이라는 것은 주객 아울러 5~6인이 격식이라는데 그럼으로 교토(京都)의 '표정(瓢情)'이나 '성강다료' 나 고전적인 요리집에는 이렇게 한 5~6인이 모여 앉을 만한 나지막하고 좁은 방이 원측이라 한다.

주빈이 도꼬노마(上間) 앞에 앉고 주인은 출입구인 엥가와(緣側)에 앉는 법이라고 한다.

202

성강다료(星岡茶寮)는 호시가오카 다료라고 읽는데 '별의 언덕 찻집'
이란 아름다운 뜻을 갖고 있다. 1920년 약 10년 동안 일본 제일의 요정
이었다. 북대로 노산인(北大路 魯山人)이 주인이었다. 이곳은 정·재
계 거물들이 모이는 곳이었다. 성강다료는 스기야(數寄屋)로 지어진
것인데 스기야는 정원(庭園)에 독립해 지은 다실(茶室, tea ceremony
ardor) 혹은 다실(茶室)처럼 지어진 건물을 말하는 것으로 일본의 대표
적인 전통건축풍을 가리킨다.

고급스러운 건물

춘원과 일본 문인들은 이 주석에서 주로 《춘향전》을 가지고 대화를
나누었다. 춘향전 목판본을 가지고 대화를 나누다 보니 일본 문인 중에
"조선 여성이 보고 싶고, 그립다"고 떠드는 소리가 들린다. 춘원은 그
들을 명월관으로 안내한다.

나는 2차회로 당시 도쿄에 있던 조선요정 명월관으로 가기를 제의하였드니
한 사람도 사양 아니하고 찬성하야 곧 차를 불러서 쏟아지는 밤비를 뚫고 유지
(溜池)에 있는 명월관으로 갔다.

명월관은 상당히 고급 건물이었다. 집도 좋거니와 정원도 밤에 보아 자세히
는 알 수 없어도 상당한 모양이었다. 어린 기생도 4~5인 있었다.

그러나 가장 유감인 것은 술이나 음식이나 조선요리라고 하는 것은 내놓을
것이 없었다. 그래도 꾸밈이 없는 예술가의 혼을 가진 그들은 변변치 못한 어
린 기생들의 조선 소리를 듣고 매우 흥이 깊은 모양이었다.

요시다 선생 한 분은 종교가연한 태도를 일치 아니하고 상글상글 웃고만 앉
었지마는 다른 이들은 모도 아리랑 사발가 이런 노래를 배워서 그 자리에서 부
르고 좋아하고 또 기생들의 조선 춤을 보고는 그야말로 동양적이오 고전적이

간다 구에 있던 명월관(자료 : 《조선
일보》. 1929. 3. 23).

라고 자기네도 숭내를 내여보고 그 중에도 노래나 춤에나 가장 얼른 배우는 이
가 구미정웅(久米正雄) 씨였다.

성강다료와 명월관은 산노우(山王) 히에 신사(日枝神社)의 경내에 서
로 이웃하고 있었다. 차라는 것은 당시 인력거를 말하는 듯하다. 경내
이므로 걸어서도 충분한 곳이기 때문이다.

춘원은 성강다료와 명월관을 다 이용해보았다. 성강다료는 순 일본
풍이었고 명월관은 상당히 고급 건물이었다고 했다. 그러나 명월관은
순수한 조선식으로 지어진 것이 아니라 일본풍이 가미되었다. 내부는
조선풍으로 꾸며져 있다. 자선당, 관월당, 애련당 등 우리 건물들의 이

204

축에 참여했던 목수들이 참여하지 않았나 생각해본다.

춘원은 명월관이 타마이케(溜池)에 있다고 했다. 타마이케에는 현재 지하철 시오도메 산노우(汐溜山王) 역이 들어서 있다.

2001년 3월 이곳을 찾았을 때 유감스럽게도 명월관의 흔적은 아무것도 없었다. 아마 관동대지진 때 불타버리거나 그 후 진재 부흥 때 철거해버리지 않았나 생각되었다. 옛 터는 고우치마치 구 야마오 시다(山王下) 부근이었고 지금은 치요다 구 나가타 정 2정목 10번 5호 일대였다. 1993년 정비되어 광장으로 조성되었다.

성강다료는 '캐피탈 도큐 호텔'이 되어 있었다. 호텔 내 중국 레스토랑에 '호시(星)가오카(岡)'라는 옛 명칭만 남아 있다. 명월관은 '산노우 파크 타워' 건물 부근인데 아무것도 남아 있지 않았다.

사라진 명월관들

1929년 3월 23일자 《조선일보》에는 상공 시찰단 수행기자로 일본에 들른 김을한(金乙漢) 기자가 조선요릿집 명월관을 방문하고 쓴 기사가 실려 있다. 여기선 명월관이 간다 구(神田區) 원락정(猿樂町)에 있는 것으로 되어 있다. 명월관 본점이라고 쓴 것으로 보아 이미 산노우의 것은 폐쇄되었음을 알 수 있다.

그곳은 비교적 조용한 골목길가 회색 2층집이라 했다. 1층 실내는 사방 두 칸 정도로 좁았고 2층은 다다미방이라고 했다. 주인 이름은 역시 노경월이었다. 또 하나의 명월관 지점은 1929년경 요스야 구(四谷區) 번중정(番衆町) 127번지에 있었다. 현 주소는 신주쿠(新宿) 5정목으로 '파크 시티 이세탄'이 있는 자리이다.

1932년에는 긴자(銀座) 57-3009번지와 나가타(永田) 2-82번지로 다시 옮긴다. 두 개를 동시에(?) 내는, 요새 말로 하면 체인점이다. 역시 주인 이름은 같다. 긴자 57-3009번지는 다시 찾아보아야 하겠다. 지금 무엇이 되어 있는지.

1942년에는 모두 문을 닫은 듯하다. 여러 사정이 있었겠지만 전쟁, 공습, 경제 마비 상태 등이 원인이었을 것이다.

사라져가는 전범들의 공간

도쿄 이치가야 자위대 주둔지 1호관

신의 나라에서

일본 거리에 뿌려지는 홍보물 중에서 가장 많이 눈에 띄는 것이 "일본은 신주(神州)"라는 것이다. 일본은 '신의 땅'이라는 것이다. 일본의 경우는 신에 대한 느낌이 우리와 달라 일상 중의 하나가 되어버린 듯하다. 어쨌든 일제시대 일본 천황은 신주에 살고 있기 때문에 다른 나라에는 안 간다는 법 같은 것이 있어서, 그들은 한국이나 중국 등을 찾지 않았다.

남의 나라가 신의 나라이건 인간의 나라이건 우리가 관여할 바 아니지만 어딘가 좀 억지스러 보이기도 한다. 그런데 이런 말을 얼마 전 일본의 높은 자리에 오른 자가 함으로써 주변 나라들의 신경을 다시 건드렸다.

이시하라 신타로(石原愼太郎, 1932~) 도쿄도 지사는 2000년 4월 9일 육상자위대 네리마(練馬) 주둔지에서 개최된 '부대 창설 기념식전'에서 "제3국인이 흉악한 범죄를 일으키거나 큰 재해시 소요사태를 일으킬지 모른다. 경찰력으로 이를 막기 어려우니 자위대가 치안 유지를 해

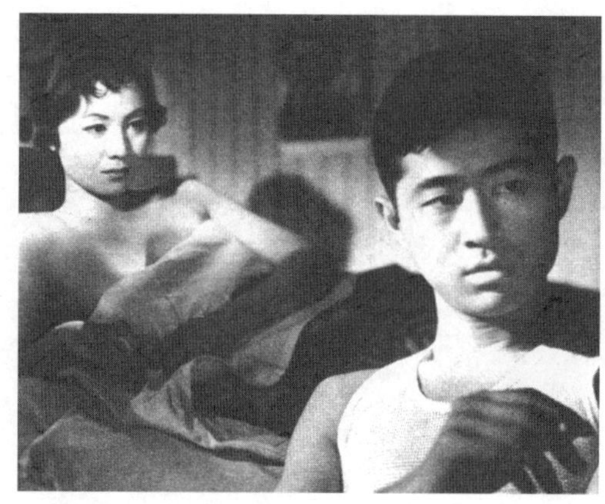

영화화된 〈태양의 계절〉.

야 한다"고 역설했다.

그는 1956년 소설 《태양의 계절》로 아쿠타가와 상(芥川賞)을 수상하였다. 이는 행동적인 젊은이가 섹스에 탐닉하는 상황을 그린 1950년대 최고 문제작이었다. 《태양의 계절》은 1956년 후루가와(古川卓己) 감독에 의해 영화화되어 인기를 끌었다.

그는 얼마 전 한 한국 언론과의 회견에서 "자신이 가장 존경하는 사람이 박정희 전 대통령"이라고 말했다. 박정희를 일본인 선배로 본 것이다.

그 신의 나라 일본에는 옛 전쟁을 되살리는 상징물이 산재해 있다. 그러나 그 상징물들은 패전 50주년을 지나며 급격히 사라지고 있다. 역사를 지우는 작업의 일환인 것이다. 일본은 침략전쟁의 책임을 영원히 기록한다는 차원에서 이런 역사적 유물들을 남겨두어야 한다.

이치가야 주둔지 보존운동

1988년부터 도쿄 신주쿠 구 이치가야(市ヶ谷) 혼무라 정(本村町)에 있

208

1호관의 핵심이었던 천황실(자료 : 《문예춘추》, 1991. 1).

는 '육상자위대 이치가야 주둔지' 는 철거 대상이 되었다. '이치가야 주둔지' 에 최첨단의 방위청(防衛廳) 건물을 세우기 위해 그 부지 안에 있는 건물들을 1994년 여름부터 철거하겠다는 것이 정부의 계획이었다.

방위청은 미나토 구(港區) 아카사카(赤坂) 록퐁기(六本木) 쪽에 있는데, 그 중앙 조직을 이치가야 쪽으로 옮기기 위해 이치가야의 기존 건축물들을 철거하려는 것이었다. 이치가야의 주둔지 6만 8,730평은 그야말로 도시 한가운데의 노른자위였다. 내가 이곳을 찾았을 때만 해도 너무 한적하여 이 안에 군인들이 있으리라고는 생각할 수가 없었다. 사실 이치가야 주둔지는 해체 직전까지만 해도 자위대의 기념식을 거행하거나 그들의 회의용으로 쓰일 정도였다. 때로는 기동대원의 숙소가 되기도 했다.

그 중 1호관의 해체 소식은 일본인들뿐만이 아니라 나에게도 큰 관심 대상이었다. 1호관의 해체가 일본이 도쿄 전범재판이라는 역사 자체와 단절되기를 원하고 있다는 인식 때문이다.

육군사관학교로 지어진 1호관. 전면이 현관부이다.

1호관 대강당, 도쿄재판이 열린 곳이다. 헐리기 직전의 모습이다. 대강당은 목조 바닥으로 되어 있다.

1호관 건물은 철근 콘크리트 지상 3층, 지하 1층, 그리고 지하호(地下壕)가 있으며 1937년 준공되었다. 외벽은 베이지색으로 칠해져 붉은 벽돌 막사와 함께 일본 군대 건물의 상징이 되기도 했다. 세워질 당시는 일본 육군사관학교로 쓰여 일본군의 핵심을 교육하는 곳이었다. 이 학교를 나온 초급 장교들은 전쟁의 소모품이 되었다. 1945년 패전 무렵에는 대위 정도가 되었을 것이다. 전쟁 이전까지 이곳에는 천황이 쓰는 '편전(便殿)' 이라는 방도 있었다. 천황이 전쟁의 총 지휘자였음을 상징적으로 말해주는 곳이었다. 편전은 그 후 육군대신실, 간부학교 교장실로 쓰였다.

1941년 전쟁이 시작되면서 1호관은 일본 육군의 중추가 되어 전쟁 수행을 기획하고 작전을 짜는 곳이 되었다. 대본영 육군부와 참모본부, 그리고 육군성 등이 들어섰다.

지하호는 1942년에 판 것으로 지하 약 14미터까지 내려간다. 높이 4미터, 폭 4.6미터의 터널 형태로 동서남북 길이가 49미터 정도이며 지하호 면적은 1,300평방미터 정도였다. 이것이 두께 4미터의 콘크리트로 쳐져 1톤짜리 폭탄에도 견디게 되어 있었다.

1945년 일본이 미국에 패하기 10일 전 이 1호관 중정에서는 전쟁 기밀 서류들이 소각되었다. 전쟁 기록이 말살되었던 것이다.

전범들의 공간

일본 군대는 1945년 8월 15일로 그 역할이 끝났다. 소위 '황군시대'가 연합군총사령부(GHQ)에 의해서 막을 내린 것이다. 미군이 진주한 후 이치가야 주둔지 건물들도 미국의 수중에 들어갔다. 더군다나 1호관 안에 있는 대강당은 극동군사재판, 즉 도쿄재판이 열렸던 곳이기도

일본 자위대의 관열식
입장권.

하다. 재판은 대강당과 대본영 참모본부가 있던 지하호에서 열렸다. 재판은 46년 5월 3일 개정되어 48년 11월 12일 폐정되었다.

도조 히테키(東條英機) 등 A급 전범인 군인·정치가 28명이 이곳에서 재판을 받았다. 이케부쿠로(池袋) 스가모(巢鴨) 감옥에 수감되었던 전범들 중 A급은 이곳 대강당에서, B급과 C급들은 따로 요코하마의 특호 법정에서 재판을 받았다. 사형은 단 7명뿐이었는데 1948년 12월 23일 처형되었다.

이 주둔지는 6·25 때는 미군 지휘부로 쓰였다. 한국전쟁이 끝나고 미국과 일본이 한 배를 타자 1959년 이 주둔지와 건물들은 일본에 반환되었다. 1960년부터는 다시 일본 자위대에서 쓰기 시작했다. 군과의 숙명적 장소성이 이어지고 있는 곳이다. 우리로 말하면 용산 군부대와 같은 숙명인 셈이다. 이때부터 1호관 건물은 육상자위대 동부방면(東部方面) 총감부(總監部), 그리고 간부학교로 쓰였다.

커지는 자위대

얼마 전 긴자(銀座) 거리에서 일본 군가가 크게 울려 퍼지는 소리를 들었다. 건축물의 실내 장식에도 그 시대의 복고물이 등장하였다. 그

212

발코니에서 할복하기 전 떠들어대는 미시마 유키오.

들은 소위 황군의 자랑스런 때를 말하고 싶어하는 것이리라.

일본은 주변국에 사과와 자중이 필요한 때인데도 군사력을 증강시켜 나가고 있다. 자위대 총 병력은 1999년 현재 30만 명이라고 한다. 결코 적은 것이 아니다. 그 중 육상 자위대는 50% 정도인 15만 명이고, 나머지가 항공 및 해상 자위대이다. 경찰이 26만 명인데 그보다 오히려 더 많다. 2000년 들어 보수 우익들의 일본 방위력 증강 요구는 더욱 거세지고 있다. 의원, 저널리스트 등은 방위청을 방위성 혹은 국방성으로 승격시켜야 한다고 주장한다.

나는 1993년 10월 31일 일요일, 일본 자위대 기념일 날 열린 관열식(觀閱式)을 우연찮게 구경하게 되었다. 1993년 호소카와 모리히로(細川護熙)가 수상이 되고 처음 열린 기념식이었다. 관열식은 와코(和光) 시 육상자위대 아사가(朝霞) 훈련장에서 열렸다. 비행기, 탱크, 군인들이 움직이는데 말만 자위대이지 여느 나라 군대와 똑같았다. 나는 착잡한 마음으로 그 자리에 앉았다. 일본 시민들은 열렬히 일장기를 흔들었다.

육상자위대의 동부방면대(우리 나라 수도방위사령부 격)는 도쿄 동북부의 위성도시 와코 시에 있다. 동부방면대는 일본 육상자위대 규모로는 일본 5개 방면대 중 세번째 규모이다. 최신 화력이 이곳에 있다. 동부방면대는 2개 사단에 제1공정단(空挺團)과 고사포부대 등을 갖춘 2만 3,000명이 있다. 제1공정단은 1개 여단 규모로 이곳의 중요성을 말해준다. 공정단은 우리의 공수부대와 같은 것이다.

미시마 유키오가 자살한 곳

동부방면대 총감부는 1호관 2층의 중심에 있었는데 이 방에서 1970년 11월 25일 낮 12시 15분, 일본이 자랑하는 극우파 소설가 미시마 유키오(三島由紀夫, 1925~70)가 할복 자살했다. 전쟁중 육군대신실로 쓰였던 그 방이었다.

그는 자신을 따르는 한 패거리, 즉 '방패회'(타데노가이 : 楯の會) 회원들과 함께 이 방 앞 발코니에 섰다. 그는 일본군 제복을 입고 머리를 짧게 깎고 니폰도(日本刀)를 쥐고 머리띠를 두르고 자위대원들을 향해 "자위대여 궐기하자"라는 격문을 읽었다. 이어 "천황 중심 일본 건국 이념에 바탕한 군대로 총궐기할 것"을 요구하고서 그 방으로 들어가 이렇게 외쳤다.

미국에 의해 만들어진 헌법에 저항해 반란을 일으키라

그러고 나서 할복을 했다. 추종자 한 명이 그의 뒤를 따랐다. 이후 이곳의 발코니는 느닷없이 유명해졌다. 미시마는 일본 국민들에게는 전설적 인간이다. '대일본 민족주의 수호자'로 미화되고 있는 것이다.

그의 소설 《금각사》는 지금도 많이 읽히는데 강렬한 감각적 묘사가

214

특징적이다. 그는 45세의 나이로 자살했으니 지금 살아 있다면 75세가 된다. 그에게 최근에는 동성애자라는 이미지가 하나 더 붙여졌다. 후쿠시마 지로(福島次郎, 68)가 1998년 4월호 《문학계》에 실명소설 〈미시마 유키오〉를 발표, 그가 동성연애자였음을 밝혀 화제가 되었던 것이다. 미시마의 열혈남아와 같은 모습은 나약한 동성애자의 다른 얼굴이었던 것일지도 모르겠다.

전쟁유물 보존운동

1992년 9월 일본에는 '이치가야 1호관의 보존을 요구하는 모임'(회장 宇野精一, 동경대 명예교수)이라는 시민단체가 발족되었다. 100여 명의 발기인이 있었으며, 후원자 1,300명이 회원에 가입했다. 그들은 국회와 여론에 호소했다.

"1호관은 일본 근·현대사의 생생한 증인이다. 전쟁 인식을 풍화시키지 않기 위한 역사적 유산"으로 이 건물을 지키자는 것이 그들의 요구였다. 국수주의자들조차 "1호관은 곡절 많은 근대사가 각인된 역사의 생생한 증인이므로, 국가는 철거를 재고하기 바란다"는 요지를 발표하며 "이곳은 메이지의 건군(建軍) 이래 선배의 업적과 교훈이 있는 곳…" 운운했다. 그들은 심포지엄도 열고 국회에 청원도 했다.

사실 어떻게 보면 일본인들에게는 히로시마 원폭 돔은 전쟁 피해자의 상징물이고 이곳 이치가야 1호관은 전쟁 가해자의 상징물이 되는 곳이다. 그러나 일본 문화재청은 이 건물이 건조물로서의 가치가 희박하다고 소극적으로 나감으로써 방위청에 기회를 주었다. 방위청은 기존 철거 방침 그대로 밀고 나가려 했다. 아카사카 번화가에 있는 방위청은 경비와 통신면에서 부적절하다는 핑계를 들이댔다.

해체되는 1호관 내의 대강당. 철거
하면서 부재를 잘 정리해두었다.

　1993년 4월 7일 《아사히 신문》은 '이치가야 주둔지 1호관'이 내년 가
을 철거된다는 보도를 했다. 이어 이듬해인 1994년 10월 22일자 같은
신문은 '이치가야 주둔지 1호관'의 해체 작업을 전하는 뉴스를 실었다.
시민들은 이 건물의 해체를 반대해 소송을 제기했다. 그러나 1994년 10
월 패소함으로써 건물은 헐리게 되었다. 그 후 곧바로 1년 예정의 해체
작업이 진행됐다.

　이런 일들은 우리의 관심을 전혀 끌지 못하였다. 하지만 나는 이곳이
일본 군국주의 역사의 핵심이 되는 현장이기에 보존되어야 한다고 생
각했다. 도저히 남의 나라 일로 여겨지지 않았다.

216

뉴스를 보면서 태평양전쟁, 미시마 사건 등 일본 근대사의 한 장소가 이렇게 사라져버려도 되는가 싶어 몹시 답답했다. 이곳이야말로 대한 침략의 본거지요 일본의 아킬레스 힘줄인 장소이다.

이치가야 메모리얼?

그런데 얼마 전 이치가야의 방위청 건물이 다 지어졌다는 보도를 보았다. 새 건물은 지하 4층, 지상 19층의 하이테크한 건물이라 했다. 미국의 팬타곤을 따라가는 것이었다.

헐린 1호관은 축소된 형태의 '이치가야 기념관'으로 1999년 4월 다시 세워졌다. 철근 콘크리트조 2층의 500평 규모로 건물 현관 부분과 중앙 부분의 일부, 그리고 대강당 등이 들어섰다. 대강당은 660평방미터 규모인데 그대로 복원되었다. 7,200매의 목재 마루판이 그대로 옮겨졌다. 판사석, 피고석도 그대로 복원시켰다. 1호관 위치에서 서쪽으로 200미터 떨어진 곳이었다. 스포트 라이트는 도쿄재판에 맞춰졌다. 여기에 미시마 유키오가 추가되었다.

많은 이들이 도쿄 재판은 잘못되었다고 한다. 그러면 수많은 조선인과 대만인, 중국인들은 누구를 위한 성전에 동원되어 죽어갔는가. 어쨌든 과거를 말해주는 그 시대의 상징물들은 보존되어야 한다.

세균전의 본산, 신주쿠 육군군의학교

물망(勿忘)! 731부대의 현장을 찾아서

물망! 잊지 말자!

나는 찬바람이 을씨년스런 2000년 10월 어느 날 하얼빈에 섰다. 오래
전부터 가보려 했으나 일정이 맞지 않아 뒤로 미뤄둔 곳이었다. 몹시
흥분되었다. 한국인에게 하얼빈은 무엇인가 다시 한번 묻지 않을 수 없
었다. 동행한 몇 사람에게 "하얼빈 하면?" 하고 물었더니 모두가 안중
근과 이토 히로부미였다. 나 역시 마찬가지 대답이었을 것이다. 나는
이어 "또 다른 것은?" 하고 물었다. 그러나 모두들 고개를 갸우뚱했다.
뭐가 또 있단 말인가. "731부대!" 하니까 반 정도는 "아, 그거 알아"라
고 했지만 "그게 여기 있어?" 하고 궁금해했다.

그들은 《악마(惡魔)의 포식(飽食)》이란 책을 읽었던 것이다. 일본인
모리무라 세이치(森村誠一)가 1982년 쓴 이 책은 일본에서 300만 부가
팔린 베스트 셀러였다. 반응이 너무 대단해 그 해 4월 6일에는 일본 국
회에서까지 '731부대 건'이 다뤄질 정도였다. 《악마의 포식》은 우리 나
라에서도 번역되어 화제작이 되었고 이어 영화화도 되었다. 그때 우리
에게 많이 알려진 말이 '마루타(丸太)'였다. 마루타는 포로를 이용한

218

1942년 3월 29일 도쿄대 야스다 강당 앞에 진을 친 의사들. 앞줄 왼쪽 지휘봉을 잡고 있는 자가 이시이 중장이다.

인체실험 도구의 속칭이다.

사실 내가 731부대에 대해 좀더 관심을 갖게 된 계기는 1993년 7월 13일 시부야의 도쿄 야마테 교회(山手敎會)에서 '731부대전(展)'을 보고 나서였다. 구 일본군 '세균전 부대전'이 부제였다. 이 전시회는 일본의 40개 이상의 지역에서 순회 전시되는 중이었다. 전시장에는 240여 점의 사진과 모형 등이 전시되고 있었다. 전시물은 북경의 '중국인민항일전쟁기념관'이 협찬하였다. 그 전시회에서 본 생체실험, 동상실험, 독방에서 페스트균의 강제감염 등을 재현하는 모형은 쇼크였다. 그런데 그 전시회에 조선인 마루타에 대한 사항은 빠져 있었다. 731부대와 조선인은 관계가 없다는 말인가.

전시중인 사진 가운데 하나가 오래도록 눈길을 끌었다. 도쿄대 야스다(安田) 강당 사진이었다. 1925년에 세워진 이 강당은 도쿄 제대의 상징적 건물이었다. 이 사진에 나오는 의학자, 의사들은 대부분 도쿄 제

하얼빈의 핑파오에 있는 731부대 진열관.

대 출신들이었다. 그 후 야스다 강당을 보는 내 눈은 바뀔 수밖에 없었다. 거의 매일 그 앞을 지나다녀야 했던 나는 여러 가지로 괴로웠다. 더구나 야스다 강당은 1960년대 말 학생운동으로 불탄 채 그대로였다.

핑파오로 가는 길

하얼빈에서 둘째 날 아침 일찍 나는 '731부대'를 찾아나섰다. 나 역시 초행길이라 자료에 의존할 수밖에 없었다. 마침 흑룡강 대학의 한 교수가 그곳을 잘 알고 있어 안내역을 맡아주었다.

"중국인들도 그곳을 잘 알고 있습니까."

나의 무식한 질문에 그는 이렇게 대답했다.

"알다마다요. 교과서에도 실려 있는데요. 중국인들에게 이곳은 중요한 항일 유적지입니다."

220

관동군사령부. 여순, 봉천, 신경으로
전전한다. 사진은 신경 관동군사령부.

소형 버스는 하얼빈 시내에서 남쪽으로 달렸다. 포플러 나무 가로수
가 이어져 있는 길이었다. 20킬로미터쯤 가자 '핑파오(平房)'란 글씨가
씌어진 표지판이 나타났다. "어, 시골이 아니네"라는 말이 저절로 나왔
다. 이곳도 역시 도시화되고 있었다. 당시에는 벽촌한골이었을 텐데.

조금 더 가자 '침화 일군 731부대 죄증 진열관(侵華 日軍 731部隊 罪
證 陳列館)'이란 건물이 나타났다. 진열관은 1989년 열었는데 전시 주
제는 '물망(勿忘)'이었다. '일본군의 죄를 잊지 말라!'는 증거로 전시
되고 있는 것이다.

신주쿠의 육군군의학교.

천황이 세균부대 창설을 지시하다

진열관 안으로 들어갔다. 실내가 좀 음침해 보였다. 전시품들은 정말 너무 처절했다. 인간 생체실험이 자행되고 있었다. 생체실험은 산 사람, 즉 활인(活人) 실험이라고도 한다. 산 사람을 마취 없이 칼로 머리를 자른다던가, 배를 갈라 창자를 꺼내 조각낸다던가, 동상에 걸리는 과정을 보여준다던가 하는 것들인데 인간이 얼마나 포악해질 수 있는가가 너무도 생생하게 드러났다.

1,000여 명이 넘는 일본의 의학·세균학 전문가들이 무려 3,000여 명의 타국인을 죽여가며 생체실험을 했던 것이다. 그들은 히죽히죽 웃고 있기까지 했다. 그들은 의학교육을 받은 사람들이고 가족도 있었을 텐데, 어떻게 이렇게 잔인해질 수 있었을까. 악마의 포식이라는 말 정도로는 표현될 수 없는 만행이었다. 이빨이나 빼고 가스실에 쳐넣는 아우슈비츠 수용소보다도 잔인했다.

1927년 6월 27일 군벌(軍閥) 다나카 기이치(田中義一, 1864~1929)가 이끄는 내각은 중국 침략정책을 세운다. '중국을 침략해 세계를 도모해야 한다'는 인식의 발로였다. 관동대지진의 여파도 어느 정도 회복되어갈 즈음이었다. 그들은 1931년 9월 18일 드디어 만주사변을 일으켰다. 관동군은 봉천(현재의 심양) 인근 유조호(柳條湖)에서 남만주 철도의 선로 일부를 폭파시켰다. 그 일을 중국인이 했다고 뒤집어씌우고 대중국전쟁을 개시한 것이다.

이때 육군성의 실세는 우메쓰 요시지부로(梅津美治郎, 1882~1949)였는데 그는 1939년 관동군사령관이 된다. 야포 24연대 연대장은 사와다 시게루(澤田 茂, 1887~1980)였는데 사와다는 1925년 하얼빈 특무기관장을 지냈던 자이다. 그들의 위세는 만주 하늘을 찔렀고 우리 독립군 탄압에도 앞장섰다. 일제는 1932년 만주국을 세웠다. 우메쓰, 사와다 등 관동군이 조종하는 괴뢰 정부였다. 관동군은 1932~45년에 걸쳐 인체실험 부대를 운영하며 세균전을 펼치기로 한다. 칙명(勅命), 즉 천황의 명에 의한 것이었다. 세균작전 명령은 대본영을 통해 시달되었다.

악의(惡醫), 이시이의 등장

731부대 창설자는 이시이 시로(石井四郎, 1892~1959) 군의(軍醫) 중장이었다. 이시이는 도쿄 인근 치바 현(千葉縣) 야바베 군(山武郡) 치요다 촌(千代田村) 오오 리(大里)에서 태어났다. 치요다 촌 지주의 넷째 아들이었다. 사숙(私塾) 이케다(池田) 학교에서 배우고 치바 중학교를 졸업한 다음 가나자와 4고를 졸업하고 교토 제대 의대에 입학한다. 재학 중 교토 제대 총장의 딸과 결혼하여 막강한 세력을 얻는다.

의대를 졸업한 후 육군 간부 후보생으로서 군의가 되었다. 그는 이어

731부대 전경(자료 : 전시장 모형).

군 위탁생으로 교토 제대 대학원에 진학, 세균학과 방역학을 전공한다. 1928~30년까지 3년 동안 영국, 프랑스, 독일 등 유럽을 돌아다니며 세균전만 연구했다. 1930년 페스트 균 연구로 의학박사 학위를 받는다. 출세욕이 강했던 그는 육사 출신 실세에 매달렸고 의사의 숭고한 길을 버리고 악의의 길로 접어들었다.

1932년 신주쿠 구 도야마 마치(戶山町)의 육군군의학교 내에 방역연구실을 만들고 교관 겸 책임자가 된다. 38세의 소좌 시절이었다. 이후 그는 나카다 뎃산(永田鐵山, 1884~1935) 군무국장의 후원을 얻어 승승장구한다.

특별군사지역이 되다

세균전 부대는 1932년 '도고 부대(東鄕部隊)'가 처음이다. 그 부대

224

731부대 사방루.

터는 하얼빈 남동쪽 약 100킬로미터 지점에 있는 베이인호(背陰河)에 있었다. 비밀 부대였던 도고 부대가 인체실험을 제일 먼저 실시했다.

1936년 관동군 방역(防疫) 부대가 북만주 하얼빈에 설치된다. 본격적인 세균전 부대로 부대장은 이시이였다. 같은 해 신경에 관동군 군수방역창(軍獸防疫廠)이 만들어졌다. 와카마쓰(若松) 부대라고 하는 것이다. 1937년 관동군은 노구교(盧溝橋) 사건을 또다시 조작, 중일전쟁을 일으킨다.

1938년 하얼빈 방역 부대는 핑파오 지역에 살던 중국인들을 내쫓고 그 지역을 특별군사지역으로 지정한다. 하얼빈은 추운 지역이므로 생체 해부를 하거나 동상 실험을 하기에 아주 적합한 장소였다. 한밤에는 영하 40도까지 내려가곤 했다. 교통도 좋았고 봉천이나 신경보다는 비밀유지에도 유리했다. 여차하면 러시아와의 전쟁에서 세균전을 수행할 수도 있었다. 따라서 하얼빈에 이 부대가 들어갔던 것이었다.

1939년부터 핑파오에 거대한 시설물들이 만들어지기 시작했다. 신경에 있는 관동군사령부가 직접 설계하고 감독했다. 시공은 일본특수공업 외 10여 개 건설회사가 맡았다. 특수 설계를 했기 때문에 여러 전문업체들이 동원되었던 것이다.

부대 본부동은 1940년 준공된다. 2층짜리 붉은 벽돌 집이었는데 본부 1호동이라 불렀다. 부대 내의 가장 핵심 시설인 생체 실험용 마루타를 수용하던 감옥은 3층의 사방루(四方樓)로 지어졌다. 우리의 'ㅁ'자 집에 해당되고 일본인들은 '로(ㅁ)' 호동이라 부르는 것이다. 사방루 시설은 감옥보다 훨씬 나은 수준이었다. 생체 실험용이기에 관리를 잘해야 했기 때문이다. 그 외에 세균폭탄 저장실, 보일러 실 등 100여 동의 건물이 세워졌다.

1940년 당시 관동군사령관은 우메쓰 대장이었고, 주력 부대는 제13군으로 그 사령관은 사와다 중장이었다. 그들이 다시 만주에 나타난 것이다.

방역 부대는 1940년 8월 1일 '관동군 방역급수본부'란 이름으로 개칭한다. 부대 명칭은 언뜻 관동군이 마시는 물의 공급과 전염병 예방 등을 주로 하는 것처럼 보인다. 1941년 8월 1일부터는 제731부대란 이름으로 다시 바뀐다. 중국 내 각 지역에 지대가 생겼기에 혼란을 막기 위해 부대명을 바꿨으며, 부대장 이시이 중장의 이름을 따 흔히 이시이 부대라고 불렀다. 그는 자매 부대를 포함하여 2만여 명을 수하에 두었다. 이시이 부대의 주요 보직은 도쿄 인근 치바 현(千葉縣 山武郡 芝山町) 사람들로 채워졌다. 세균병기 개발이라는 비밀을 지켜야 하는 일의 성격상 그렇게 했다.

이시이는 생체실험 결과치를 신주쿠 구에 있는 육군군의학교 방역실로 보냈다. 도쿄대학, 교토대학 등에도 보냈다. 일본 의학자와 의사, 생리학자들은 그가 보내주는 자료에 의해 의학 연구를 계속할 수 있었다. 시체 해부나 하다가 생체를 해부하게 되니 그들은 활기가 넘쳤다. 일본 의학은 이렇게 해서 발전해갔다. 그 제자들이 후기 경성제대 의학부에 교수로 왔다. 그들이 다루는 조선인 환자는 실험도구에 불과했다.

세균전 실시

일본에 저항하는 사람들은 각지의 헌병대에 체포되어 하얼빈 역으로 보내졌고, 핑파오 731부대로 호송되었다. 헌병대와 경찰은 마루타를 구하기 위해 광분했다. 중국인, 조선인, 러시아인, 그리고 몽골인을 포로로 잡아 왔다. 하얼빈 시내 백화료(白樺寮)가 대기 장소였다. 일본군 특무기관 등의 시설이 이용된 것이다.

잡혀 온 마루타는 감옥에 집어넣었다. 페스트에 감염된 마루타는 독방으로 보냈고 증상을 관찰하고 나면 해부실로 옮겨 해부를 했다. 심장, 폐 등 장기는 포르말린 용액에 담겨 진열대에 놓여졌다. 그리고 쓸데없는 시신은 소각로에서 태워져 연기로 사라졌다. 하루에 보통 세 명씩 해부했다고 한다. 동상 실험은 야외에서 했는데 영하 35도의 추위에 발가벗긴 마루타를 묶어놓고 시간의 경과에 따른 동상의 심도를 체크해보는 것이었다.

일본군은 어느 정도 성과물이 나오자 세균전을 획책했다. 세균전은 '보작(保作)' 이란 암호명으로 불렸다. 이시이 부대의 세균전은 1939년 중소 국경지대에서 실행됐다. 처음에는 장티푸스 균이 뿌려졌고, 1941년에는 페스트 균도 뿌려졌다. 중국 중남부 지역인 절강성 닝파오(寧波) 지역이었다. 이것이 1940년 10월의 닝파오 작전이란 것이다. 그 외 1942년까지 여러 지역에서 실시되었다. 비행기가 수백 미터 상공에서 균을 뿌려댄 것이다. 이후 그들은 더 효율적으로 균을 사용하기 위해 세균탄 개발에 전력을 다했다. 도자기 용기에 넣어 던지는 것이었다.

장티푸스 균은 국내에도 흘러 들어왔다. 주로 북한 지역과 한중 접경

소련군이 하얼빈에 들어서고 있다. 사진에서 보면 태극기를 들고 환영 나온 사람들이 보인다(자료 :《중앙일보》, 정창현, 안성규 소장).

지대에 창궐했다. 이때 이유도 모르고 죽어간 조선인은 그 숫자조차 파악되지 못하고 있다. 닝파오 지역의 페스트 균은 1960년대까지 박멸되지 못했다고 한다.

파괴, 은폐, 그리고 퇴각

육군성은 1945년 8월 9일 소련이 대일 선전포고를 하자 패전을 감지하고 세계 최대의 세균부대인 핑파오 731부대의 시설들을 모두 파괴하라고 명령한다. 이에 공병대가 긴급히 투입되어 8월 9일부터 13일까지 나흘 동안 본부동을 제외한 주요 건물들을 파괴한다.

실험용으로 쓰다가 남아 있던 마루타도 모두 사살해버렸다. 증거 인멸을 시도한 것이다. 그리고 부대원들은 도망치기 시작했다. 먼저 이시이 부대장과 간부들은 비행기로 탈출했고, 부대원과 가족들은 8월

마루타를 소각시키던 보일러실. 건물은 대부분 파괴되고 굴뚝 두 개가 남아 있다.

731부대 본부. 한창 보존 공사중이다.

10일 특별 열차로 하얼빈을 떠났다.

하얼빈을 떠난 패주 열차는 안동현(安東縣)을 넘어 우리 땅으로 들어와 경성을 지나 부산까지 갔다. 우리 땅을 밟고 퇴각한 그들은 8월 18일부터 25일 사이에 배편으로 일본의 해안지역 곳곳에 도착했다. 직강진(直江津) 역에서 특별 열차는 멈춰 섰고, 일반 열차로 바꿔 타고 이동하기 시작했다. 일반인으로 위장하기 위한 술책이었다. 우에노 역을 통해 치바 현까지, 그들의 고향까지 안전하게 후송된 것이다.

그리고 그들은 모두 입을 닫았다. 731부대의 한 대원이 탈출 당시 읊었다는 하이쿠(俳句)를 보자.

…불타서 무너지는 백마(白魔)의 거탑은 꿈의 흔적,

땀투성이의 도망 화차가 광야를 질주한다…

국경을 넘었다는 안도로 땀을 닦고

땀에 젖은 등을 나란히 하고 부산의 밤을 이야기한다.

조국이 보인다.

눈 앞에 센자키(仙崎)의 푸른 잎이 눈에 스민다…….

— 森村誠一, 장백일 역, 《악마의 포식》 중에서

아직 조선이 그들의 땅일 때였다.

소련 제1적기군은 8월 21일에야 하얼빈에 들어왔다. 이미 일본군은 퇴각하였으며 세균부대의 자료도 벌써 일본으로 소개시킨 다음이었다.

김안동은 누구

그들은 이후 일본의 의학·약학·실업계 등에서 크게 활약하며 부귀영화를 누렸다. 이시이 부대장은 신주쿠의 야카마쓰에서 어떤 군 관계 건물을 이용하여 여관 주인으로 위장한 채 숨어들었다. 미국은 그의 범죄 기록을 이용하려 했다. 1945년 겨울 GHQ는 세균 병기 등의 데이터를 넘겨 받는 대가로 이시이 등 간부들을 도쿄 재판에서 면제시켜주었다. 그리고 그를 미군 유곽 겸 위안소 시설로 쓰이던 해군 건물에 보호해두었다.

펑파오에서 가져온 기밀 서류는 창녀들 사이에서 정리되고 있었다. 보고서와 8천 매에 이르는 슬라이드였다. 일본군과 미군의 흥정에 의해 이 자료는 미국에 넘겨졌다. 1947년 1월 소련이 인체 실험 사실을 확인했을 때는 이미 때가 늦었다. 러시아는 헛물을 켠 것이다. 자료는 미국 유타 주 다구웨이 육군기지로 보내졌고, 또 다른 세균전 연구에 쓰였다.

이시이는 10여 년을 더 살고 67세에 죽었다. 그는 6·25전쟁이 일어나는 것도 보았고 군신(軍神)으로까지 추앙되었다.

1949년 8월 12일 제네바 협약이 맺어졌다. 그 협약 제13조를 보면, "전쟁포로들은…그 어떤 종류의 의학적 및 과학적 실험의 대상이 될 수 없다"고 되어 있다. 달리 해석하면 그동안 그런 일이 많이 행해졌었구나 하는 유추를 하게 한다.

펑파오 전시물 중에는 미군이 한국전쟁에 사용한 것이라는 세균탄이 있었다. 그 전시물이 사실인지 가짜인지는 우리 같은 아마추어가 판단할 문제는 아닌 것 같다. 그러나 한국전쟁에서 세균무기 실험 등 생체 실험이 행해졌는지 여부에 대한 국내의 보도와 논란은 어쨌든 우리를 당혹케 하기에 충분하다.

1992년 12월 19일 《한겨레 신문》은 "미군, 포로에 생체실험- 거제도 수용 인민군 편지 발견"이라는 기사를 보도한다. 이에 국내 월간지들은 그 진위 여부를 공방한다(《길》1993년 7~8월호, 《월간중앙》1993년 8~9월호).

1986년 9월 17일 미국 하원은 731부대에 대해 공청회를 열었다. 이때 1950년대 후반 자료는 일본 외무성에 반환되었고, 그 자료는 다시 방위청 방위연구소 전사실에 옮겨져 보관되고 있는 것으로 알려졌다. 모든 것이 사라질 수는 없는 노릇이지만, 지금까지 남은 것은 본부동과 파괴되고 남은 보일러실 일부분이다.

1983년 흑룡강성은 731부대의 옛터와 남은 유구들을 복원해 문화재로 지정했다. 731부대 본부 건물은 중국이 공산화된 후인 1949년 보수해서 하얼빈 제17고급직업중학교로 쓰였었다. 그러나 2000년에는 그 건물을 기념관으로 만들려고 한창 공사중이었다. 내가 본 그 유구들은 히로시마 원폭 돔과 비교할 수 없을 정도로 소중한 것이었다. 철원의 노동당사 건물과 유사한 형태로 남아서 그 흔적은 결코 잊혀질 것 같지 않았다. 마이너스 문화재의 압권이었다.

핑파오 진열관 전시장을 다시 보자. 그 전시품 중 '특별수송부분 인원'이란 항에는,

　　김안동(金安東) : 애국지사, 남 30세, 재 봉천 신성자(新城子), 피(被), 봉천 헌병대 체포(1943년 8월).

라는 기록이 있었다.

이 조선인은 한창 나이인 30세 때 봉천에서 체포되었는데, 더이상 밝혀진 것이 없다. 여기에 있는 중국인들이 모두 열사로 호칭되는데, 그는 하얼빈 땅의 진열장에 이름 석자만 남기고 있을 뿐, 우리는 지금까

지 그의 이름조차 모르고 있었다. 이제 우리 손으로 그 자료를 추적해 이름없이 죽어간 그의 모든 것을 확인해야 할 것이다.

1989년 7월 22일 신주쿠의 옛 육군군의학교 터에서 신원 불명의 인골이 대량으로 발견되었다고 신문들은 대서특필했다. 후생성의 국립예방위생연구소를 신축하려고 지하를 파다가 나온 것이었다. 동네 주민들은 혐오시설이 들어오는 것을 반대하던 중이었다.

발견된 유골은 35인 정도의 것이었는데 유골에는 인위적으로 가공한 흔적이 남아 있었다. 인체 실험용 마루타로 추정되었다. 놀랍게도 일본 내에서도 인체 실험이 이뤄졌던 것이다. 이에 도쿄 시민들은 "침략 전쟁의 산 증거"라며 보존을 신청했으나 사법부는 "유골을 소각한다고 회복 불능의 피해를 주는 것은 아니다"라며 1994년 12월 원고 패소를 선고했다.

그들이 누구였는지는 알 수 없다. 그러나 일본인이 아니었음은 틀림없다. 조선인일 확률이 가장 높은 것이다.

제3부
거리에서 읽는 근대사

일본 자기의 시조가 된 이삼평

흙과 불의 도시 아리타

말썽 많은 이삼평비

6월 중순 구슈 후쿠오카(福岡) 하카다(博多) 역에서 교외로 빠지는 기차를 탔다. 사가 현(佐賀縣) 아리타 정(有田町)으로 가는 길이었다. 사가 현은 나가사키 현(長崎縣), 후쿠오카 현과 함께 기타구슈(北九州) 3대 현으로 일컬어진다.

기차는 서쪽 끝 나가사키 방향으로 달려갔다. 산과 숲 사이로 빨려 들어가는 느낌이 들었다. 나는 왜 지금 아리타로 가고 있는가. 두 가지 목적이 있었다. 먼저 우리 쪽 얘기부터 하기로 하자.

대전에서 충남 공주 방면으로 가다 보면 왼쪽은 계룡산, 오른쪽은 공주로 가는 삼거리가 나온다. 반포면 온천리인데, 보통 '박정자(朴亭子)'라고 한다. 박정자 언덕은 조각공원으로 꾸며져 있으며 적지 않은 사람들이 이곳을 찾는 듯하다. 그 조각공원 중턱에 있는 탑이 눈길을 끈다. 이 탑은 이삼평(李參平) 기념비이다. 기념비라지만 흔한 비(碑)와는 달리 하나의 조형물로서 폭 2.1미터 높이 7미터 정도의 크기로 돌과 도자기 파편을 이용해 만들어졌다. 흰색과 검은색이 비교적 잘 조화를 이루었으며 1990년 10월 한국도자기문화진흥협회에 의해 세워졌다. 그러나 속사정을 들여다보면 사가 현 아리타 정의 관계자들이 의도적으로 세운 것임을 알 수 있다. 일본측 관계자 명단을 보면,

佐賀縣 지사 香月熊雄
有田町 명예 町民 岩尾新一
회장 有田町民 靑木類次
李參平公 末裔 金ヶ江義人

으로 되어 있다. 일본의 관(官)이 개입하였으며 이삼평의 후손은 이름만 빌려준 꼴이다. 명색은 역시 한일 우호였다.

이 기념비는 세워진 후 지금까지 많은 논란을 일으키는 애물단지가 되어 있다. 내가 그곳에 갔을 때, 주변에는 부스러기들이 떨어져 널려 있었다. 그 이유는 무엇일까. 가까이 가서 비문을 읽어보기로 한다. 검은 돌판에 음각된 것이다.

일본 자기 시조 이삼평 공 기념비

이삼평 공은 임진 정유의 난에 일본에 건너가 여러 도공(陶工)들과 역경을 같이 한 끝에 1616년 구슈 아리타(有田) 천산(泉山) 도석(陶石)의 활용으로 일본 최초의 백자기 생산에 성공하여 일본 자기산업 융성의 원조가 되었고 1655년 8월 11일 아리타 상백천(上白川)에서 서거하였다. 이 공의 유덕을 추모하는 후예들이 구슈 아리타에서 매년 이삼평 제를 거행한 지도 80성상이라고 한다.

금번 사단법인 한국도자기문화진흥협회는 일본측의 이 공에 대한 보은과 감사의 뜻이 담긴 기념사업 제의에 따라 출신지로 전해지는 이곳에 이삼평 공 기

계룡산 입구에 있는 이삼평 비.

넘비를 협동하여 건립하게 되었다.

이 기념비는 이 공의 고국에 대한 망향의 마음을 달래고 이 공의 훌륭한 기술혁신 정신을 되새기며 국제친선과 문화교류의 상징이 되기를 바라 마지않는 바이다.

그러면 여기서 논란이 되고 있는 것은 무엇인가. 그것은 우리 글로 새긴 돌에 "일본으로 건너가…"라고 씌어진 부분이다.

마을 살리기 성공, 그 희망의 증거

기차는 110킬로미터 거리를 1시간 20분쯤 달려 아리타 역에 섰다. 역 개찰구를 나오니 역 주변이 생각보다 아주 한산했다. 아리타 마을은 산속에 있어서 그런지 매우 조용했으며 기차길과 개천을 끼고 길게 촌락을 이루고 있었다. 인구 1만 4,000명의 마을이라고 한다. 충남의 강경읍(江景邑)과 인구수가 비슷했다.

이 마을은 일본 전통문화 마을 살리기 운동의 한 예가 되어 있었다. 많은 관계 학자들이 여기를 찾는다는데 내가 이곳에 간 이유도 마찬가지였다. '일본 도자기의 발상지'라는 모티브가 이 마을의 성격을 규정짓고 있었으며 주민들은 도자기 마을이라는 분위기 조성에 앞장을 섰다. 마을 거리 만들기는 '박제 보존'이 아니고 '살아 있는 보존'을 내세우고 있었다.

일본 국토청은 1983년부터 '지역 특성에 맞는 주택 · 마을 조성'이라는 '호프(Hope) 계획'을 전국적으로 실시하였다. 이를 위해 각 지방자치체들이 이 계획의 구체적 방안을 만드는 위원회를 설치하도록 하고 그 위원회에 보조금을 지원해주었다. 그 후 각 마을에서는 '호프 연구회'가 만들어졌다. '아리타 호프 연구회'도 그 중 하나로 마을을 살리는 희망의 증거가 된 것이다. 아리타 마을을 보존 · 전승하고 재창조하기 위해 주민, 지방 행정 당국, 그리고 문화청, 국토청, 건설청 등이 공동보조를 취했다. 지방자치체는 가로 · 광장 등 공용 공간을 정비해나갔고 주민과 협정을 맺어 건물의 증개축이나 신축시에 주변 경관과의 조화를 최우선적으로 하도록 했다.

이듬해인 1984년부터 아리타 마을은 본격적으로 보존 · 정비되기 시작했다. 정부는 이 마을을 전통 산업도시 정비라는 국토청의 모델 사업 대상지로 선정해 1984~87년까지 정비사업을 도왔다. 문화청은 1991년

시내에서 제일 높은 곳에 자리한 도우잔 신사(陶山神社)에서 내려다보이는 아리타 정(有田町) 전경.

이 마을을 전통적 건조물 보존지구로 설정, 매년 5~6개 동씩을 정비해 나갔다.

처음 거리에 들어섰을 때 이 마을이 일본 자기의 본산지라는 독특한 이미지가 강하게 느껴졌는데 이만하면 호프 계획은 성공한 것일지도 모르겠다. 아무튼 거리의 수많은 도자기 판매점들이 관광객의 마음을 끌었다.

버려지고 있는 이삼평

이번 답사의 주목적인 이삼평의 흔적을 찾기 위해서는 우선 몇 군데를 찾아보아야 했다. 그곳은 아리타 향(鄕)의 본거지인 시라가와(白川) 주변 일대였다. 작은 개천을 여러 번 넘나들어야 했다.

이삼평은 미다레바시(亂橋)에서 살았다. 미다이바시(三代橋)라고도 부르는 곳이다. 그리고 그는 우에시라가와(上白川)에서 1655년 8월 11일 74세로 죽었다. 비교적 장수한 편이다.

먼저 도조(陶祖) 이삼평의 묘, 비석, 흉상 등을 찾았다. 그 다음이 그가 도자기 흙을 구하던 이즈미야마 자석장(泉山磁石場), 도자기를 굽던 히에고바(稗古場) 요적(窯跡), 덴구다니(天狗谷) 요적, 그리고 그의 사후에 들어선 이시바 신사(石場神社), 도우잔 신사(陶山神社) 등이었다.

지금 아리타 마을과 이삼평의 관계는 도공으로 끌려와 도토를 만들던 시대의 기록과 죽음의 흔적뿐이다. 그 이상 남은 것은 없었다. 그의 후손이라 해도 이미 혹독한 차별을 받으며 간신히 명맥만 유지하는 사람들 정도였다. 번창하는 도요는 모두 일본인들의 것뿐이었다.

아리타의 일본인들이 이삼평으로부터 배워 그들 나름대로의 도자기를 본격적으로 생산하기 시작한 것은 1640년경부터였다. 그때부터 일본 도자기가 유럽에 수출되기 시작했다. 아리타야키(有田燒), 이마리야키(伊萬里燒) 등의 이름으로 퍼져 나갔다. 중국의 경덕진(景德津) 자기를 대신한 것이었다. 물론 당시 우리 나라의 도자기 산업은 아깝게도 문을 닫고 있었다. 수많은 도공이 일본으로 끌려갔기 때문이다. 따라서 당시 임진왜란, 정유재란은 '도자기 전쟁' 이라고 해도 틀린 말이 아니다.

아리타야키는 1867년 파리 만국박람회에, 1873년에는 비엔나 만국박람회에 출품된다. 다시 한번 세계 무대에 진출하고 있는 것이다. 비엔나 박람회 때는 일본인 기술 전습생 26명을 파견, 근대 공업기술을 배워 오게 하는데 그 중에는 아리타 출신 도공도 있었다.

아리타 마을 한복판에는 당시의 흔적이 하나 보이는데, 그것이 1876년 세워진 서양관 건물이다. 당시 유럽의 무역상 직원들이 여기 머물며 도자기를 사서 유럽으로 나르던 무역의 본거지였다.

아리타의 도자기를 유럽에 내다 팔던 무역상이 드나들던 서양관. 지금도 잘 보존되어 있다.

왜곡되고 있는 도조

도우잔 신사의 주신은 응신천황(應神天皇)이었고 여기에 이삼평을 잡아간 왜장 나베시마 나오시게(鍋島直茂, 1538~1618), 그리고 이삼평은 덤으로 모셔져 있을 뿐이었다. 이삼평이 합사(合祀)된 것은 1656년으로 죽은 지 1년 만이었다. 매우 빠른 일이었다. 어쨌든 이삼평은 일본 신사의 한 칸을 차지하고 있다.

도우잔 신사 뒤쪽 연화석산(蓮花石山) 정상에 오르면 도조 이삼평의 비가 있다. 무더운 날씨 탓에 그곳에 오르기가 너무나 힘들었다. 어지럽고 땀이 범벅이 되었다.

이삼평의 비는 아리타야키 창업 300년을 기념해서 1917년 9월경 도조 송덕회(頌德會)에 의해 세워졌는데, 이삼평을 붙잡아 온 왜장 나베시마 나오시게의 후손인 나베시마(鍋島直茂)가 글을 써놓았다. 1917년이면 일제의 조선 침략이 한창일 때였다. 이삼평이 이곳에서 가마(釜)

대충 만들어놓은 이삼평 상.

를 연 날이라는 5월 4일이면 해마다 이곳에서는 도조제(陶祖祭)가 지내
진다.

또 하나의 신사, 이즈미야마 자석장 가까이 있는 이시바 신사는 고려
와 관계가 깊던 신사였는데 이제 버려진 신사가 되어 있었다. 그 한구
석에 엉터리로 급조한 이삼평 흉상이 어설프게 세워져 유리 상자 속에
흉한 모습으로 갇혀 있었다. 아무도 돌보는 이 없었다. 이럴 바에야 왜
만들어놓았나 싶을 정도였다.

이삼평(李參平, 1579~1655) 그는 과연 누구일까. 일본에서 이삼평의
이름이 다시 등장한 것은 1890년경 이후 구메구니다케(久米邦武)가《유
전명산창업조자(有田皿山創業調子)》를 펴내고 나서부터였다.

우리 나라에서 이삼평은 이참평(李參平) 혹은 이삼평(李三平)으로 불리고 있다. 일본에서는 가네가에 산베에(金ヶ江三兵衛) 혹은 김케강의인(金ヶ江義人)이라고도 하며 간혹 리삼페이라도 한다. 현재 그곳에서는 김케강의인으로 통일되어 있었다.

이삼평의 고향에 대한 의문도 아직 풀리지 않고 있다. 우리측 관계자들은 그의 고향을 충남 공주 혹은 연기군 전의면 금사리 등으로 추정하고 있다. 금강변이라는 설, 순창이라는 설 등도 있다.

임진년인 1592년 3월 사가 현의 두목인 나베시마는 1만 2,000의 왜군을 이끌고 조선으로 쳐들어온다. 당시 최대 부대 가운데 하나였다. 우리가 잘 아는 가토 기요마사(加藤清正, 1562~1611) 부대가 1만 명, 고니시 유키나가(小西行長, ?~1600) 부대가 7,000명 정도였다. 나베시마는 정유년인 1597년 2월에도 다시 대부대를 이끌고 온다.

이삼평은 정유재란 때 나베시마 부대의 무장 다큐(多久安順)에게 잡혔다. 왜란이 종결될 즈음인 1597~98년 사이라고 생각된다. 일본에는 1598년에 간 듯하다. 일본측에서는 이삼평을 왜군의 길 안내자였다고 쓰고 있다. 부역자란 얘긴데, 그래서 일본인들은 이삼평을 칭찬한다. 도자기의 길을 열어준데다 왜란 협조자라는 이미지가 섞여 있는 것이다. 진실을 알 수는 없다. 그런 사실이 있었다는 우리측 기록이 있을 리 없기 때문이다. 어쨌든 이삼평은 우리의 도공 중 한 사람일 뿐이었다.

잡혀갈 때 이삼평은 20세의 젊은이였는데 아리타에 들어간 것은 40세쯤이었다. 그는 당시 나베시마 군대의 본거지가 사가 현이었고, 또한 다큐의 영지가 오기 군(小城郡) 다큐(多久)여서 그곳에서 20년을 머물다 아리타로 간 것이다. 이 기간 동안 이삼평의 흔적은 공백이다.

1616년이 되어서야 이삼평의 이름은 기록으로 나타나기 시작한다. 아리타란 지명도 이때 처음 나온다. 당시 그가 아리타를 찾았을 때 아리타

이삼평이 첫 도자기 흙을 찾아낸 이즈미야마(泉山). 지금은 폐광된 채 사적으로만 남겨져 있다.

이삼평의 발견을 기념하는 비가 이즈미야마 입구에 세워져 있다(왼쪽).
반쯤 잘려 나간 이삼평의 묘비(오른쪽).

는 이름도 없는 시골의 한 마을이었다.

그는 아리타 향 난바시(亂橋)로 옮겨온다. 그리고 그 부근 이즈미야마에서 도기의 원료가 되는 도석, 즉 자석광(磁石鑛)을 발견한다. 지금 이즈미야마 자석장이라 불리는 이곳이 이삼평이 최초로 찾아낸 자석 채굴장인 것이다.

이삼평의 묘비는 좁은 길목에 있는 공동묘지 중턱쯤에 있었으며, 1967년 3월 21일 사적으로 지정됐다. 비석은 김케강삼병위(金ヶ江三兵衛)이라 되어 있는데, 그나마 비석의 반 이상은 잘려져 나갔다.

백파선의 묘비석.

백파선의 전설

마지막으로 돌아오는 길에 보은사(報恩寺)의 백파선 묘소를 찾았다. 구메구니다케(久米邦武)에 의해 백파선(百婆仙)이란 이름은 알려질 수 있었다.

이삼평 외에 또 한 도공의 이름이 이곳에 있는데 그는 후카우미 소우덴(深海宗傳, ?~1618)이다. 소우덴(宗傳)이라고도 불리고 원래 이름은 후카우미 신타로(深海新太郎)라 했다. 그는 우리 나라의 심해(深海)란 곳에서 고토(後藤家信)에 의해 끌려온 것으로 기록되어 있으며 소우덴은 법명이다. 그러니까 한국식 이름은 전혀 잊혀진 셈이다.

그는 부인과 함께 끌려왔으며, 그녀의 이름은 백파선(百婆仙, 1560?~1656)이었다. 백파선은 ‘고려파(高麗婆)’ 혹은 ‘에이 여선(女仙)’이라고도 불렸다. 그녀의 묘는 보은사 경내에 있다. 백파선은 이삼평보다 나이가 많았는데, 이삼평이 죽은 이듬해까지 살았다. 96세까지 산 것으로 알려져 있으며, 그녀의 아들이 도공 헤이사에몽(平左衛門)이다. 백파선은 1630년경 다케오(武雄)에서 이곳 아리타 패고장(稗古場)으로 옮겨왔다. 이삼평보다 14년 뒤늦은 것이다.

1637년 사가 번은 가노(家老) 다큐(多久美作守)에게 명령, 원래 일본인 도자업 종사자 826명을 아리타, 이마리 등에서 추방시켰다. 조선 도공들의 도자기만 인정하고 있던 상황이다.

백파선의 전설 같은 얘기가 한 여류 소설가에 의해 지금 되살아나고 있다. 무라다(村田喜代子)의 장편소설 《용비어천가(龍飛御天歌)》(문예춘추, 1998)가 그것이다. 백파선은 박정옥(朴貞玉)으로, 그녀의 남편은 장성철(張成徹), 아들은 장정호(張正浩)로 등장한다.

지금도 일본인들은 이렇게 말하고 있다.

"일본의 도자기는 조선의 영향을 받았으나 일본화시켜 독창성이 탁월합니다."

우리 건축의 영향을 받은 수리성

일본의 남도 오키나와에서

대만에 더 가까운 곳

금년 2월 14일 도쿄 한국문화원에서의 '아리랑 연재 70회 기념 강연회'를 끝내자 나는 짐을 쌌다. 오키나와(沖繩)에 가기 위해서였다. 이튿날 아침 하네다 공항에서 오키나와로 가는 국내선 비행기에 몸을 실었다. 몸은 몹시 피곤했으나 쌓였던 스트레스를 벗어나서인지 그런 대로 홀가분했다. 오키나와는 처음 가는 길이었다.

오키나와에서는 거리상 도쿄보다 서울이 더 가까우며, 서울과 교토까지의 거리는 엇비슷하다. 류큐(琉球) 시절 우리와의 교류가 가능했던 이유를 알 수 있을 것 같았다.

나하(那覇) 공항에 내렸다. 유난히 추운 겨울과 많은 눈을 보고 온지라 이곳 아열대 날씨는 매우 한가롭게 느껴졌다. 거리에는 겨울 분홍색 사쿠라가 만발하였다. 일본은 땅이 길쭉하다 보니 겨울과 봄이 함께 있다. 일본의 봄 꽃소식은 오키나와에서부터 온다고 하니 우리 제주도와 비슷한 느낌이었다. 인구가 130만 명이라는데 대전 인구와 비슷한 규모였다.

호텔에 짐을 부리자마자 거리로 나갔다. '국제거리(國際通)' 라는 거리가 1마일에 걸쳐 퍼져 있었다. '기적의 1마일' 이라는 애칭으로 불리는 곳이었다. 거리에서 만나는 그들의 모습이 오늘의 일본인과는 다르게 느껴졌다.

류큐 시대, 그들에게 바다 너머는 일본, 그리고 명나라와 조선뿐이었다. 한편 일본에서 볼 때도 류큐는 '남도(南島)' 일 뿐이었다. 교토와 에도에서 보면 아주 먼 남쪽 섬나라였고 중앙 정부의 손이 닿기 어려웠다.

언젠가 일본 TV에서 류큐 음악 특집 프로그램을 본 적이 있었다. 참으로 정이 가고 마음에 와 닿던 기억이 난다. 오키나와 민가의 돌담이나 기왓골이 제주도와 너무 닮아 친근감이 느껴졌다. 국제거리에 있는 시장 안의 가게 주인 얼굴 중에 우리와 닮은 아저씨, 아주머니들이 많아 위로가 되기도 했다.

류큐 국의 교류사

우리는 역사 교과서에서 오키나와를 류큐(琉球) 왕국이라 배웠다. 류큐는 명나라에서 명명해준 국명이다. 그래서 그런지 이곳에는 유난히 중국인 관광객이 많았다. 타이완은 오키나와와 같은 나라인 듯한 느낌까지 들었다. 지도상에도 중국 대륙의 푸저우(福州)는 수평선에 거의 맞닿아 있는 것처럼 보였다. 그래서 류큐는 푸저우를 통해 베이징과 연결되고 있었다.

류큐는 북태평양에 있는 많은 섬들로 이뤄져 있으며 동남아시아의 여러 나라들과 중개무역을 하며 발전해갔다. 입지적 조건이 아주 좋았으며, 18세기 전반 류큐의 인구는 20만 명을 넘지 않았다. 류큐는 현재 필리핀의 루손(Luzon) 섬인 루손(呂宋)과도 교류가 많았다. 류큐는 태풍의 핵심지대인지라 태풍이 몰려올 때는 무역선이 피해 닻을 내리기가 아주 편한 곳이었다.

우리 나라와는 부산과 울산을 통한 교류가 가장 많았다. 대마도가 그 중계역이었다. 고려 말인 1389년 류큐의 사절단이 우리 나라에 처음 온다. 해로와 육로로 5,430리나 떨어진 길이었다. 대부분 험한 뱃길 위에서 왕복 1년이나 걸려야 했다. 당시 오가는 코스는 염포-대마도-이키(壹岐) 섬-하카다-사쓰마-나하였다. 염포(鹽浦)는 현재의 울산 현대자동차 울산공장이 있는 태화강 하구였다.

조선시대에 들어서면 그 먼길을 지나 50여 회의 사절단이 온다. 한양의 경복궁까지 찾아왔다. 류큐는 1429년 쇼우(尚) 씨에 의해 왕국체제로 통일된다.

1431년 9월의 기록을 보면 한양에 들어온 류큐 사신들은 동평관(東平館)에 머물렀는데 동평관은 일본과 대마도 사신들이 머물던 곳으로 남산 주변에 설치되었던 왜관이다. 중구 인현동 192번지 일대로 추정된다.

세종 15년인 1433년 조선은 류큐의 배 만드는 기술자를 초청해 온다. 류큐 선은 매우 발달해 그들의 해상교역을 뒷받침해주고 있었다. 광주여대 정성일(鄭成一) 교수의 〈조선과 유구(琉球)의 교역〉이란 논문에는 류큐의 선장(船匠)에 관한 내용들이 보인다.

유구 기술자가 모형으로 만든 배를 올리자 조선 조정은 그 모형선을 담당 부서인 사수색(司水色)으로 내려 보냈다. … 유구의 배 만드는 기술자를 보내겠다고 요청하자 조정은 그들에게 미두(米豆) 50석을 내려주었다. 세종은 거기에 그치지 않고 오보야고(吾甫也古) 등을 장가들게 하여 조선에서 오래 머무를 수 있도록 했다.

그 결과 약 1년 뒤 인 1434년에는 유구 기술자가 새로 만든 전함을 서강(西江)에 띄우고 그것을 조선의 전함과 성능을 비교하는 관람식이 거행되기에 이

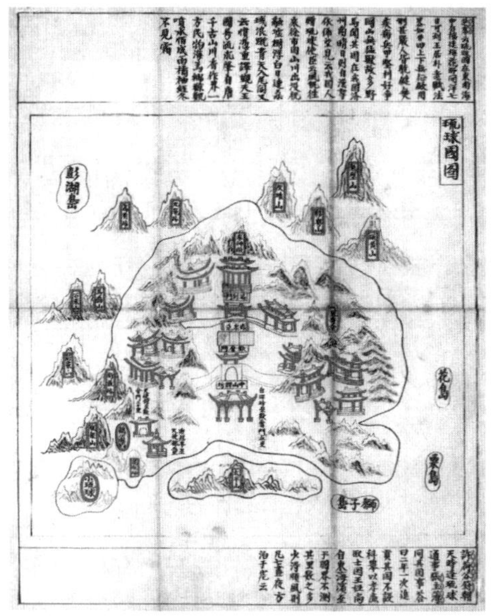

류큐 지도(자료 : 영남대 박물관 소장).

르렀다. … 유구의 기술자들이 만든 배가 기존의 조선 전함보다 속도가 더 빠르다는 것이 입증되었다.

조선 건축의 영향을 받은 수리성

류큐의 중심이 나하인데 1790년 기록에 의하면 나하촌, 1832년의 기록에 보면 나하부 등으로 이름이 바뀌어간다. 현재는 나하시이다. 나하는 항구를 중심으로 발전되어왔으며, 류큐의 궁성은 수리(首里)에 있다. 나하 시내에서 차로 30분 정도 거리인 수리 당장정(當藏町)에 있는 수리성은 석회암으로 된 돌산 언덕 위, 표고 130미터쯤 되는 곳에 세워져 있다. 성의 넓이는 4만 7,000평방미터에 이른다. 1만 4,000평 정도이다. 면적으로만 보면 아담한 성이라고 할 수 있다.

수례문(守禮門), 2층
으로 된 문이다. 기왓
골은 우리 것과 유사
하다.

성의 입구에 해당하는 문이 수례문(守禮門), 즉 슈레이몬이다. 편액(扁額)에는 수례지방(守禮之邦)이라 씌어 있는데 서울 남대문인 숭례문의 의미와 비슷하다. 류큐가 예를 지키는 땅이란 의미일 것이며, 현재 일본 화폐 2000엔 권에 들어 있는 건물이 바로 이것이다.

수리문을 들어서면 궁전의 정문인 환회문(歡會門)이 나온다. 우리 눈에 많이 익은 루문(樓門)이다. 우리의 것과 기왓골이 같은 지붕, 곡선이 가미된 처마선, 이런 건축선들이 다정하게 조화를 이루고 있었다. 일본에는 도리이(鳥居)가 산재해 있는데 오키나와에서는 도리이를 볼 수가 없었다. 그것만으로 보아도 이곳이 일본 땅이 아닌 것 같았다. 이곳 저곳에 세워져 있는 중국식의 패방(牌坊)은 이채롭기까지 했다. 환회문을 통해 들어서면 왕의 공간과 명나라와 조선, 그리고 일본 사신들을 맞는 전각들이 세워져 있었다.

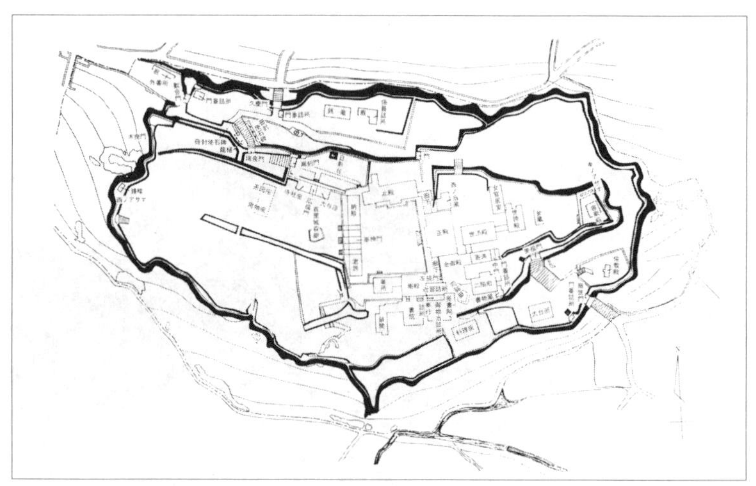

수리성 배치도. 왼쪽의 환회문에서 오르면 오른쪽 중앙에 정전이 있다.

기이하게도 이 수리성의 궁전이 세워진 연대를 일본인들도 모른다. 개인의 사소한 건물도 세워진 연대를 알 수 있는데 하물며 궁전인데 모른다는 것은 말이 되지 않는다. 오키나와와 일본 전체에 기록이 없다. 여기에 조심스럽지만 수리성의 정전(正殿)을 세워준 것은 조선 궁정이 아니었나 생각해보게 된다.

《조선왕조실록》 1453년의 기록을 보면 궁전의 정전은 3층으로 되어 있다는 내용이 있다. 사실 정전의 외관은 2층이고 내부가 3층으로 되어 있는데 조선 정부가 이를 3층으로 본 것은 매우 정확한 것이었다.

영남대학교 박물관이 소장하고 있는 《천하지도》 중 '유구국도'를 보면 정전의 명칭이 봉신전(奉神殿)으로 되어 있다. 아마 궁전의 역할보다 신을 위한 제사 공간으로 지어진 듯하며 정전의 전면에 봉신문이 지금도 남아 있는 것으로 보아 이름이 나중에 바뀐 것 같다.

정전은 같은 해 발생한 왕위 계승 쿠데타에 의해 전소되어버렸다. 따라서 건물 양식은 알 길이 없다. 역사적 사실로만 보면 첫번째 것은 류큐식에 조선식이 가미된 양식이었을 것이다. 이는 당시 조선과 류큐국과의 교류사적 측면, 그리고 수리성에서 발견된 고려 기와로 유추해볼 수 있다.

수리성과 포첨성(浦添城), 승련성(勝連城), 그리고 국분사(國芬寺) 등지에서 "고려의 기와 장인이 만들었다(癸酉年高麗瓦匠造)"는 명문이 새겨진 기와가 출토되었다. 기와의 제작 연도는 1153년, 1273년, 1393년설이 있는데 어떤 설이라 해도 류큐에서는 가장 오래 된 기와임에 틀림없다. 1393년설이 가장 설득력 있어 보인다. 1392년에 교류한 흔적이 남아있기 때문이다. 이 사실로 볼 때 건축 기술자와 기와 장인이 이곳까지 간 것을 알 수 있다. 현립 오키나와 박물관에는 기와가 초라하게 한구석에 전시되고 있는데, 귀한 회색의 우와(宇瓦)와 여와(女瓦)가 있다. 여와는 '누가와라' 라 해서 암숫기와를 말하는 것이다.

예외 없이 도자기 기술도 건너갔다. 정전의 기와 지붕 위에 얹힌 장식 도자물도 조선 도공이 만든 것이 아닌가 싶다. 사쓰마를 통해 류큐 나하로 들어간 조선 도공 중에는 일육(一六), 일관(一官), 삼관(三官) 등이 있는데 1616년경 창업한 '유타야키(湧田燒)'도 그들이 이룬 것이다.

1682년 정전 지붕 위에 구워 올린 용두동식(龍頭棟飾)은 도공 히라다 덴쓰우(平田典通)가 만든 것이며, 히라다는 '이치야야키(壹屋燒)'를 1682년에 창업했다. 창업하던 해에 용두동식을 올렸던 것으로 그도 조선 도공의 후예가 아니었나 생각된다(鈴田由紀夫, 〈九州 陶磁에서 보는 韓國의 影響〉, 동경, 韓國文化, 2000. 8). 그 외 조선 도공에 관한 자료는 홍종필의 〈유구 왕국의 도조가 된 조선인 장헌공(張獻功)에 대하여〉라는 논문이 있다(《인문과학논총 14호》, 명지대 인문과학연구소, 1996).

그 후로도 성은 여러 번 지어지고 파괴되는 악순환을 거쳤다. 그러면

오키나와에서는 가장 오래 된 고려 기와. 왼쪽이 우와(宇瓦), 오른쪽이 여와(女瓦).

서 조선 건축양식은 소멸되어갔다. 조선식 건물이었던 극락사, 숭원사 (崇元寺)도 사라졌다.

역사에서 지워지는 정전

1872년 류큐 국은 류큐 번으로, 류큐 국왕은 류큐 번왕으로 격하되었다. 마지막 왕 쇼타이(尙泰, 1845~1901)는 회유되어 일개 일본 귀족으로 전락했다. 나라를 잃은 이곳 사람들은 오사카나 도쿄 부근으로 옮겨가 천민이 되었다. 일부는 하와이 사탕수수 밭으로까지 건너갔다.

1879년 류큐 왕조는 메이지 정부의 '류큐 처분' 이라는 영 하나에 의해 문자 그대로 처분되었다. 류큐는 500년 역사의 막을 내리고 일본으로 편입된 것이다. 이름도 오키나와 현(沖繩縣)이라고 바꿔버렸다. 이때부터 오키나와란 이름이 쓰이기 시작했다. 이곳 나이 먹은 사람들은 오키나와를 '우치나' 라고 발음하고 오키나와인도 우치난츄라 한다.

수리성 궁전도 궁전으로서의 역할을 끝내고 구물파각(舊物破却)이라는 풍조에 의해 황성(荒城)으로 전락해갔다. 공당선파(空堂扇破)되어

256

간 것이다. 구물파각은 옛것은 버리고 새것 즉 서양식 건축물로 바꾸자는 뜻이고 공당선파는 빈 집에 문짝이 떨어져 덜거덕거리는 모습을 말하는 것이다.

같은 해 이곳에 구마모토 진대(熊本鎭台) 오키나와 분대가 들어섰다. 일본의 군부대가 된 것이다. 한때는 정전이 여자공예학교 교사로 사용되기도 했다. 류큐 국에 대한 모욕이었다.

이 정전은 1925년 특별보호 건조물로 지정되었다. 그러나 1930년 7월 17일 강한 태풍이 불며 건축물들이 파괴되었다. 지진도 찾아왔다. 정전은 오키나와 신사의 배전(拜殿)으로 격하되었다. 일제가 만약 우리 경복궁을 신사로 바꿨다면 하는 끔찍스런 생각을 해보게 된다.

정전을 신사로 만들다

그 신사 만드는 일에 앞장섰던 건축가가 사카다니 료노신(阪谷良之進, 1883~1941)과 야나기 타기쿠조(柳田菊造, 1887~1945)였다. 둘 다 일본의 신사건축 전문가였는데 사카다니가 기획자라면 야나기는 목수, 즉 대공(大工)이었다.

대공은 궁전을 주로 하는 궁대공(宮大工)과 절과 신사를 주로 하는 당궁대공(堂宮大工)으로 나뉘는데 후에 그들 모두를 궁대공이라 했다. 그들은 이토 주타(伊東忠太, 1867~1954)와 세키노 다다시(關野貞, 1867~1935)의 지시를 받고 있었다.

사카다니는 도쿄예술대학 도안과 출신으로 1929년 9월부터 문부성 종교국 문부기사(文部技師)였다. 당시 일본과 그들의 식민지에 신사를 정하는 일은 내무성 소관이었고 문부성 종교국은 신사를 총괄하는 부서로 권력이 막강했다. 신사는 어떤 면에서 군대보다도 중요했기 때문

수리성의 봉신전, 즉 정전이 보수되기 전 사진이다. 복원 준공된 것과는 큰 차이가 있다.

이다. 문부성은 현재 문부과학성이 되어 있고 교과서 문제를 총괄하고 있는 곳이기도 하다.

사카다니는 1913년 12월 7일부터 1914년 5월 15일까지 서울에 있으며 남산에 조선신궁을 세운 자였다. 조선 신궁은 일본이 조선을 식민지화한 첫 사업으로 진행된 국책 공사였는데 그 선두에 그가 있었다. 조선 신궁은 이토 주타의 계획안을 그가 실천한 것이었다.

야나기는 도쿄 쓰키지(筑地)에 있는 공수학교(工手學校)를 졸업했다. 그 역시 문부성 문부기사였다. 그는 1930년 8월부터 수리성 수리공사에 참여한다. 여기서 수리성 수리공사는 세 명의 천황주의자가 그들의 뒤를 봐줌으로써 성사되었다. 이토 주타는 그의 숙부 히라다 도우스케(平田東助, 1849~1925)의 뒷받침을 받는데 그는 귀족원 내대신이며 백작이었다. 또한 사카다니의 삼촌은 일본의 돈줄을 쥐락펴락하는 권세가 사카다니 요시로(阪谷芳郎, 1863~1941) 남작이었다. 사카다니 요시로의 장인은 일본 재계의 대부 시부자와 에이이치(澁澤榮一, 1840~1931)였다. 막강한 이 세 권세자가 수리성 개축공사의 뒷받침이 된 것이다(野村孝男,《수리성을 구한 남자》, 니라이 사, 1999).

사카다니 료노신은 오사카 상선의 배로 고베 항을 출항했다. 오키나와로 가기 위해서였다. 당시는 뱃길밖에 없었다. 수리성 공사는 시미즈구미(淸水組) 오사카 지점에서 맡았다. 여기에 쓰이는 나무는 대만에서 가져왔다. 그들은 정전을 신사로 바꾸며 없던 도리이(鳥居)도 만들어 놓았다. 이는 오키나와 유일의 도리이였다. 엉터리 국수주의자 건축사가들의 횡포였다.

종로의 원각사를 보다

세조 7년인 1461년 "류큐국 사신이 흥천사(興天寺) 및 저자 구경을 요청하여 허락하다"는 기록이 있다. 성종 때는 인정전, 근정전도 구경시켜주고 경회루에서 파티도 열어주었다. 류큐 사신들에는 대장경과 불구 등도 하사되었다. 법종도 건너갔으며 불교 사원 축조 기술도 전해졌다.

쇼 왕조의 불교사찰 엔가쿠지(円覺寺)는 1492년 준공되는데 조선의 세조가 건립한 원각사(圓覺寺)를 본따서 만들었다고 한다. 엔가쿠지는 일본의 국보로 지정되어 있고 사찰 내에는 역대 국왕의 위패가 봉안되어 있었다. 16나한과 난간 조각으로도 유명했다. 그러나 제2차세계대전 중 전소되어 현재는 그 일부인 총문(總門)만이 복원되어 있다. 총문은 정문을 말한다.

엔가쿠지에는 3개의 종이 있었다. 이를 전중종(殿中鐘), 전전종(殿前鐘), 그리고 루종(樓鐘)이라 했다. 불전의 안과 앞의 종을 전중종, 전전종, 그리고 종루에 달려 있는 종을 루종이라 했던 것이다. 현재는 1495

왼쪽이 조선의 종이 달려 있었을 엔가쿠지 종루. 우리 나라 것과 같다. 오른쪽은 산문(山門).

년에 상진왕(尚眞王)을 위해 만들어졌다는 전전종만 남아 있는데 나머지 두 개의 종은 행방불명이다. 그 종들 중에 조선에서 만들어진 종이 있었을 것으로 추측된다. 또 다른 조선 종 가운데 하나가 일본의 국보로 수리의 파상궁(波上宮)에 보관되어 있던 종이다. 동종이었는데 역시 2차대전 때 파괴되었다. 오키나와 현립 박물관에는 용두(龍頭)만 일부 남아 있다. 국가중요문화재 '만국진량(萬國津梁)의 종'은 삼한(三韓), 즉 우리 것의 영향을 받은 것으로 수리성 정전에 달려 있었으나 이제 박물관에 옮겨져 있다.

전시에 무기를 만들기 위해 공출된 조선의 종들이 1944년 오카야마(岡山)의 한 철공소에서 녹여졌다는 기록도 있다.

교류의 상징, 대장경고

조선 정부는 류큐에 1455~1500년까지 여섯 번에 걸쳐 고려대장경을

조선의 대장경을 두던 경당. 오른쪽이 덴녀바시이다.

전해준다. 1455년에는 승려 도안(道安)이 와서 장경을 구했다는 기록이 일본에도 있다. 전해준 대장경은 이곳 수리성 밑 장경각에 보관되었다. 장경각은 류큐의 정신적 중심지가 되었다.

이 대장경고가 지금 어디에 있는지 우선 찾아가보기로 했다. 대장경고는 재건되어 이름조차 달리 불려지고 있었는데, 베자이텐도(弁財天堂)라 했다. 엔가쿠지 터에 씌어 있는 안내문을 보면,

1502년 원각사 앞에 원감지(円鑑池)를 만들고 경당(후에 변재천당)을 세우고 조선왕 방책경장(方冊經藏) 두다.

고 되어 있다. 엔가쿠지는 1492년에 건립된다. 경당은 장경각을, 방책경장은 고려대장경을 일컫는 말이다. 1502년에 세워졌던 경당은 백 년 정도가 흐르고 난 후인 1609년 사쓰마 번의 류큐 침공과 태풍 등으로 화를 입어 파괴되었다.

오키나와에서 흔히 볼 수 있는 '석감당.'

사쓰마 번이 이곳을 침략하자 류큐는 무너졌고 일본과의 강제 교류가 시작된 것이다. 일본은 그 땅조차 야마토(大和)라고 불렀다. 류큐인의 일본 거부감은 이때 이미 싹트기 시작했다. 당시 가고시마에서 류큐까지는 6일이나 걸리는 거리였고, 1638년부터 우리 나라와 류큐와의 관계도 막을 내렸다.

1621년 상풍왕(尙豊王)이 흩어진 대장경을 모아 경당이 있던 자리에 다시 변재천녀당(弁財天女堂)을 지어 보관케 하였다. 천녀는 텐녀라고 읽는데 엔가쿠지 앞길에서 경당으로 이어지는 돌다리가 천녀교 즉, 텐녀바시이다. 여(女)를 '녀'라고 읽는 오키나와 식 발음이 흥미롭다.

그러나 지금 대장경은 오키나와에 없으며, 2차대전 때 모두 소실되어 버렸다. 1502년 대장경 일부가 사쓰마 번에 증정됐다는 기록이 있는 것으로 보아 일부는 아마 가고시마에 있을 수도 있을 것이다.

화려하게 복원된 성

그 시대의 상징물이 수리성이다. 1945년 미군의 공격으로 수리성은 전파되었다. 수리성 지하에 일본군 사령부가 진주해 있었기 때문이다.

1992년 11월 3일 대대적인 복구공사가 완료되어 지금은 공원화되었다. 너무 화려하게 복원되어 건축의 역사가 왜곡되고 있는 느낌을 받았다.

이곳 메이오 대학(名櫻大學) 관광산업학과의 교수로 와 있는 박재덕(朴在德) 교수는 "복원공사가 시작됐을 때 반대한 사람도 많았다"고 말했다. 이어 그는 "그러나 어쨌든 수리성은 잘 고쳐져 많은 관광객들을 모으고 있다"고 덧붙였다.

현재의 건축물은 1846년 해체 수리되었을 때의 것으로 복원되었는데 일본측은 일본식, 류큐식과 중국식이 절충된 건물이라고 한다.

수리성에서 내려오는 길에 그 주변에 조선의 표류민들이 거주하던 장소가 있었다는 기록이 있어 혹시나 하고 그 흔적이라도 찾으려 했으나 쉬운 일이 아니어 다음으로 미루기로 했다.

오키나와를 걷다 보니 길목마다 '이시간토(石敢堂)'란 글씨가 씌어 있는 돌이 보여 매우 흥미로웠는데, 중국과 대만에서 전래되어 온 것이라 한다. 우리의 천하대장군, 지하여장군과 같은 의도로 만들어진 것이리라 생각되었다.

여기서 '감(敢)'은 가미, 즉 신(神)에서 유래된 단어인데 주로 삼거리에 세워진다. 귀신은 원래 직진하는 성격이 있어 삼거리에 있는 집에는 직행하므로 그것을 막기 위해 이 돌을 붙인다는데, 이시간토란 표시를 보면 방향을 틀어 다른 곳으로 가게 된다는 아주 재미있는 생각의 표시물이다. 또 다른 속설로는 '석'은 석씨 성을 말하고 '감당'은 가공의 인물 이름일 것이라는 얘기가 있다. 어쨌든 지나가는 사람, '길 조심' '담 조심' 하란 뜻일 것이다.

대한매일신보 사장 베델의 족적

고베(神戸) 이인관(異人館) 거리에서

조선과 중국으로 열린 항구

내가 고베(神戸)에 첫 발을 디딘 것은 '포토피아 '81'이란 박람회를 보러 갔을 때였다. 1981년 8월 13일 부지런히 박람회장을 돌다가 놀랄 만한 것을 몇 개 발견했는데, 그 중 하나가 7세기의 견당사선(遺唐使船) 전시물이었다. 630~894년까지 당나라 장안(長安)에 파견하는 사신들을 태웠던 배를 복원한 것이었다. 복원된 배 자체도 그랬지만 그들이 당시 중국과 교류했었다는 사실이 놀라웠다. '아 이런 역사도 있었구나!' 하는 것이 그 날의 배움이었다.

110여 년 전인 1867년 12월 7일, 고베 항구에서는 개항식이 거행되었다. 1859년 개항한 요코하마에 이은 것이었다. 요코하마에서 활동하던 무역상들이 고베로 몰려들었다. 요코하마와 고베는 이제 외국인 상관(foreign firms)의 도시가 된 것이다. 1889년 7월 1일, 도쿄 신바시 역과 고베 사이의 도카이도 선(東海線)이 개통되며 고베는 더 큰 발전을 하게 된다. 요코하마보다 더 번성할 정도였다.

고베 항은 개항 때까지만 해도 세토나이(瀬戸內)의 일개 한촌에 불과

고베 항은 고대부터 우리와 교류하던 항구였다.

했다. 제일 먼저 지어진 것이 도크였고 운상소(運上所)였다. 운상소는 그 후 세관으로 명칭이 바뀐다.

비교적 오래 된 어떤 그림을 보면 중앙 해변이 고베이고 그 오른쪽이 이마쓰(今津)였다. 고베 항은 나라 시대부터 조선과 중국으로 열린 항구였고, 그 바다를 일본의 오래 된 배들이 항해하였다. 비교적 큰 배는 술통을 나르던 준회선(樽廻船)이었다. 이마스 앞바다에는 오제키(大關) 이마쓰라는 등대가 있다. 1810년에 세워진 이 등대는 고베 항구가 오래 되었음을 상징적으로 말해주는 표식물이다.

메이지 시대의 '타임 트립'

또 하나 놀라웠던 것이 일본인들이 '이진칸'이라고 부르는 이인관(異人館)이다.

고베는 로코 산(六甲山)과 항구가 중심이었다. 로코 산은 영국인 아

〈탄오향회도(灘五鄉繪圖)〉 위에 현재 모습을 오버랩시켜 놓은 그림. 고베 앞바다는 지금 오사카 만이라 불린다. 멀리 로코 산의 연봉들이 펼쳐져 있다.

서 헤스케스 그룹에 의해 다시 태어났다. 그는 1860년 고베에 왔는데, 메이지 시대 이전이었다. 미국과 일본 간의 고베 개항 조인은 1858년 6월 19일에 있었으나 실제적인 개항은 1861년에 이뤄졌다. 그는 고베의 첫 외국인 무역상이었는데 해발 932미터짜리 로코 산에서 사냥을 즐기기도 했다. 그러다가 자신의 외국인 친구들과 그 산에 별장을 지었다. 산꼭대기에다 골프장도 만들었다. 그는 지금 그곳에서 '로코(六甲)의 개조(開祖)'라고 불린다.

일본주재 영국 공사 올콕크(Rutherford Alcock, 1809~97)는 1861년 개항장을 선택하기 위해 일본 각지를 여행했다. 그가 효고(兵庫)에 상륙해서 연 항구가 고베 항이었다.

1868년 영국인 토목기사 하드(J. W. Hard)가 고베에 와서 거류지를 만들었다. 약 7만 7,000평방미터였다. 당시 이곳을 관할하는 효고 현(兵庫縣)의 지사는 이토 히로부미였는데 그가 영향력을 행사한 것이다. 그래

266

1973년 고베의 한 이인관이 철거되고 있다.

서 새로 만든 거리 중 하나에 '이토마치(伊藤町)'라는 이름을 붙였다. 이토를 기념하는 도로인데 이는 오이소(大磯)의 통감도(統監道), 도쿄 시나가와 구의 '이토 도로(伊藤道路)'와 버금가는 것이다. 다시 말해, 지금 일본에는 이토를 기념하는 거리와 도로가 세 개나 존재하는 것이다.

그 후 영국인, 미국인, 네덜란드인, 독일인 등이 몰려왔다. 주변에는 상관, 은행, 호텔, 클럽, 주택, 교회당, 창고 등이 세워지기 시작했다. 이 인관이란 것이 늘어나기 시작한 것이다. 한창일 때 이인관은 210채 정도가 지어져 장관을 이루었다. 고베 외국인 거류지는 발전을 거듭하다 1899년 7월 17일 일본인들에게 반환됐다.

이인관은 현재 주로 기타노 정(北野町)과 야마모토도리(山本通)에 집중되어 있었다. 30채 정도만이 남아 있다. 몰상식한 사람들에 의해 파괴된 것이다. 1980년대 들어서 그 귀한 가치를 알고 보존하기 시작해서 지금 그 정도나마 남아 있게 된 것이다.

이인관은 문자 그대로 '다른 나라 사람들이 사는 집'을 가리키며 건물 모습이 콜로니얼 스타일이다. 식민지 시대에 건축물의 해외 전이 양상으로 나타난 건물이다.

메이지 시대 이인관 거리에는 서양 사람들, 서양 의상, 서양 음식이 즐비하였다. 거리에는 영국 런던제 와사등(瓦斯燈)이 켜져 있었다. 와사(瓦斯)를 일본인들은 '가스'라고 발음한다. 김광균의 시, '와사등'에서 알 수 있듯이 우리 나라에서도 한때는 그렇게 썼다. 이것들은 일본인들이 말하는 소위 '메이지 루크(look)'의 하나였다.

한국인이 본 고베

윤치호(尹致昊, 1865~1945)는 미국에서 귀국 길에 고베를 거치게 된다. 그는 1888년 10월 나가사키와 시모노세키를 거쳐 고베에 도착한다. 아마 한국인으로 이곳의 이인관을 처음 본 사람이 윤치호였을 것이다. 그는 메이지 시대 타임 트립(trip)을 하고 있었던 것이다.

새벽 5시에 고베에 도착하다. 9시에 상륙하여 야마테(山手) 2번지에 가 '람벗두' 만나보고 또 감독(Bishop) 윌슨(Wilson) 만나 보다. 벤더빌드에서 졸업한 ㅁㅁㅁ 씨를 만나 그 서신 3장 받다. … 고베는 일자 청산(靑山)을 뒤로 띠고 거울 같은 물을 앞으로 둘렀으며 도로, 가옥이 정결하여 보는 이마다 칭찬 안 하는 자 없으니, 일본은 동양의 한 도원(桃園)이라 하여도 허설(虛說)이 아니다. … 오전 9시에 상륙하여 산보하고 람벗두 씨 집에 갔으나 못 만나다. 상하이 가는 편지 윌슨 씨에게 부탁하고 '엇둘네' 씨에게 작별한 뒤 11시 반에 승선하다. 12시에 떠나다. 밤에 비오다(《윤치호 일기》, 1888. 10. 28~29).

고베 해안 번영의 그림. 그림은 거류지 해안통 5번관에서 12번관까지를 묘사한 것이다. 항구에는 여러 나라에서 온 증기선들이 정박해 있다(자료 : 고베 시립 남만(南蠻) 미술관).

김옥균(金玉均, 1851~94)은 1894년 3월 25일 일본우선(日本郵船)의 배, 세이케이 마루(西京丸)로 일본 고베 항을 출항, 상하이로 간 기록이 있다. 고베는 결코 우리 근대사와 무관한 도시일 수 없는 곳이다.

이양관 루크

JR 모토마치(元町)와 산노미야(三の宮) 역에서 로코 산 쪽으로 올라간다. 그 길이 '도아 로드(Tor Road)'이다. 그 길목에 신사가 하나 있는데 그 신사의 도리이(鳥居)가 있는 길이라는 의미에서 따온 이름이라고 한다. 도리이면 'Torii'여야 맞을 텐데 아마 'ii'는 어디론가 증발된 모양이다(陳舜臣,《異人館 周邊》, 문예춘추, 1990).

바로 이쿠다 신사(生田神社)이다. 빨간 도리이가 아주 유명했다는 그곳은 우리와도 연관이 깊다. 과거 일본 천황이 조선 침략을 기념하여 세운 신사이기 때문이다.

내가 이 신사를 방문한 것은 1995년 여름이었다. 지진의 현장을 건축적으로 보기 위해 간 길이었다. 이쿠다 신사는 납작 주저앉아 있었다.

지진에 의해 큰 피해를 입은 이쿠다 신사.

이쿠다 신사를 거슬러 올라가면 이인관들이 보이기 시작한다. 여러 건물들이 거리를 채우고 있었다. 급한 물매와 삼각형 지붕을 얹은 것도 있는데 지붕색은 빨강과 파랑이다. 정문 현관에는 포치가 덧붙여져 있기도 하다. 벽 재료는 붉은 벽돌과 검은 흑칠을 한 비늘판 등과 흰색의 목 비닐판을 붙인 것이 대부분이었다.

팔라디오 풍의 '장벽(障壁) 장식'이 여기까지 흘러 들어와 있다. 장벽 장식은 대개 1층 현관을 들어서면 만날 수 있는 손님을 맞이하는 접객공간이다. 장벽 장식은 16세기 이탈리아 르네상스 후기, 북부 이탈리아 지방에서 유행했는데 건축가 안드레아 팔라디오(Andrea Palladio, 1508~80)가 애용했던 장식 수법이기도 하다.

현관이나 창문은 아치 형으로 만드는 경우도 있었다. 아치는 동서양에서 고대부터 발전되어온 양식이다. 베이 윈도(bay window)는 우리 나라의 선교사 가옥에서도 많이 볼 수 있는데, 외벽 밖으로 창문이 돌출되어 나오는 창문 스타일로 우리의 퇴창(退窓)에 해당된다고 볼 수 있다. 베이 윈도는 장식과 채광, 통풍을 겸한 창으로 실내 창가에는 창 크기만한 작은 돌출 공간이 만들어진다. 그곳에는 꽃을 올려놓거나 난방 장치를 하는 경우가 대부분이다. 오리엘 윈도(oriel window)도 만들어졌다. 오리엘 윈도는 베이 윈도의 일종인데, 베이 윈도가 1, 2층에 모두 만들어지는 데 비해 오리엘 윈도는 2층에만 만들어진다. 창문 밖은 겹창으로 그릴이 달린 창을 만든다. 일본인들이 '요로이 도(戸)'라고 하는 것이다. 그 창문은 이국적 모습을 띠는데 에트랑제 같은 마음을 설레게 해준다.

거류지 시대의 서양관으로 독일인 토마스의 저택이 있다. 벽돌과 석조로 지어진 3층짜리이다. 지붕은 고딕 풍으로 급한 물매를 자랑하는데 그 지붕 위에 닭 조형물이 올라가 있다. 바람을 재는 역할을 하기도 했다. 전체적인 느낌은 독일풍이다. 독일인 건축가 게오르그 데 라란데의 1909년 작품이다. 이 집은 원래 독일인 무역상 토마스의 집이라 했는데, 일본 NHK의 아침 드라마 '가사미도리(風見鷄)'로 유명해져 '풍견계의 관(館)'으로 이름이 바뀌어버렸다. TV의 영향이 얼마나 큰지 알 수 있다. 암탉은 경계심이 강해 악마를 물리치는 힘이 있다는 속설이 있다. 서양에서는 중세 초부터 교회의 첨탑 위에 이 암탉을 형상화해서 세워놓았다. 이것이 아시아의 주택에까지 들어온 것이다.

기타노에는 네 개의 이인관이 남아 있다. 거류지 118번지에는 인도계 영국인 햄섬의 저택이 있다. 목조 2층 집으로, 영국인 건축가 알렉스 한셀(Alex N. Hanssell)의 1902년 작품이다. 한셀은 영국의 리바(RIBA) 회원으로 일본에 건너와 30년 이상 고베를 중심으로 활동해 왔다. 한셀에 대한 연구는 치바 대학 교수인 사카모토 가수히고(坂本勝比古)의 연구가 있다(〈건축가 알렉스 한셀의 리바 입회경위와 작풍에 대해서〉, 《일본건축학회 논문집》, 1987. 10, 754쪽).

한 이인관 건물. 진순
신의 소설 《이인관
주변》의 무대이기도
하다.

이 집들은 레스토랑, 커피 숍, 뷰티 살롱, 매점 등으로 쓰이고 있다.
한때 고베 항이 일본 최대의 커피 수입 항구였기에 이곳에는 전통 커피
숍이 많다. '이인관 구락부(Ijinkan Club)' 라는 건물이 바로 그곳이다. 안
타깝게도 이 집 역시 1995년의 지진 피해를 입어 문을 닫은 상태였다.
물론 지금은 다 원상복구 되었겠지만.

베델의 활동지를 따라서

여기에 우리와 인연이 깊은 한 영국인이 살았다. 어네스트 토마스 베
델(Ernest Thomas Bethell, 1872~1909)은 1904년 서울에 와서 《대한매일신
보(大韓每日申報)》를 창간하고 우리 근대사와 연을 맺게 되었다.

베델은 1872년 영국 런던 근교 브리스톨(Bristol)에서 극동무역 상인
의 장남으로 태어났다. 그의 아버지 토마스 핸콕(Thomas Hancock,
1849~1912)은 베델이 열네 살 때인 1886년 일본에 건너와 니콜(P. A.

Nicoll)이라는 사람과 고베 외국인 거류지 42번지에 니콜 사(Nicoll & Co.)를 차리고 극동을 상대로 무역업을 하고 있었다.

베델의 세 살 아래 동생인 허버트(Herbert, 1875~1939)는 1886년 아버지를 따라 먼저 일본에 왔고 베델은 열여섯 살 때인 1888년 일본으로 건너왔다. 아버지는 1888년 일본을 떠나 런던으로 돌아와 다시 극동을 상대로 한 베델 앤 니콜(Bethell & Nicoll) 사를 차린다.

베델은 거류지 69번지에서 아버지의 동업자가 세운 무역회사 프리스트(Priest) 사의 일본 지점을 운영하기도 했다. 고베 지점장이었다.

고베에는 외국인을 상대로 골동품, 각종 공예품을 파는 상점들이 있었다. 그는 이곳에서 각종 골동품, 도자기, 칠기, 장신구 등 일본이나 중국 등의 여러 물품을 수입하고 있었다. 물론 런던으로부터 물건을 수입해 팔기도 했다.

베델이 초기에 살던 42번지는 니시마치(西町)와 우라마치(裏町)가 만나는 곳에, 후에 돈을 벌면서 살던 69번지는 교마치(京町)와 기타마치(北町)가 만나는 곳에 있었다. 둘 다 노른자위 땅이었다.

베델은 1899년 동생 허버트와 함께 베델 브라더스(Bethell Brothers Limited)라는 무역회사를 차린다. 이 무역회사는 1917년 당시 고베와 요코하마에 각각 사무소를 두고 있었다. 베델은 고베로 먼저 갔고 동생은 요코하마로 갔다. 청년 배설(裵說)은 여기에서 돈을 벌어 이미 거부가 되어 있었다.

베델은 1900년 5월 26일 고베에서 영국 여자 메리 모드 게일(Mary Maude Gale, 1873~1965)과 결혼했다. 베델은 결혼식을 올리던 당시 12년 동안 일본에서 배운 무역으로 독립된 무역상을 경영하기 시작했었고, 고베의 외국인 사회에서 가장 전통 깊은 스포츠와 사교의 모임인 KR & AC(Kobe Regatta & Athletic Club)의 사무국장으로 활발한 활동을

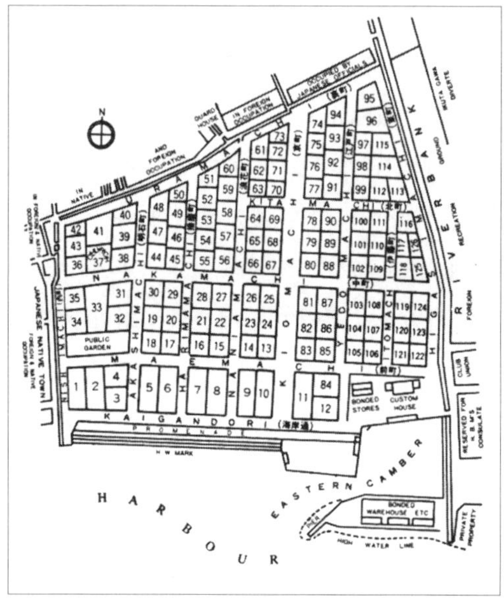

1870년의 거류지구 도면.

벌이고 있었다. 그는 1901년 6월 스스로 스미요시(住吉) 정거장에서 가까운 미루메에 '보트 하우스'를 세우기도 한다. 이 클럽은 일본 근대 운동 경기의 창구가 되었다.

그는 재주가 많아 고베 외국인 사회에서는 이미 널리 알려진 존재였다. 1902년 6월 2일에는 고베의 한 호텔에서 노래를 부르기도 했고 요코하마에도 출입하며 무역을 계속했다. 126번지에 있던 클럽 호텔 콘코르디아와 인터내셔널 호텔은 베델이 주로 묵던 곳이었다.

베델과 일본인들의 마찰은 끊이지 않았다. 소송사건도 자주 일어났다. 일본인도 베델을 싫어했던 것 같다. 1901년 11월 1일에는 고베 지방 재판소에서 베델에 대한 재판이 열렸고, 이 소송은 그가 한국에 온 이후에도 계속되었다.

그는 1901년 7월경에는 사카이(堺)에 러그(rug) 공장을 차린다. 서양

274

지금도 고베 시내에 남아
있는 《재팬 크로니클》지
창고.

식 깔개를 만드는 공장이었는데 여러 가지 이유로 문을 닫게 된다. 그
는 거의 파산상태에 직면했고, 한국에 올 때는 고베의 무역에서도 손을
뗀 상태였다.

베델은 고베에 있으면서 런던의 《데일리 크로니클(Daily Chronicle)》의
특별 통신원으로 채용되어 1904년 3월 10일 내한했다. 고베에서는 1890
년부터 영국인 로버트 영이 창간한 영자신문 《재팬 크로니클》이 발행
되고 있었다.

1904년 2월 8일 밤 러일전쟁이 시작되었다. 일본 함대가 여순항에 있
던 러시아 함대를 기습한 것이었지만, 선전포고는 이틀 후인 10일이었
다. 고베는 러일전쟁의 전진기지가 되었다. 전쟁은 외국인들에게 소용
돌이를 몰고 왔으며 한 달 후에 베델도 우리 나라에 들어온다. 그는 취
재원인 일본어를 알고 있었다.

그는 1904년 4월 14일에 일어난 경운궁 화재 사건을 특종 보도하였는데 서울에 체재하며 특별 통신원을 그만두게 되었다. 당시 일본이 외국인들의 러일전쟁 취재를 적극적으로 막았기 때문에 군에서 공급하는 뉴스 외에는 보도할 수 없었던 것이다.

베델은 신문을 만들 채비를 하고 있었다. 신문은 일본과 대한제국 황실과 각각 관계되었는데, 자금을 얻는 일 때문이었다. 30대 초반의 기자 베델은 내한 4개월째를 맞고 있었다. 그의 부인과 외아들 허버트 오웬 친키(Herbert Owen Chinki, 1901~64)가 제물포를 거쳐 서울에 도착했다. 아들 이름 중 친키는 일본식 이름인 신규(新規)다.

한글·한문 겸용판의 《대한매일신보(大韓每日申報)》는 1904년 7월 18일 처음 발간되었으며 베델은 1905년 3월 11일 인쇄기계 구입을 위해 고베를 다시 찾기도 했다.

일본 정부는 1908년 5월 2일 베델의 국외추방을 영국 외무성에 요구하였다. 이에 영국 외무성은 상해 주재 영국재판소 검사 윌킨슨(H. P. Wilkinson)을 검사로 임명, 서울에 파견하였다. 서울 주한 영국총영사관에는 고등법원이 설치되었다. 6월 15일부터 3일 동안 재판이 열렸다. 검사는 윌킨슨이고 판사 대리는 본(F. S. A. Born), 변호사는 크로스(C. N. Crosse)였다. 크로스는 원래 고베의 오리엔탈 호텔 사장이었고, 이 재판 때는 고베에 변호사 사무실을 내고 있었다.

베델에게는 3주의 금고, 만기 후 6개월 근신 등이 판결이 내려졌다. 베델은 7월 21일 남대문 정거장에 대기하고 있던 기차를 타고 제물포로 갔다. 제물포 항에서 영국 군함 클리오(Clio) 호로 호송되어 중국 상하이로 갔다. 상하이의 영국영사관 옥사로 끌려간 것이었다. 베델은 3주 동안의 금고에서 풀려나 다시 조선에 돌아왔지만, 심장병으로 1909년 5월 1일 사망했다. 37세의 젊은 나이였다.

《대한매일신보》의 보도에 의하면, 베델은 죽기 전날 위문차 사직동 자택을 방문한 기자들에게, "나는 죽어도《대한매일신보》만은 영생하여 대한민국 동포를 구출하여주시오"라고 유언했다고 한다. 베델의 부인과 그 외아들 허버트 오웬 친키는 장례식 후 영국으로 떠났다(정진석, 《대한매일신보와 배설》, 1987, 나남).

사직동 한옥 자택에서의 베델.

그는 지금 양화진 외국인 묘지에 묻혀 있다. 그의 묘비문은 장지연(張志淵, 1864~1921)이 짓고 정대유(丁大有, 1852~1927)가 쓴 것으로 1910년 6월에 세워졌다. 이 비문을 일제가 칼과 망치로 훼손시켜서 1964년 언론인들이 새로운 비를 세워 그를 기념했다.

스크랜튼의 묘지

고베에는 우리와 인연 깊은 또 한 사람의 외국인 선교사가 누워 있다. 그는 스크랜튼(施蘭敦, William Benton Scranton, 1856~1922)인데, 우리 나라 최초의 감리교 선교사이자 의사였던 어머니와 함께 우리 나라에 왔다. 현재의 이화여대인 이화학당을 세웠다.

역시 의사였던 스크랜튼은 시병원(施病院), 부인병원, 상동(尙洞)교회 등을 설립했는데 그의 소원은 서울 장안 한복판에 현대식 건물과 시설을 갖춘 종합병원을 세우는 것이었다고 한다. 그러나 통감부가 들어서며 그의 목표는 꺾일 수밖에 없었다. 협성신학교도 그가 기틀을 놓은 것이다.

1907년 6월 조선에서의 선교사 직을 버리고 독자적으로 의료활동을 하다가 1922년 3월 일본 고베에서 별세하였다(윤춘병, 한국감리교회 외국인 선교사, 1989). 스크랜튼의 국내에서 활동은 1907년 끝났고 성공회 평신도가 되었는데 그가 왜 고베로 갔고 그곳에서는 어떤 역할을 했는지 아직 밝혀진 것이 없다.

스크랜튼 의사의 묘지가 고베에서 발견되었다. 발견한 이는 한국교회사 연구가인 도지샤(同志社) 대학 연구원 서정민이다. 그의 묘지는 로코 산 기슭 '사이도 공원' 외국인 묘역에 있다. 스크랜튼이 별세하던 1922년에는 '카스기노 묘지'에 있었으나 1952년 이곳으로 이장되었던 것이다(《국민일보》, 1992. 4. 20).

언론인 베델과 의사 스크랜튼은 모두 우리 근대사 시기 활동하던 이국인으로, 한 사람은 서울에 또 한 사람은 고베에 묻혔다.

항구도시 고베는 우리와 맺은 이런 인연을 잊은 채 오늘을 맞고 있다. 고베 항은 자매항, 즉 우호항을 두고 있는데 한국의 항구는 그 명단에 없다. 서양의 유명한 항구나 중국의 천진 항과는 자매 결연을 맺으면서 우리 나라 항과는 자매를 맺지 않고 있는 것이다.

이토 히로부미의 옛집을 찾다

하기(萩) 시에서 다시 보는 메이지의 흔적

아직도 옛 지도가 쓰이고 있는 도시

나는 요사이 우리 옛 도시와 거리를 만드는 일에 매달려 있다. 우선 충남 강경읍의 도시, 건축 100년사 복원에 머리를 짜내고 있다. 이 작업을 하면서도 그 동안 본 것, 가본 곳만큼 바탕이 되는 것이 없다. 때로는 어쩔 수 없이 외국의 사례를 뒤적이게 된다. 솔직히 말해서 유럽과 미국은 그런 점에서 괜찮은 모델이다. 일본도 예외는 아니다. 일본의 경우 대도시보다 오히려 소도시의 경우가 더 흥미롭다. 그 중의 한 도시가 야마구치 현(山口縣)에 있는 하기(萩) 시이다.

하기 시는 우리 나라에는 별로 알려지지 않았다. 이곳은 도시라기보다는 오히려 소읍 같은 이미지로 다가왔다. 자연과 역사가 고스란히 담겨져 있었기 때문에 어떤 면에서 하기는 모델로 충분한 도시였다. '정원도시'의 이미지가 강했다.

하기의 쇼카마치(城下町)가 있는 미나미다카하기 지구(南古萩地區)는 '역사적 경관지구'로 설정되어 있다. 일본 최초의 거리 보존 대상이 되었던 곳이다. 그들은 지금도 100년 전의 지도를 사용할 수 있다고 한

옛 지도가 현재도 그 대로 사용될 수 있을 정도이다.

다. 그만큼 도시가 변하지 않았다는 뜻이다.

1995년 8월 15일 광복절 날 하기 시에 들어섰다. 하기로 가는 길은 쉽지 않았다. 하기는 야마구치 현 북부에 있고 시모노세키(下關)와 가깝다. 우리 동해바다에 면해 있다. 나는 야마구치 시를 경유해 갔다.

하기는 추(萩)라고 쓰는데 가래나무, 즉 싸리를 말한다. 하나후다(花札), 즉 화투의 7끗 패 홍싸리에 해당한다. 그곳 사람들의 발음은 '항이'에 가깝다.

육군 주모자들의 땅

일본 역사에서 중요한 인물 중의 하나인 모리 데루모토(毛利輝元, 1553~1625)가 1604~1608년까지 4년 동안 하기 성을 쌓고 하기 번(藩)의 성주가 되었다. 모리는 원래 히로시마의 성주였는데 1598년 9월에는

280

세키가하라 싸움(關原戰)에서 패하고 막부에 히로시마 성을 빼앗겼다. 이에 야마구치 현 쪽의 미타지리(三田尻), 야마구치, 그리고 하기를 막부에 신청, 하기에 성을 세우도록 허락받았다. 그 전까지 이곳은 해안의 한 가난한 마을, 즉 한촌(寒村)에 불과했다. 이곳을 초슈항(長州藩)이라고도 불렀다.

번(藩)과 유사한 의미로 벌(閥)이 있다. 대표적인 벌이 사쓰마 벌(薩摩閥)과 초슈 벌(長州閥)로서 막말유신기(幕末維新期)를 주름잡던 지방 세력이었다. 그래서 사쓰마 벌의 대표 도시인 가고시마와 초슈 벌의 대표적인 도시 하기를 그들은 '유신의 땅'이라고 자랑한다. 사쓰마 벌에서는 해군이 득세했고 초슈 벌에서는 육군이 득세했다.

하기에서는 메이지 유신 이후 지금까지 네 명의 총리대신이 배출되었다. 야마가타 아리토모(山顯有朋, 1838~1922), 이토 히로부미(伊藤博文, 1841~1909), 가쓰라 타로우(桂太郎, 1847~1913), 그리고 다나카 기이치(田中義一, 1864~1929). 그들은 한결같이 조선을 능욕한 자들이었다. 야마가타 아리토모는 아주 음험한 책사로 육군의 수괴였다. 조선 총독을 지낸 하세가와 요시미치(長谷川好道, 1850~1924), 데라우치 마사타케(寺內正毅, 1852~1919) 등도 그의 수하였다. 그들이 몸을 담던 하기의 성도 1874년 해체되었다. 역시 당시는 옛것을 버리는 시대였다.

도래인의 땅

1443년 세종은 신숙주(申叔舟, 1417~75)를 대마도로 보내 왜구(倭寇)들에 대한 회유책으로 무역협정을 맺게 했다. 왜구들은 주로 우리 나라와 가까운 대마도, 이키(壹岐), 마쓰우라(松浦) 사람들이었다.

성종 때 영의정이 된 신숙주는 왕명에 의해 1471년 《해동제국기(海東

諸國紀)》를 찬(撰)한다. 이 기록은 우리 나라에서 일본 연구의 대표적인 서적이 되었다. 여기에 이곳과 우리와의 연관성이 적혀 있다.

오오우치 현(大內縣) 야마구치(山口) 등 우리 나라와 가까운 지역의 일본인들은 백제왕 온조의 후예로서 일본에 들어 와 애초에 수오우(周防) 주의 다다라우라(多多良浦)에 배를 대놓고 머물렀기에 이로서 다다라(多多良) 씨로 삼았는데 지금은 800년이 되었다. … 이후 오오우치 씨로 바꾸고 그들의 계통이 백제에서 나왔기 때문에 우리 나라와는 가장 친하였다.

이 땅은 우리의 조상들이 개척한 땅이었고 그만큼 우리와의 관계도 깊은 곳이었다.

백제에서 일본으로 건너간 사람들을 일본인들은 귀화인(歸化人)이라고 불렀다. 나중에는 도래인(渡來人)이라고 바꿔 불렀다. 도래인은 중국, 몽골, 조선 등에서 바다를 건너간 사람들의 통칭이다. '도(渡)'는 바다를 건넌다는 말이다. 그들은 우리 나라와 가까운 곳에 본거지를 펴고 메이지 유신기 전후 군·정치·사상 분야에서 두각을 나타내기 시작했다. 호소카와(細川)나 후쿠다(福田) 씨 등도 도래인 계통이다. 그러나 그들은 이를 구체적으로는 드러내려 하지 않는다.

조선 도공 형제가 이룩한 도자기

모리 데루모토는 임진왜란(1592~93) 때 조선에 쳐들어와 여러 사람의 도공을 끌고 돌아갔다. 그 중 한 그룹이 이경(李敬, ?~1643)과 이작광(李勺光) 형제였다.

이경은 하기 시의 동쪽 교외 마쓰모토(松本)에 도요를 만들고 하기야

조선인 도공이 개척한 하기야키.

키(萩燒)의 시조가 되었다. 하기 시의 기록에 의하면, 이작광은 그 후 동생 이경을 이곳으로 데려와 함께 하기야키를 열었다고 되어 있는데, 누가 형과 동생인지가 바뀌어 있다. 사실은 이경이 형이며, 실제로 이작광이 이경을 불러들였는가 하는 의문도 있다.

이경은 그 후 번주의 명에 의해 수케하치(助八)라고 불리다가 1625년 고라이사에몬(高麗左衛門)이란 이름을 다시 받았다. 이경의 후손들은 사카(坂) 씨가 되었다. 하기야키의 별칭 마쓰모토야키(松本燒)는 그들에 의해서 태어났으며, 현재 100여 개의 가마에서 도자기가 만들어져 나오고 있다.

한편 동생 이작광의 후손은 성이 야마무라(山村) 씨로 바뀌었다. 그의 아들은 야마무라 미쓰마사(山村光政)였고, 후카와(深川)로 옮겨 후카와야키를 열고 그 시조가 되었다. 후카와는 오늘의 나가도 시(長門市)이며, 하기 시에서 가깝다. 우리는 지금 그들을 잊고 있으며, 심수관과 이삼평만을 기억할 뿐이다.

2001년 1월 5일 도쿄 산토리 미술관에서는 '전통과 혁신 하기야키

400년전'이 열렸다. 이 전시회는 2000년 말 프랑스 파리에서 열렸던 같은 전시물의 귀국전이었다.

파리에서의 전시회는 파리 일본문화회관이 주최한 것으로, 일본 국제교류기금과 야마구치 현, 하기 시와 나가도 시, 아사히 신문사가 공동 주최했다.

이 전시회는 프랑스 언론에서도 크게 다뤄졌다. 프랑스의 언론들은 "파렴치한 정치의 역사"가 남긴 것이라는 주제로 보도했고, "조선의 도공을 일본에 강제 연행했다"는 설명을 아울러 덧붙였다. 《르 피가로》는 "도공들이 어려운 과정을 이겨내고 하기야키를 만들어냈다"고 조선의 도공이 일본에 남긴 도자기의 역사를 전해주었다.

프랑스의 도자기 애호가들은 아마 이 기사를 보고 우리 나라 도공의 슬픈 역사와 일본도자사에 새로운 시각을 가졌을 것이다.

조선 침략 3인방의 본거지

하기 시는 우리 근대사와도 관련이 깊은데, 당시는 13대 모리(毛利敬親, 1819~73)가 성주로 있을 때였다.

한일 근대사에 조금이라도 관심이 있는 사람이라면 요시다 쇼인(吉田松陰, 1830~59), 기토 다카요시(木戶孝允, 1833~72), 야마가타 아리토모(山顯有朋, 1838~1922), 다카스기 신사쿠(高杉晉作, 1839~67), 그리고 이토 히로부미 등의 이름을 얼핏이라도 들어보았을 것이다. 그들이 바로 이곳 출신이었다.

기라성(綺羅星)이란 말이 있는데, 일본인들이 '기라성 같은 도시'라고 말하는 곳이 바로 이곳이다. 우리에게 그들은 침략자였으나 그들에게는 자랑스런 메이지 시대의 스타, 즉 원훈(元勳)들이었다. 이 도시에

하기의 좁은 골목길에 사무라의 옛집들이 잘 보존되고 있다.

는 그들의 생가와 족적, 그리고 에피소드가 가득하다.

요시다 쇼인은 막부를 쓰러뜨린 왕정복고파의 정신적 우두머리였다. 또한 그와 기토 다카요시는 조선멸시론, 정한론을 최초로 주창한 자였고 이의 실천자가 이토 히로부미였다. 이들은 조선 침략의 3인방쯤 되는 자들이었다. 그들의 본거지가 하기 시였고 마쓰시타무라 숙(松下村塾)이었는데 하기의 교외에 있었다. 요시다 쇼인(吉田松陰)의 이름 쇼인(松陰)에서 마쓰(松) 자를 따서 그 밑에서 공부하는 집이란 의미가 담긴 학교였으며 우리로 치면 서당에 해당하였다.

그 마쓰시타무라 숙의 실내에는 조선 침략자들의 얼굴 사진이 걸려 있었는데 느낌이 참으로 묘했다. 물론 그의 제자 가운데 우리 눈에 가장 익은 자는 이토 히로부미였다.

마쓰시타 무라 숙에 걸려 있는 조선 침략자의 얼굴. 가운데 줄 오른쪽 끝이 이토 히로부미이다.

요시다 쇼인의 도시

이제 이토 히로부미의 옛집을 찾아가보자. 하기 역에서 히가시하기(東萩) 역 쪽으로 가는 코스로 가기로 했다. 거리는 아름답게 꾸며져 있어 무더운 여름날이건만 상쾌했다. 자전거 여행객이 유난히 많았다. 나도 역 앞의 자전거 대여점에서 자전거를 빌렸다. 이 도시는 관광도시가 된 1960년대 중반부터 자전거 임대업과 민박이 유명해졌다. 자전거를 타고 하시모토바시(橋本橋)를 건넜다. 하기 시의 집들은 모두 낮게 깔려 있었다. 당시 일본인들의 작은 키 때문이었나 생각해본다.

골목길들은 참으로 아름답게 가꾸어져 있었으며 시민들의 애향심이 전통 건축물 보존정신과 맞닿아 있었다. 거리에 붙어 있는 관광 포스터가 눈길을 끌었다.

오른쪽으로 마쓰모토가와(松本川)를 따라 달렸다. 이어 마쓰모토바시(松本橋)가 나왔고 자전거 도로를 따라 5분쯤 가니 마쓰시타무라 숙이

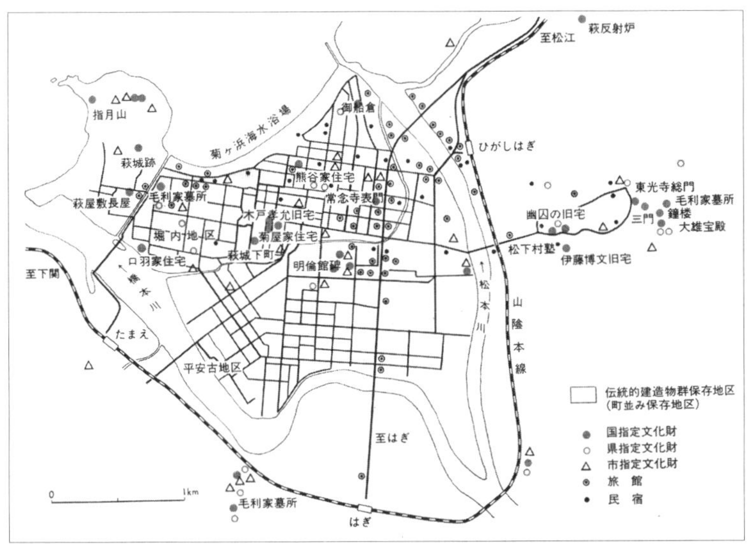

1984년 작성된 하기 시의 전통적 건조물군 보존지구와 문화재의 분포도(자료 :《〈圖說 일본지리, 일본열도의 지역 변용》, 大明堂, 1986).

나타났다. 온통 요시다 쇼인으로 채워져 있는 공간이었다. 요시다 쇼인 역사관, 마쓰온(松陰) 유묵 전시관, 마쓰온(松陰) 신사 등이 널려 있었다. 수상을 지낸 사토 에이사쿠(佐藤榮作, 1901~75)가 '명치유신 태동지지(明治維新 胎動之地)'라고 쓴 큰 돌판이 눈 앞을 막았다.

배가 고파 식당에 들렀는데 그 식당에서 파는 우동 이름도 '마쓰온 우동' '유신 우동'이었다. 어느 것을 먹을까 망설였다. 이곳에 왔으니 둘 중 하나를 먹어야만 했다. 과연 일본인들에 존경받고 있는 근대사 인물 1호는 요시다 쇼인이었으며, 그 뒤를 이토 히로부미가 따랐다.

칼을 차고 있는 사무라이, 이토 히로부미.

이토 히로부미의 옛집

마쓰시타무라 숙에서 큰길을 건너 골목길을 한참 따라가자 '이토 히로부미 구택(伊藤博文舊宅)'이라는 안내판이 나타났다(大字椿東字新道 1510).

이토는 이 도시 부근의 한촌 쓰가리무라(周防國 熊毛郡 束荷村, 현재의 大和町)에서 1841년 태어났다. 해안이 눈에 보이는 벽촌에서 태어난 셈이다. 도쿄가 아직 에도일 때였다. 그의 아버지는 하야시 주조(林 十藏), 하야시(林) 가의 장남인 그의 이름은 하야시 도시수케(林 利助)로 지어졌다. 하야시 주조는 하야시 도시수케가 9살 때 하기 시로 이사해 왔다. 하기 성의 하급 사무라이였다.

하야시 도시수케는 14살 때 족경(足經)이라는 직에 있던 이토(伊藤直右衛門)의 집에 양자로 보내졌다. 이때 성과 이름이 이토 준부(伊藤俊輔)로 바뀌었고, 이토 히로부미(伊藤博文)가 된 것은 1868년 메이지 유신 직후였다.

이토가 양자로 보내질 때 그에게는 이미 부인도 있었다. 조혼했던 것이다. 이토는 마쓰시타무라 숙에 입학했고 요시다 쇼인의 문하생이 되었다. 선생과의 나이 차는 열한 살이었지만 이토는 그 밑에서 공부하며 정치에 뛰어들어 천황파가 되었다.

1863년 6월 27일 이토는 이노우에 가오루(井上 馨, 1835~1915) 등 하기의 번사 5인과 함께 요코하마에서 영국으로 비밀리에 출항했다.

이토 히로부미의 옛집.

1863년 7월 16일 미 군함 와이오밍이 하기 번의 포대를 포격하자, 이토 히로부미는 급히 고향으로 돌아온다. 막부 토벌에 승리한 그는 효고 현(兵庫縣) 현령(縣令)이 되었다. 효고 현은 현재의 고베 일대이며, 현령은 지금의 지사이다.

1867년 메이지 천황이 즉위하며 그는 날개를 단 듯했다. 1869년 7월 29일에는 도쿄로 부임했는데 직책은 각 개항장의 통상사(通商司) 사무관장(事務管掌)이었다. 이노우에 역시 같은 직책으로 오사카로 나가서 계속 승승장구할 기회를 얻게 되었다.

하기의 스바키도우(椿東)에 있는 이토의 옛집은 그가 1854~67년까지 15년 동안 출세가 열릴 때까지 산 곳이다. 건평 27평의 단층 초가집으로 전형적인 하급 무사의 집이다. 1932년에 사적으로 지정되었고, 1974년에는 해체하여 수리 복원되었다.

집 한가운데 세워져 있는 이토 히로
부미 동상.

　이토의 집 이 구석 저 구석을 돌아보며 나는 여러 가지 상념에 잠겼
다. 이 한 인간이 어찌하여 우리 나라를 그토록 휘둘렀는가. 집은 여염
집과 다름없었고 인간 됨됨이도 그리 남다르지 않았는데 그에게 무슨
힘이 그렇게 미쳤었는가. 집 마당 한가운데 동상이 되어 서 있는 이토
가 나를 유심히 내려다보는 것만 같았다.

원흉의 말로를 따라가보다

이토 히로부미의 무덤과 비석 앞에서

죽은 이토는 아직도…

일본에 처음 갔을 때 내 주머니 속의 돈에는 이토 히로부미(伊藤博文, 1841~1909)가 있었다. 1천엔짜리라 나는 이 돈을 애지중지 할 수밖에 없었다. 그런데 왜 이토 히로부미란 말인가.

전후 일본 지폐에는 쇼도쿠 태자가 그려져 있었는데, 1946년 3월 1백 엔짜리에 등장한 이후 1천엔짜리, 그리고 5천엔, 1만엔짜리에 계속 등 장했다. 그런데 1963년 11월 이토 히로부미가 쇼도쿠 태자를 밀어내고 1천엔짜리에 얼굴을 다시 나타냈다. 쇼도쿠 태자상은 1천엔짜리 지폐 에서 제일 먼저 사라졌다. 이토 히로부미의 초상도 1984년 10월 말일에 사라졌는데 비교적 해외여행이 자유화되어 한국인들의 일본 여행이 늘 었기 때문이다. 여론도 안 좋아 일본 정부는 울며 겨자 먹기로 화상을 바꿨다. 문학가 나쓰메 소세키(夏目漱石, 1867~1916)가 새 돈의 주인공 으로 들어갔다.

도쿄에서의 어느 날, 나는 이토의 무덤을 찾아보기로 했다. 그의 고 향 하기(萩)도 가보았으니 이제 그의 무덤 차례였다. 꾸물대는 날씨였

박문사 방문자 기념 마크. 경성관광협회
가 1930년대에 제작한 것이다.

는데, 그곳은 지도책에도 관광 안내
도에도 실려 있지 않았다. 자료를 들
여다봐도 그 정도의 인물이라면 있
을 법한 신사도 없었다. 노기 신사
(乃木神社), 도고 신사(東鄕神社)는
도쿄 한복판에 멀쩡하게 있는데 왜
이토 신사는 없을까. 그러나 그 궁금
증은 오래 가지 않았다. 그의 기념물
은 서울과 도쿄에 각각 세워졌고 또 세워지려 했기 때문이다.

이토 히로부미가 안중근(安重根, 1879~1910) 의사의 손에 제거되자
일본인들은 그를 기념하는 상징물을 만드는 데 혈안이 된다. 그의 이름
을 딴 산을 만들고 절을 세웠는데 서울 장충단 가까이 있는 언덕을 춘
무산(春畝山)이라 이름 지었다. 이토 히로부미의 호가 춘무(春畝)였기
때문이다. 또한 춘무산에는 박문사(博文寺)를 세웠고 경희궁의 흥화문
이 그 절의 정문이 된 것은 1926년이었다. 또한 경복궁 건춘문 서북에
있었던 선원전(璿源殿)은 1932년 7월 박문사로 옮겨져 창고로 전락했고
남별궁에 있는 돌북단, 즉 석고단(石鼓壇)을 덮고 있던 석고각(閣)을 해
체해 박문사로 옮겨갔다. 새로 설치된 종 덮개로 전락한 것이다. 박문
사는 현재의 신라호텔 자리에 있었고, 남별궁은 조선호텔 자리이다. 이
토는 죽은 뒤에도 우리의 땅을 더럽히고 파괴한 것이다.

1939년 11월에 최린, 이광수, 윤덕영 등 1,000여 명이 박문사에 모여
이토 히로부미를 비롯한 한일합방 공로자를 위한 감사 위령제를 지냈
다. 참으로 얼 없는 짓이었다. 일본인들은 어떤 이유로건 경성을 방문
하게 되면 반드시 들러야 하던 곳이 이곳이었으며, 조선 신궁과 거의
같은 급으로 여겨졌다.

'안중근 이등박문을 사살하다'

1909년 10월 26일, 10월이지만 겨울 같았던 날, 일본 추밀원(樞密院) 의장 이토 히로부미가 탄 특별 열차는 청나라 길림성의 대도시 하얼빈(哈爾濱) 역에 도착했는데 러시아 동청철도(東淸鐵道)가 달리던 역이었다.

역 대합실에서 나온 안중근은 환영 대열 속에 몸을 숨겼는데 일본인 환영객과 외국 영사단이 서 있는 쪽이었다. 30세의 이 청년은 양복에 조타(鳥打) 모자를 눌러 쓴 모습이었다. 9시 25분경 이토가 기차에서 내려섰고 러시아 위병 의장대의 군악 연주가 시작되었다.

이토가 러시아 대장대신과 함께 플랫폼에 도열해 있는 각국의 영사들과 악수를 나누고 있을 때 안중근이 브로닝 단총을 뽑아 들었다. 이윽고 총에 들어 있던 탄환 7발 중 3발이 이토의 몸을 꿰뚫었다.

9시 30분 플랫폼에는 안중근이 "꼬레아 우라(한국 만세)"라고 외치는 소리가 연이어 세 번 울렸다. 단말마의 신음 소리, 그리고 우왕좌왕하는 소리가 정지된 화면처럼 펼쳐졌다. 68세의 노인 이토는 "확실히 2~3발은 들어왔다"고 말하며 숨을 몰아쉬었다. 범인이 조선인이라는 소리를 듣자 그는 "바보 같은 놈이다"고 두번째 말을 뇌까렸다. 그리고 30분 후인 10시에 숨을 거두었다. 원흉(元兇)의 말로였다.

1970년대 중반 북한에서 만든 〈안중근 이등박문을 사살하다〉라는 극영화가 오버랩된다.

이 사건은 세계를 경악시키는 톱 뉴스였으며 곧 국내에도 전해져서 10월 29일 《경성일보》가 호외로 보도했다. 창덕궁의 광무 황제, 덕수궁의 융희 황제에게도 보고되었다. 이토 히로부미는 광무 황제(1852~1919)보다 열한 살이나 더 많았는데, 그동안 우격다짐하던 그 늙은이를 바라보고 있을 수밖에 없었을 광무 황제에게 그 뉴스는 아마 남

하얼빈 역 구내. 당시의 사진이다(자료 : 《태양》 임시증간호인 《이토 히로부미 공》).

달랐을 것이다.

안중근이 이토 히로부미를 사살했다는 소식이 전해지자 양기탁(梁起鐸, 1871~1938) 선생은 대한매일신보 사원들과 함께 2층에 모여 대한제국기를 걸어놓고 축하연을 벌이며 만세를 불렀다(정진석,《대한매일신보와 배설》, 나남, 1987, 156쪽).

전라도의 산간에까지 그 소식은 전해졌다. 의병 1,000여 명이 모여들었고, 그들은 29일 오후 10시 추풍령에 가까운 이원역(伊院驛)을 습격했다. 정거장 및 관사를 향해 발포하고 정거장에 불을 질렀다. 전선, 전화, 포인트 등을 파괴하고 유유히 사라졌는데 그들은 안중근의 위업을 뒤이은 것이었다. 친일배들은 망연자실해 남산 통감부의 일본인 눈치만 살폈다.

여순으로 끌려가는 안중근 의사

안중근은 즉각 체포되어 하얼빈 역 구내 철도 헌병대 분서로 연행되

294

어었다. 그곳에서 러시아측 검사로부터 이토 히로부미가 죽었다는 걸 확인한다. 그는 헌병대의 벽에 걸려 있는 성상을 향해 가톨릭 식 성호 를 긋고 "조국에 대한 의무를 다하게 해준 하느님께 감사한다"며 기도 를 올렸다.

이후 그는 일본 검찰로 넘겨졌고 이틀 후 담당 검찰이 정해졌다. 여 순(旅順)에 있는 관동도독부(關東都督府) 고등법원의 검찰관 구연효웅 (溝淵孝雄, 당시 35세)이다. 사건명은 '이토 히로부미 암살사건'이었다. 하얼빈 일본 총영사관에서 안중근에 대한 심문은 시작되었다.

통역을 위해 당시 서울 통감부에서 일하던 일본인 통역이 파견돼 왔 다. 26세의 원목말희(園木末喜, 1883~?)였는데 구마모토 현 기쿠치 군 (菊池郡) 가모가와 촌(加茂川村)의 농촌 출신이었다. 기쿠치 군은 현재 기쿠치 시가 되어 있으며 구마모토 시와 아소산의 중간에 있다.

구마모토 현 출신의 중의원이 경성의 자기 집에 '조선어학숙'을 차리 고 현비로 유학생을 뽑아 한국어를 가르치고 있었다. 원목말희는 15세 때인 1899년 7월 구마모토에서 조선어 어학 수습 유학생에 뽑혀 경성에 건너와 3년 동안 그 조선어학숙에서 조선어를 터득했다. 학숙 졸업생은 일본의 대한 침략 요소 요소에 투입되었으며 그가 이제 관동도독부의 촉탁으로 안중근과 검찰관 사이의 통역을 맡고 있는 것이다(佐木隆三, 《伊藤博文과 安重根》, 〈문예춘추〉, 1992).

안중근 의사는 직업을 사냥꾼, 즉 엽사(獵師)라고 밝혔지만 검찰관에 게 그는 테러리스트였다. 테러리스트는 장사(壯士)라고 번역될 수 있을 것이다. 안중근은 아무래도 좋았다.

안중근 의사는 8명의 연루자들과 함께 11월 1일 오전 9시 관동도독부 의 헌병대로 신병이 넘겨졌다. 11시 기차는 하얼빈 역을 떠나 여순으로 향했다. 헌병 12명이 호송했으며 헌병대위가 책임자였다. 헌병 상등병

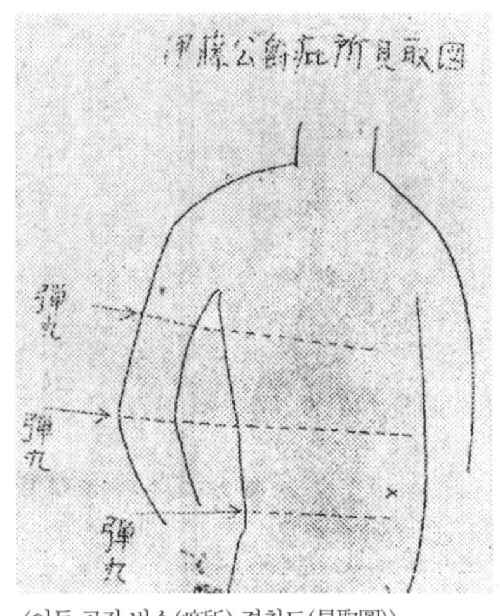

치바 토오시치(千葉十七)가 여순 감옥서(監獄署)에서 차출되어 와 동승했는데 그는 직업군인이었으며 메이지 17년(1884)에 태어났기 때문에 이름이 십칠(十七)이었다고 한다.

〈이등 공작 비소(疪所) 견취도(見取圖)〉.

이토의 성대한 장례 행렬

이토의 시신을 실은 기차는 같은 날 오전 11시 40분 하얼빈 역을 떠나 남하하기 시작 오후 6시 장춘역에 닿았다. 다시 장춘을 떠난 시신은 27일 밤 대련에 도착, 만철병원으로 옮겨졌고 방부제인 포르말린이 투입되었다. 총탄에 뚫린 세 군데에는 반창고(絆創膏)가 붙여졌고 시신은 회나무관에 들어갔다.

이 관은 군함 아키츠시마(秋津洲)에 옮겨졌다. 3,700톤 급으로 청일전쟁중 서해에서 대활약했던 군함은 현해탄을 건너 시모노세키와 모지(門司) 사이의 해협, 즉 관문해협(關門海峽)으로 들어섰다. 이어 11월 1일 오전 11시 도쿄 인근 항구 요코스카(橫須賀) 부두에 입항했다. 오후 1시경 시신은 6량으로 편성된 포차(砲車)에 실려 신바시 역을 향해 떠났다. 이튿날 오후 1시경 신바시 역에 도착했을 때 출영 나온 자가 2,000명에 이르렀다. 역 광장은 인파로 꽉 찼으며 그의 시신은 아카사카 구(赤坂區) 레난자카(靈南坂) 추밀원 의장 관저로 향했다. 오후 2시 40분 관저에 도착했다. 그의 장례는 국장으로 치러지기로 했는데 이 관저가 국장 사무소가 되었다. 객사한 지 몇 날이 지나서야 준비가 끝났다.

296

육군대장이 호송 의장병 책임자가 되었다. 이토 장례식장은 일본 근대건축의 원로인 내장두(內匠頭) 가타야마(片山東熊)가 건축 실무자로 임명되었다.

장례식날인 11월 4일 관은 오전 9시 관저를 출발했다. 늦가을 비가 내리고 있는 아주 음울한 날씨였다. 제장은 히비야 공원에 차려졌다. 10시 반 관이 히비야 문을 들어서며 식은 시작되었다.

참배객들은 대부분 양복을 입어서 유럽형 장례를 치르는 것 같았다. 영국인, 미국인, 프랑스인, 러시아인 등의 조사는 이토 찬양

예일대에서 명예법학박사학위를 받고 있는 이토(자료 :《의회제도 백년사》).

일색이었다. 당시 미국의 일본 편들기는 도가 지나쳤다. 일본이 조선을 차지하는 대신 자기들은 필리핀을 가질 터이니 서로 눈을 감자고 하는 정도였다.

미국의 예일대는 1901년 10월 23일 창립 200주년을 맞았다. 이 행사를 기념해 정우회 총재였던 이토에게 명예 법학박사 학위가 부여되었다. 왜 미국은 그에게 학위를 주었는가. 학위 수여에는 이 대학 철학과 교수인 죠지 디 래드(George D. Ladd) 박사가 연관된다. 그는《이토 히로부미 후작과 함께 한국에서(In Korea with Marquis Ito)》라는 책을 쓰기도 했다.

래드는 이토와 친구 사이로 이토의 자문역을 맡고 있었다. 1906년 일본에 놀러 와 이토의 종용으로 한국을 다녀갔다. 그는 한국 사회의 정

정을 관찰한 후 친일 일색인 글을 써 보낸다. '한국 문제의 해결'이라는 글이 포함된 것으로, 통감으로 보낸 4년이 매우 훌륭했다는 내용이었다. 미국의 일본 뒤 봐주기는 이후로도 여전했다.

〈1907년 봄 래드가 본 평양〉이란 글이 있다. "일본인이 남문 밖에 일본인 신시가지를 만들어 매우 아름답게 변신했다"는 칭찬의 글이었다 (《평양요람》, 실업신보사, 1909, 6~8쪽).

장례가 진행되는 동안 50년 친구인 이노우에 가오루 후작은 친구들을 대표해서 조사를 읽었다. "낙담이 아주 격했다"고 적고 있다.

이토는 "왕정 복고, 유신에 공헌, 헌법 초창, 한국 지도 등에 공헌"한 결과로 충정군(忠貞君)에 봉해졌다. 우리에겐 최대의 원흉인 그에게 온갖 칭호가 다 붙여졌다.

서울의 소네 아라수케(曾禰荒助, 1849~1910) 통감이 가만히 있었을 리 없다. 대한 황제는 문충공(文忠公)이란 시호를 내려주었는데 아마 내켜서 준 것을 아니었을 것이다. 제문도 지어 보냈다. 충정, 문충, 정말 어디 내놔도 좋은 이름이었으나 그에게는 '늙은 염소'라는 칭호가 더 어울릴지 모르겠다.

우리 황실이 보낸 대표 사절도 그 자리에 있었다. 민병석(閔丙奭, 1858~1940)과 조중응(趙重應, 1860~1919)을 조문 사절로 파견한 것이다. 민병석은 궁내부 대신 자격으로 참가했고 이토 가족에게 은사금으로 10만 원을 전달했다. 10만원 씩이나 줄 수밖에 없는 상황이었을 테고 그들은 죄인인 듯 행동했을 것이다. 민병석은 1940년 8월 6일 도쿄 스가모의 한 병원에서 암으로 사망했다.

한편 국내 최고의 국제통이었던 민영익(閔泳翊, 1860~1914)은 1909년 상해에서 4만 원을 내어 프랑스와 러시아 변호사를 고용, 안중근 의사의 옥안(獄案)을 거들어 도와주기도 했다. 민병석과 민영익은 같은 여

장례 행렬도.

홍 민씨이고 명성황후의 척족이었으나 태도는 달랐다.

꼭두각시의 판결

안중근에 대한 심문은 여순 감옥서 안에 있는 가법정과 지방법원에서 이뤄졌다. 여순 감옥서 건물은 1902년 러시아 정부가 세웠다.

외무성 정무국장 쿠라지 테쓰요시(倉知鐵吉)는 외무대신 고무라 주타로(小村壽太郎)의 명령으로 여순에 갔는데 그의 뒤에는 관동군 참모장도 있었다. 그들은 관동도독부 고등법원장에게 안중근을 극형에 처할 것을 지시한다.

재판은 1910년 2월 7일 오전 9시부터 고등법원 제1호 법정에서 열렸다. 방청석은 300석이었는데 2월 14일의 결심까지 공판은 신속하게 치러졌다. 검찰과 판사들은 각본대로 움직이는 꼭두각시에 지나지 않았다. 갖은 각설을 늘어놓고 사형을 구형했다(《대한매일신보》, 1910. 2. 20).

사건 이후 5개월이 지난 1910년 3월 26일 오전 10시 4분, 안중근 의사는 교수형에 처해졌다. 안중근은 하얼빈 공원 부근에 자신의 유해가 묻혀지길 원했지만 여순 감옥서 부지 내 공동묘지에 버려지듯 묻혔다. 현재까지 정확한 장소조차 알지 못한다. 어쨌든 중국과 일본에는 우리의 안중근 의사 같은 인물은 없었다. 행동하는 애국자가 없었던 것이다. 얼마나 불행한 일인가. 일본인들은 안중근을 여전히 '안주곤'이라 부르고 있다.

묘지로 들어가

식이 끝나자 이토의 시신은 마차에 옮겨졌다. 영구는 장지인 에바라 군(荏原郡 大井町字 谷垂墳塋)으로 향했다. 묘역 1,500평을 도쿄 시 예산으로 사들였는데 곡수묘지(谷垂墓地)라 이름했다. 에바라 군은 도쿄의 서쪽에 해당하는데 지금은 도쿄 시 시나카와 구(品川區)에 들어가 있다.

영구는 장남인 농상무 서기관 부미요시(文吉)가 앞장섰다. 그는 이날로 일약 남작의 지위를 부여받았다. 배다른 아들 히로구니(博邦)는 공작이었다. 오후 2시 30분 시신은 묘지에 도착했다. 식이 끝나고 유족과 일부 대관들은 묘에서 가까운 오오모리(大森)의 은사관(恩賜館)으로 향했다. 1906년 천황이 이토에게 준 집이었다. 이곳은 현재 시나가와 구에 속하고 일본광학공업 소유의 광우구락부(光友俱樂部)가 되어 있는데, 그 앞 길은 '이토 도로(伊藤道路)'라고 불린다.

《태양》의 임시증간호《이토 히로부미 공(伊藤博文公)》은 1909년 11월 10일 발행되었다. 그의 죽음과 장례가 끝나자마자 나온 것이다. 이 책에 이토의 무덤이 나와 있다.

나는 시나가와 구 서대정(西大井)으로 향하는 지하철을 탔다. 요코스카 선, 서대정역(西大井驛)에서 내려 6정목(丁目)에 있는 이토 히로부

300

묘지 입구. 왼쪽에
돌비석이 보인다.

미의 묘지를 찾아나섰다. 주위는 조용하고 을씨년스러웠다. 도시의 변두리 같은 느낌이었다. 5분쯤 걸어 묘지에 다가가 살펴보니 주위는 민가들로 차 있었다. 공원 같은 느낌은 전혀 없었다. 다른 신사에서 느낀 기분과는 전혀 달랐다.

묘지인지 공원인지 애매한 형태인 그곳에서는 까마귀가 계속 울어댔다. 한국에서는 재수없게 여기는 이 새가 일본에는 왜 이리도 많은가. '까마귀 노는 곳에 백로야 가지 말라'고 했는데. 일본에서 묵던 집이나 연구실에서 제일 기분 나빴던 것은 까마귀 우는 소리였다. 그러나 어쨌든 기독교 성경에서 까마귀는 하나님의 돌보심을 말하는 것이기도 하다.

묘지는 생각한 것보다 크지는 않았으나 중무장한 듯 어두웠다. 담에는 외부인이 들어오지 못하게 높은 울타리가 쳐져 있었으며, 철문은 잠겨 있었는데 항상 잠겨 있는 듯했다.

문 앞에 돌비석이 보였다. '대훈위종일위공작 · 이토 히로부미 공 묘소(大勳位從一位公爵 · 伊藤博文公墓所)'라고 써 있었다. 그런데 비석 가운데가 톱에 잘린 모습이었다. 누군가가 탑의 사방을 톱으로 썰어놨다.

돌비석. 허리쯤에 톱 자국이
나 있다.

아주 깊이 파인 것으로 보아 장난인 것 같지는 않았다.

무덤은 다섯 평 정도 되는 것 같았다. 묘지 주변에는 석등과 도리이
도 있었으며 작은 신사 같은 것도 보였다. 이토는 그의 부인 우메코(梅
子)와 나란히 누워 있었는데 그녀는 게이샤 출신으로 1924년 죽어 여기
합장된 것이다.

이토가 죽은 지 25년이 되던 해 일본인들은 그의 기념 사업을 벌였
다. 이토 신사 건립계획안이 그것이다. 당시 대정(大井) 이등정(伊藤町)
의 이토 묘지를 사적 공원화해서, 그 공원 경내에 기념관과 기념비를
건설하고 이토의 유품을 전시하자는 계획이었다.

이토의 오랜 오른팔로 추밀 고문관인 가네코 겐타로(金子堅太郞,
1853~1942) 백작, 안중근의 사형을 주도했던 극우파 법관 스즈키 기사
부로(鈴木喜三郞, 1867~1940), 중의원 의원 모치스키(望月圭介, 1867
~1941), 와세다 총장 아들 하토야마(鳩山一郞, 1883~1959) 등이 이를 발
족했다(《조선과 건축》, 1936. 7, 46쪽). 그러나 그 계획은 어떤 이유에서인
지 축소된 듯하다.

일제의 후유증은 지금 우리 나라뿐만 아니라 일본에도 남아 당사자

묘지 내부. 장례 당일 모습이다(자료 : 태양, 임시증간호《이토 히로부미 공》).

들과 그 후손들에게 업보로 작용하고 있다. 갈등도 사라지지 않고 있다. 이토 히로부미의 4대 후손은 히로마사(博雅, 1929~)이다. 학습원(學習院) 경제학과를 졸업하고 명치유업에 다니다가 지금은 은퇴하였다.

가마쿠라의 유비가하마(由比カ浜)에서는 야마구치 현 방장(防長) 클럽 주최로 매년 이토 히로부미의 제사를 지내고 있다.

어떤 면에서 이토 히로부미도 B급 수괴에 지나지 않았을지도 모르겠다. 어쨌든 그에게 명령을 내린 A급 수괴자가 있었고 그렇게 뒷받침한 분위기가 있었기 때문이다.

관리인인 듯한 사람은 집안에서 나를 쳐다보기만 했다. '저 친구 여긴 왜 왔나' 하는 표정이다.

그 땅의 역사를 보면 그 미래가 보인다

조선으로 가는 군도였던 구마모토(熊本)에서

후지모리의 고향

페루에서 일본계 대통령 알베르토 후지모리(藤森)가 3선을 하고도 욕심을 더 내다 망신을 당하고 일본으로 도망쳐 왔다. 그 후지모리의 고향이 바로 구마모토 현(熊本縣) 호우타쿠 군(飽託郡) 가와치 정(河內町)이다. 그는 페루의 대통령이 된 후인 1990년 7월 4일, 구마모토를 찾아와서 열렬한 환영을 받았다. 금의환향이 바로 그것이었다. 우리 나라 사람들도 그 일을 무척 부러워했다. 우리도 이민 100년이 넘었는데 하면서.

그 호우타쿠 군이 나의 눈을 끈 것은 훨씬 오래 전이었다. '이곳이 명성황후 시해범들의 본거지였기 때문이다.

구마모토는 규슈의 중앙부에 있다. 우리에게는 보통 규슈 지방의 내륙도시로 알고 있는데 실은 바닷가 쪽의 땅이다. 구마모토 시내를 흐르는 강인 시라가와(白川)는 시의 서쪽에 있는 아리아케(有明) 바다로 흘러든다. 호우타쿠 군은 아리아케에 면해 있어 언제나 외지로 쉽게 나갈 수 있는 곳이었다. 그 시해범들이 100여 년 전 우리 나라를 거슬러 올라

구마모토 사람들에게 환영받고 있는 후지모리 페루 대통령(당선 직후).

와 인천 앞바다를 통해 서울로 왔던 것이다.

나는 몇 년 전 구마모토에 갔다. 아트 폴리스 운동을 보러 간 것이다. 한 지방 도시가 이렇게 훌륭한 일을 하고 있구나 하는 부러움 때문에 다른 것을 생각할 겨를이 없었다. 아트 폴리스 운동이란 구마모토 현이 건축물을 관광자원으로 쓰기 위해 심혈을 기울여 하는 사업의 명칭으로, 그 기본 목적은 아름다운 건축물을 많이 짓자는 것이었다. 5박 6일 동안 구마모토 현 이곳 저곳을 돌아보았다. 그 출발은 역시 구마모토 성이었다.

구마모토 현이란 이름은 1876년 2월부터 붙여졌다. 현에는 두 개의 큰 강이 흐르고 있는데 기쿠치가와(菊池川)와 시라가와(白川)가 그것이다. 이 강들 주변에 도시가 형성되었다. 그 주변에 고대 우리 땅과 관계된 역사적 흔적물들이 많이 남아 있다. 다이자이후(大帝府)는 663년 백제 부흥군의 패배를 큰 낭패로 여겨 이후 나당 연합군의 침공에 대한 방비를 목적으로 서일본 쪽에 여섯 개의 산성을 쌓는데 그 중 하나

가토 기요마사(자료 : 《구마모토의 역사》, 구마모토 시립 구마모토 박물관).

가 기쿠치 성(鞠智城)이었다. 이 성이 구마모토 북쪽의 기쿠치 시(菊池市)에 있다.

군도 구마모토

구마모토(熊本)의 본격적인 출발은 1607년부터라고 볼 수 있다. 이때 구마모토란 지명이 만들어졌고 구마모토 성이 세워졌기 때문이다. 구마모토의 작명자는 가토 기요마사(加藤淸正, 1562~1611)이다. 오래 전에는 구마베(隈府)였고 1070년부터는 구마모토(隈本)이었던 것을 1607년에 구마모토(熊本)라고 한자만 바꾼 것이다.

가토 기요마사는 구마모토의 창설자나 다름없었다. 그는 1588년 26세의 나이로 구마모토에 영주로 들어왔는데 그 이전에는 유명하게 등장하는 인물이 없으며, 도요토미 히데요시(豊臣秀吉, 1537~98)와 같은

구마모토 성.

동네인 오와리 국(尾張國) 아이치 군(愛知郡) 나카무라(中村)란 곳에서 태어났다. 도요토미의 외조카 뻘 되는 아주 가까운 친족이었다. 가토의 선조는 고구려에서 왔을 확률이 높다고 한다. 그는 도요토미의 부하가 되었고 그 덕에 출세를 했다. 1591년 임진왜란 때는 제2번대(番隊) 선봉장으로 투입되었다. 그는 경주의 고적을 제일 많이 파괴한 자였으며 함경도까지 쳐올라갔다.

구마모토의 상징은 아무래도 1607년에 세워진 구마모토 성(熊本城)이다. 구마모토 성은 임진왜란이 끝나고 도요토미가 죽은 뒤 세워졌다. 가토가 진두지휘했는데 그는 축성술로도 이름이 높았다. 이 성은 우리나라에서 건너간 석공들이 쌓았다고 전해진다. 1601년부터 7년이나 걸려 지어진 이 성은 가토의 집이라 할 수 있다. 구마모토 성은 1877년 세이난 전쟁(西南戰爭) 때 파괴되었다가 1960년에 복원되었는데 철근 콘크리트로 지어졌다.

1906년 러일전쟁에서 이기고 구마모토 역에 개선한 6사단.

메이지 정부는 1888년 진대(鎭台)라는 이름을 사단(師團)으로 바꾸었다. 우리도 지금 쓰고 있는 사단이란 용어는 이때부터 생겨난 것이다.

이제 두 개의 전쟁이 준비되고 있었다. 청일전쟁의 동원령이 6사단에 내려졌는데 6사단은 구마모토 성안에 자리잡고 있었다. 6사단은 러일전쟁에도 참전했으며 그들은 모두 구마모토에서 개선식을 치르며 군세를 드높였다.

데라우치는 자신의 일기 《데라우치 일기》에 다음과 같은 글을 남긴다.

한국의 폭도를 소탕하기 위해 구마모토 보병 제23연대가 오늘 출발했다는 보고를 받았다(1908년 5월 10일자).

여기서 폭도는 물론 우리 의병을 말하는 것이며 구마모토는 조선으

308

로 가는 군대의 기지 도시였다. 6사단 보병 23연대가 주력 부대였다. 이에 메이지 시대 일본인들은 구마모토를 군도(軍都)라 불렀다.

임진왜란의 괴수 고니시 유키나가와 가토

16세기부터 구마모토 일대는 히고구니(肥後國)라고 불렸는데 1588년 도요토미는 히고구니를 둘로 나눠 그 북부는 가토에게, 남부는 고니시 유키나가(小西行長, ?~1600)에게 넘겨주었다. 16대 14 정도의 비율이었는데 가토가 더 크고 좋은 곳을 받았던 것이다. 가토가 받은 지역은 구마모토 성을 중심으로 발전했고 고니시가 받은 곳은 아쓰치 성(安土城) 일대에서 섬 지역 아마쿠사(天草)까지였는데 당시는 더 변방이었다. 이 아마쿠사가 지금 아트 폴리스 운동으로 다시 떠오르고 있다.

아마쿠사 제도(天草諸島)는 구마모토의 남쪽에 있는데 아마쿠사 섬은 상도(上島)와 하도(下島)로 나뉜다. 그 주위에 120여 개의 섬들이 그림처럼 흩어져 있다. 아마쿠사는 일본인들에게는 기독교인들의 섬이라고 일컬어지는 곳이기도 하다. 이곳을 이끌던 다이묘가 고니시 유키나가였다.

그는 오사카 부근 사카이(堺)의 장사꾼 아들로 태어나 도요토미 밑에서 성장했다. 그리고 임진왜란 때는 제1번대 선봉장을 맡았다. 그는 1592년 4월 13일 부산에 올라 부산성과 동래성을 침공하고 이어 행주산성, 평양까지 올라갔다. 그런 그가 지금 이곳 기독교인들에게 순교자로 추앙되고 있다. 역시 임진왜란의 괴수란 사실은 덮여져 있다. 우리에게는 철천지 원수 중의 하나일 뿐이다.

왜란중 가토와 고니시는 서로 견제하고 질시했다. 가토는 주전파였고 고니시는 유화파였다. 패전 후에는 서로 다른 길을 가며 싸움을 벌

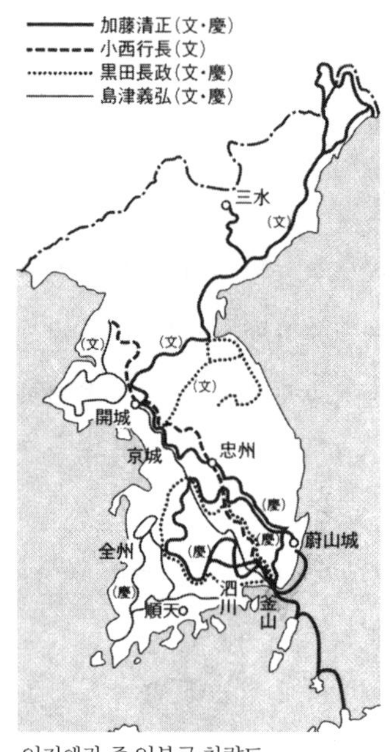

임진왜란 중 일본군 침략도.

렸다. 도요토미가 1598년 8월에 죽자 조선에 있던 왜군들은 퇴각했다. 가토도 구마모토로 돌아왔다. 가토는 패전자가 아니라 개선자로 돌아온 것이다.

왜란이 끝나자 1598년 9월에는 세키가하라 싸움(關原戰)이라는 내전이 일어났다. 도요토미가 5월에 병들고 8월에 죽었는데 9월에 싸움이 일어난 것이다. 이 내전은 도요토미 파와 도쿠가와 파 사이의 싸움으로, 조선에 있던 왜군이 모두 퇴각한 것이 1598년 11월이었는데 그 빈틈을 이용한 것이었다.

가토는 도요토미의 유언대로 도요토미의 아들 편인 서군(西軍)에 서지 않고 신흥 세력인 도쿠가와의 동군(東軍) 편에 섰다. 도요토미 입장에서 보면 배신자였고 도쿠가와의 입장에서 보면 충신이었다.

고니시는 서군이었다. 이제 두 왜장은 서로 적이 된 것이다. 고니시는 도요토미의 편에 서서 그 아들을 옹호했고 도쿠가와에게는 등을 돌렸다. 여기서 패한 고니시는 1600년 교토 육조(六條) 하원(河原)에서 가토의 칼에 맞아 죽게 된다. 고니시의 땅 아마쿠사도 가토에게 빼앗겨서 고니시의 이쓰치 성은 헐렸고 그 부재는 구마모토 성으로 옮겨졌다.

가토는 아들 2대까지 44년 동안, 호소가와(細川)에게 멸문 당할 때까지 구마모토에서 위세를 떨쳤다. 호소가와와 도쿠가와는 한 패가 되어 에도가 막을 내리는 시점까지 번창했다. 그의 후손 호소가와 모리히로(細川護熙)가 1993년 일본 수상이 되었던 것이다.

괴멸당한 우리 문화재

구마모토 시내 서북쪽 교외 화원(花園) 4정목 산 중턱에 혼묘우지(本妙寺)라는 절이 있다. 이 지역에서는 가장 역사가 오래 된 절이다. 혼묘우지는 니치렌슈(日蓮宗)의 사찰이고 니치렌(日蓮, 1222~82)은 가마쿠라(鎌倉) 시대의 승려로서 그가 시조였다. 이후 니치렌슈의 주지들은 모두 닛(日)자 돌림으로 이름을 지었다.

가토는 니치렌의 신도였다. 혼묘우지는 가토를 제사 지내는 묘소(廟所)가 되었고, 가토의 동상도 그 절 안에 우뚝 서 있다. 가토는 1585년 그의 아버지를 제사하기 위해 오사카에 같은 이름의 혼묘우지를 세웠었는데 1588년에 구마모토에 혼묘우지를 다시 세운 것이다.

교토의 묘우덴지(妙傳寺) 주지였던 닛신(日眞, 1565~1626)은 가토의 청에 의해 오사카에 혼묘우지를 연다. 임진왜란 때는 닛신도 그를 따라 조선에 온다. 불법을 자행하러 나선 것으로 왜란이 끝나자 가토는 혼묘우지를 오사카에서 구마모토로 옮긴다. 닛신도 주지로 데려온다.

1600년 가토는 자신의 어머니가 죽자 상광사(常光寺)를 세운다. 이 안에 성림원(聖林院)을 만들고 묘를 세워서 '5륜의 탑'이라 했는데, 가토가 조선에서 훔쳐온 석탑으로 만든 것이다. 아마 그 석탑은 조선의 명탑 중의 하나였을 것이다.

상광사 안에는 고려문도 만들었다. 왜란 7년전쟁은 사람만 죽인 전쟁이 아니었다. 이와 같이 문화재도 수없이 괴멸당한 것이다. 1611년 가토가 죽자 그 유언으로 중미산(中尾山)에 그의 묘소를 만들었다.

가토는 죽고 죽이는 정변과 싸움에서 살아 남아 50살까지 살았다. 구마모토에서는 지금 가토를 이곳 3현(賢) 중 하나라 숭상하고 있다. 가토 신사가 세워지고, 묘소가 만들어지고, 청정공(清正公) 신앙이라는 서민 신앙 대상으로까지 추앙되고 있는 것이다. 그는 토목의 신, 수리

1928년의 혼묘우지.

의 신이라고까지 불려진다. '세이시오 고도우(淸正公道)'라고 하는 기념도로가 있을 정도이다. 그러나 그가 임진왜란 때 우리 나라 땅을 더럽힌 기록은 어디에도 없다.

조선인 김환과 여대남

혼묘우지에는 임진왜란 당시의 일을 기록한 문서들이 남아 있다.

임진왜란 중 함경도 회령(會寧)까지 올라간 가토는 왕자 임해군(臨海君)과 순화군(順和君)을 포로로 잡았다. 그로 볼 때는 왜란 최대의 성과를 올린 것이다. 두 왕자는 당시 경성(鏡城)에서 선무(宣撫)를 하고 있었다. 그들은 이 와중에 관복(官僕)으로 있던 국세필(鞠世弼)과 국경인(鞠景仁)에게 잡혀 가토에게 인도된 것이다.

이 문서에는 정전의 대가로 조선의 영토 일부를 내놓으라고 협박하는 내용이 적혀 있다. 포로가 된 두 왕자가 이용당한 것이다.

312

'울산농성도병풍
(蔚山籠城圖屛風)'.
울산성은 가토 기요
마사가 세운 성이라
한다. 성안에는 왜
군이 있고 이를 우
리 조선군이 공략하
고 있다(자료 : 후
쿠오카 시립박물
관).

1596년 정유재란 때 가토는 울산성에 갇히는 신세가 되었다. 울산시 병영성(兵營城)은 가토가 만든 것이라고 하는데 왜성의 형태를 띠었다. 경남 울산시 중구 서동에 그 흔적이 남아 있다. 사적 320호, 지정면적은 56,371평방미터이다.

가토는 두 왕자의 내시였던 김환(金宦)을 붙잡아 온다. 김환은 어린 소년이었는데 붙잡혀 온 이후로는 석공이 되었다.

어느 날 김환은 작업 중 쉬고 있는 시간에 책을 보고 있었다. 이를 본 가토가 김환에게 무슨 책을 보고 있느냐고 물었다. 이에 김환이 《중용(中庸)》을 읽는다고 하자 가토는 그를 500석을 받는 귀족으로 임명했다. 김환은 가토의 근신이 되었고 회계를 맡았다. 그 후 재정과 무역을 책임졌고 주로 남방 무역에 종사했다고 한다. 가토가 죽고 난 후 바로 할복 자살했다고 한다. 그는 어린 나이에 끌려와 조국을 잃고 적장의 손에 매달렸던 것이다. 이를 지금 혼묘우지에서는 자랑으로 삼고 있다.

혼묘우지에는 또 한 사람의 조선인 무덤이 있다. 혼묘우지의 3대 주

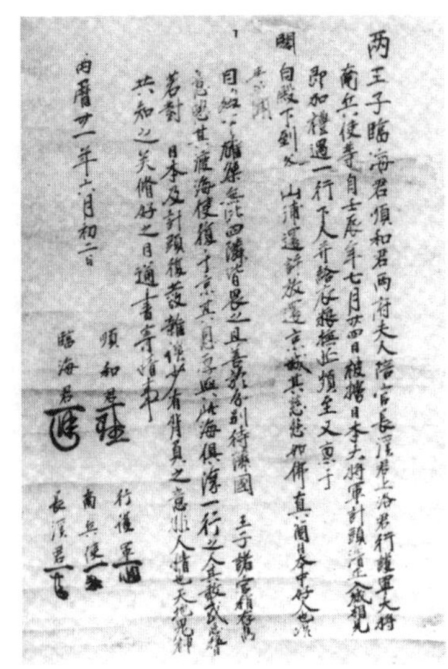

혼묘우지 문서. 조선의 두 왕자를 포로로 잡은 문서이다.

직(住職)이었던 일요(日遙)의 것으로 조선식 이름은 여대남(余大男)이었다.

그는 1597년의 정유재란 때 경남 하동군 양포면 박달리에서 가토에게 잡혀 일본으로 끌려왔다. 12세의 어린 나이였으며 아버지는 여천갑(余天甲)이었다. 여대남은 조선인으로는 특이하게 28세 때 닛신의 후계자로 혼묘우지 주직에 임명되었다. 그는 79세까지 장수하며 주지직을 이어간다. 혼묘우지 박물관에는 여씨 부자간에 오간 서간문 3통이 남아 있다. 구마모토에서는 김환과 여대남을 가토의 맹종자로 기록하고 있으며, 그들의 묘는 혼묘우지 안 영묘(靈廟) 뒤에 있다. 여대남의 묘전제가 매년 3월 23일 혼묘우지에서 열리고 있다.

조선의 왕족 이종한(李宗閑)도 임진왜란 때 포로로 구마모토에 끌려왔다. 그의 아들은 이경택(李慶宅)이었는데 호소가와(細川忠利, 1586~1641)의 밑에 들어가 한의(韓醫)를 하며 살게 된다. 호소가와는 그에게 고본(高本)이란 창씨를 해준다. 고본은 고려에서 한 자, 일본에서 한 자를 각각 따온 것이며 역사상 최초의 창씨개명이었다.

이로써 이경택은 고본가의 창시자가 됐다. 그의 후손은 3대까지 계속 한의를 하며 살아갔는데 구마모토의 최고 인텔리였던 셈이다. 4대가 됐을 때 아들이 태어나지 않았다. 이에 고본가에서는 일본인을 양자로 맞아들인다. 그가 후에 구마모토 국학의 효시를 이루는 대학자가 된 자명

(紫溟) 고본순(高本 順)이었다. 통명은 경장(敬藏) 혹은 경장(慶藏)이라 했으며 1760년대에 번학(藩學) 시습관(時習館)의 교수였다. 그의 제자들이 그 후 근왕파가 되어 정한론을 들고 나왔던 것이다. 이종한의 후예가 지금 구마모토 어딘가에 일본 사람이 되어 살고 있으리라.

명성황후 암살자들의 소굴

다케조에 신이치로(竹添進一郎, 1841~1917)는 아마쿠사 군 오오야노정(大矢野町) 출신이다. 한의사의 집에서 태어나 한학을 배웠으며 고본순의 먼 제자였던 셈이다. 원래 한학자였던 그는 청나라를 드나들며 세상 물정을 익혔다. 상하이에서 망해가는 청나라를 목격하고 이후 1880년부터 천진 영사, 북경공사관 서기관으로 근무하며 청나라와 조선, 그리고 일본 정세를 염탐했다. 이토 히로부미 등과의 친교로 1882년 조선에 변리공사로 들어온다. 1884년 12월 4일 갑신정변 후에는 일본으로 도망가 1885년 도쿄 제국대학 교수가 되었으며 그의 제자들이 어떤 인물이 되었겠는가는 불을 보듯 뻔하다.

다게조에의 뒤를 이어 1895년 공사로 온 자가 미우라 고로우(三浦梧樓, 1846~1926)였다. 그는 육군 소장 출신으로 오직 명성황후 시해만 도모한다. 자객 외교관의 대표적 표본이다.

1895년 10월 8일 오전 4시의 명성황후 시해사건에 동원된 행동대원들은 48명 정도였다. 그 중 반수에 가까운 20여 명이 구마모토 현 출신이었다. 소위 '구마모토 현인단(熊本縣人團)'이란 것이다. 신문사 기자, 무직자가 제일 많고 소학교 선생까지 끼여 있었다.

여기서 우선 행동대원대 중 구마모토 출신만 살펴보면 다음과 같다. 3개의 그룹으로 나눠본다.

소조천수웅(小早川秀雄, 1870. 3) : 웅본시(熊本市) 북평정정(北坪井町) : 신
문기자

궁주용희(宮住勇喜, 1873. 2) : 웅본시 소번정(小幡町) : 신문사 직원

택촌아부(澤村雅夫, 1873. 3) : 웅본시 상림정(上林町) : 무직

우도영웅(牛島英雄, 1873. 10) : 웅본시 장안사정(長安寺町) : 신문사 직원

삽곡가등차(澁谷加藤次, 1855. 3) : 포탁군(飽託郡) 오고한촌(奧古閑村) : 조
선국 내부 고문관

월성광(月成光, 1862. 1) : 포탁군 성산촌(城山村) : 농업

좌좌정지(佐佐正之, 1862. 1) : 포탁군 출수촌(出水村) : 약제상

중촌순웅(中村楯雄, 1863. 4) : 포탁군 광전촌(廣畑村) : 잡화상

안달겸장(安達謙藏, 1864. 10) : 포탁군 역합촌(力合村) : 신문기자

평산암언(平山岩彦, 1867. 8) : 포탁군 흑발촌(黑髮村) : 무직

편야맹웅(片野猛雄, 1873. 11) : 포탁군 대원촌(大原村) : 무직

좌등경태(佐藤敬太, 1858. 12) : 산록군(山鹿郡) 중부촌(中富村) : 농업

전중현도(田中賢道, 1856. 10) : 구마군(球摩郡) 강원촌(岡原村) : 농업

평산승웅(平山勝熊, 1860. 4) : 산본군(山本郡) 전저촌(田底村) : 신문기자

국우중장(國友重章, 1861. 11) : 산본군 능형촌(菱形村) : 무직

외부미길(隈部米吉, 1868. 3) : 옥명군(玉名郡) 대원촌(大原村) : 농업

국지겸양(菊池謙讓, 1870. 10) : 팔대군(八代郡) 경정(鏡町) : 신문기자

좌좌목정(佐佐木正, 1873. 2) : 우토군(宇土郡) 우토정(宇土町) : 신문기자

전전준장(前田俊藏, 1874. 12) : 하익성군(下益城郡) 해동촌(海東村) : 농업

송촌진희(松村辰喜, 1876. 12) : 아소군(阿蘇郡) 내목촌(內牧村) : 조선국 계
동 소학교 교사

가입가길(家入嘉吉, 1877. 4) : 아소군 궁지촌(宮地村) : 무직

지역별로는 호우타쿠 군(飽託郡) 출신이 가장 많음을 알 수 있다. 앞서 말한 페루의 후지모리 대통령과 같은 고향 사람들이다.

아다치 켄조우(安達謙藏, 1864~1948)가 그 동향인들을 이끌었다. 아다치는 당시 《한성신보(漢城新報)》 사장으로 한성에 머물고 있었다. 그도 역시 고본순의 먼 제자였으며 제제횡(濟濟黌)이란 곳에서 국학을 배우고 국권론자가 되었다. 여기서 '횡'은 오늘날의 학교를 말하는 것이다.

그는 원래 청일전쟁 때 《구주일일신문(九州日日新聞)》 기자가 되어 조선에 왔다. 이후 1895년 2월부터 일본어 신문 《한성신보》를 발행했다. 《경성일보》의 전신인 셈이다. 이들의 아지트는 덕수궁 앞, 현 서울시청 자리에 있던 한성신보사 사옥이었다. 명성황후 시해에는 한성신보 전 사원이 동원됐다. 편집장만 남겨놓았다. 다음 날 신문 발간을 중단시켰다. 기자들이 다 동원됐기 때문이다.

아다치는 사건 후 일본으로 돌아가 1896년 1월 20일의 히로시마 재판에 회부되었다. 그는 짜고 한 재판에서 무죄 면소되었다. 판사 요시다(吉田美秀)가 그렇게 한 것이다.

명성황후를 시해한 대한 일본인에 대한 복수는 김구 선생이 처음 시행했다. 21세의 청년 김구는 1896년 2월 안악(安岳) 치하포(鴟河浦)에서 왜군 중위 쓰치다(土田壤亮)를 맨손으로 처단했던 것이다.

아다치는 그 후 일제시대에 들어서며 승승장구했다. 정계의 실력자가 되어 체신대신, 내무대신 등을 지내며 한국 침략의 첨병 노릇을 했다. 죽어서 구마모토 삼현당(三賢堂)에 들어갔다. 지금도 구마모토의 위인으로 일컬어지고 있다. 행동대원, 그들이 소위 장사대(壯士隊)라 칭하는 자들도 모두 무죄 방면되었다. 그 후 그들은 군권파(國權派) 장사로 높이 평가됐다. 그 후손들이 지금 구마모토의 일익을 담당하고 있는 것이다.

1995년 3월 일본 구마모토 현 의회는 "태평양전쟁에서 사망한 전몰자를 추도하고 그들의 행위에 감사한다"고 결의했다. 일본 12개 현의회 중 가장 앞선다.

조선인 노동자의 피땀 어린 홋카이도 철로를 타고

하코다테 항 쓰가루 해협에서

마지막 저항지를 찾아서

이번에는 홋카이도(北海道)의 하코다테(函館) 쪽으로 눈을 돌린다. 나는 도쿄에서 북쪽으로 가는 기차를 탔다.

하코다테는 홋카이도의 남쪽 초입에 있는 항구 도시인데 요코하마, 고베, 나가사키에 비해서 우리에게는 잘 알려지지 않았다. '북쪽의 나가사키'란 별칭까지 있는 하코다테는 일본 근대사상 아주 중요한 위치를 점하고 있었다.

홋카이도는 고대부터 아이누 인이라 불리는 에조(蝦夷)의 땅이었다. 에조는 관동 북부지방에서 홋카이도까지를 말한다. 에도 막부, 즉 도쿠가와 막부가 들어서면서 본토에 있던 그들도 밀려서 홋카이도로 가 살게 되었다. 아이누는 아이누어로 '사람(人)'이라는 뜻인데 일본인들조차 토인(土人) 취급을 했다.

하코다테는 16세기부터 러시아와 교류의 창구였으며 1854년 미국에 의해 개항되었다. 일본 최초의 개항장이라 할 수 있다. 에도시대부터 북양어업의 기지였고 오징어의 도시였다. 오징어 제품은 여기서부터라고 하는 것이 옳겠다.

환상의 에조(蝦夷) 공화국

1868년 1월 3일 도쿠가와 막부 군대와 메이지 유신을 기도하는 신정부 간의 전쟁, 즉 무진전쟁(戊辰戰爭)이 일어났다. 전쟁이라기보다 쿠데타에 가까웠는데 그 주무대는 에도성을 중심으로 하는 에도였다. 이 무진전쟁은 일본 근대 전쟁사의 제1호로 올려지고 있다.

8월 19일 밤 11시, 도쿄에 있던 막부군의 해군 부총재 에노모토 다케아키(榎本武揚, 1836~1908)는 함선 8척을 이끌고 시나가와 항구를 탈출, 동북쪽 태평양 연안을 따라 에조지(蝦夷地), 즉 홋카이도의 하코다테(箱館)로 향했다.

에노모토는 34세의 젊은이였다. 군함에는 2,000명이 승선했는데 이 중에는 38세의 오도리 게이수케(大鳥圭介. 1832~1911) 육군 봉행(奉行)도 있었다. 이 전쟁 뒤인 1893년에 메이지 정부의 조선 주차공사가 되는 자이다. 또한 여기에는 프랑스 군 다섯 명도 동행하였다.

함선 8척은 일본의 모든 해군력이었는데 칸린마루(咸臨丸)도 이에 포함되었다. 홋카이도는 대부분의 세력이 막부군의 수중에 있었다. 10월 4일 하코다테에 도착한 막부 해군은 이곳 고료가쿠(五稜郭)를 점거, 최후의 저항을 시도했다. 신정부에 대한 유일한 저항지였다. 따라서 이 싸움을 '고료가쿠의 싸움(五稜郭の 戰)' 이라고도 부른다.

고료가쿠는 1864년 일본 최초의 서양식 성곽으로 만들어졌는데 다케다 아야사부로(武田斐三郎, 1827~80)가 축성했다. 다케다는 하코다테의 여러 군사 시설을 만든 공병 장교이기도 했으며 1874년 일본육군사관학교 교수, 1875년 유년학교 교장을 겸임했다.

고료가쿠는 북두칠성 모양의 5각형 평면으로 설계되었는데, 성 외곽을 따라 해자가 설치되었다. 고료가쿠는 러시아의 남진을 대비해 만들었다는데 자신의 신정부와 대결하는 곳으로 쓰인 게 아이러니컬하다. 에노모토 등은 아마 이곳에서 '에조(蝦夷) 공화국'을 만들려 했는지도 모른다.

내가 갔을 때 고료가쿠 안에 있는 시립 하코다테 박물관 분관에서는 '북(北)에의 길'이라는 전시회가 열리고 있었다. 부제가 '환(幻)의 에조 공화국에의 길'이었다.

1869년 1월 31일 망해가는 막부에서는 에노모토를 에조시마(蝦夷島) 총재로 임명한다. 에노모토의 저항군은 1869년 6월 20일 하코다테에서 신정부군 해육군과 마지막 전투를 벌였고 하코다테는 그 관문으로 도쿄에서 올라오는 신정부군과 맞서는 위치에 있었다. 그러나 저항군의 상황은 이미 물 건너간 일이어서 막부군은 대책없이 무너졌다. 에노모토는 6월 27일 항복, 에조시마를 메이지 정부에 고스란히 넘겨주었다. 막부군을 밀던 프랑스군과, 신정부군을 밀던 영국군의 승패도 갈렸다. 프랑스는 닭 쫓던 개 꼴이 되었다.

신정부군에는 구로다 기요다카(黑田淸隆, 1840~1900)가 있었는데 육군참모로 30세였다. 이 자가 1875년 강화도를 침략하는 운양함의 선봉이었다. 신정부가 추대한 천황시대의 막이 오르고 메이지 천황은 하코다테 전투에서 승리를 굳혔고 그 결과 1872년 류큐 왕국(琉球王國)도 류큐 번으로 격하시킨다. 그리고 대만, 조선에 대한 침략 의도를 가시화시키기 시작했는데 만약에 하코다테의 막부 최후의 저항자들이 이 전투에서 승리했다면 역사는 바뀌었는지도 모르겠다. 천황은 교토에 머무르며 명맥만 유지했을 것이기 때문이다.

1869년 9월 20일 정부는 에조지(蝦夷地)를 홋카이도로 고치고 하코다테의 원래 한문인 상관(箱館)을 함관(函館)으로 고친다. 읽을 때는 둘 다 하코다테이지만 상관(箱館)이란 지명이 싫었던 모양이다. 그러나 이곳에서는 아직도 무진(戊辰) 전쟁을 '상관(箱館) 전쟁' 혹은 '오릉각의 싸움'이라 부르고 있다. 그러나 이름을 바꾸든 말든 이곳은 아직 아이누의 섬일 뿐이었다. 1890년 7월 1일 일본에서 첫 중의원 선거가 실시됐는데 홋카이도와 오키나와는 제외되었다. 이는 아직 일본의 중앙 세력이 그 땅에 미치지 못하고 있다는 증거이기도 하다.

쓰가루 해협을 건너다

나는 신간선 종착역 모리오카(盛岡) 역에서 기차를 갈아탔다. 아오모리(靑森)를 거쳐 하코다테, 삿포로로 갈 계획이었다.

하코다테와 아오모리 사이에는 '쓰가루 해협(津經海峽)'이 있다. 약 160킬로미터의 거리로 이 두 섬 사이에는 세이칸 연락선(靑函連絡船)이 운행되었다.

1906년 10월 1일 일본철도주식회사가 영국에서 사온 터빈 식 기선 비라부 마루(比羅夫丸)와 다무라 마루(田村丸)가 운항을 시작했다. 1945년까지 우리 노동자를 홋카이도와 혼슈(本州)로 실어 나르던 배이기도 했다. 1954년 이 해협에 태풍이 몰아쳐서 연락선은 침몰하고 무려 1,430명이 수장되었다. 세계 최대의 대형 해난사고였다. 이에 일본 정부는 이 해협 밑으로 터널을 뚫어 기차로 연결하는 계획을 세우게 된다. 1988년 53.85킬로미터의 해저 터널인 '세이칸(靑函) 터널'이 놓이면서 이 두 섬은 철도로 이어졌다. 3월 13일 연락선 시대도 종말을 고하게 된 것이다.

내간 탄 JR 로컬 선 기차는 지금 그 해저 터널을 달리고 있다. 쓰가루

전면이 고료가쿠이고 후면에 보이는 산이 하코다테 산이다. 막부군과 신정부군의 마지막 격전지
이다.

해협은 일본인들에게 아름다운 장소로 남아 있는 듯하다. 누구라도 인
정할 만하다.

이시카와 사유리라는 작곡가가 작곡한 〈쓰가루 해협의 겨울 풍경〉이
란 노래가 있다.

우에노 역 발차 야행 열차를 내릴 때부터

아오모리 역은 온통 눈 속

북으로 돌아가는 사람들 무리는 누구나 말이 없고

기러기 울음소리만 들린다. 나도 혼자 연락선 타고

얼어들 듯한 갈매기 바라보며 울고 있습니다.

아, 쓰가루 해협의 겨울 풍경……

일본에서 느낀 것인데, 우리에게 북쪽은 가슴 저미는 곳인데 일본인들은 북이라 하면 애절함을 연상하는 듯했다. 그러나 홋카이도는 우리에게 슬픔만 가득 담긴 땅이다.

조선인 노동자의 피땀이 맺힌 철로

메이지 시대가 되어 하코다테는 홋카이도의 행정 중심이었지만 1880년에 석탄 수송을 목적으로 하는 철도가 놓이면서 그 역할을 삿포로로 넘기게 되었다. 1888년에는 삿포로에 홋카이도 도청사가 세워지면서 중심이 완전히 옮겨졌고 이후 하코다테는 무역 항구도시의 역할만 하게 됐다. 또한 홋카이도 탄광에서 나오는 석탄의 본토 유출구가 되었다.

홋카이도 철로 위를 달리는 기차 바퀴 밑에는 조선인 노동자들의 땀과 피가 맺혀 있다. 그 침목(枕木) 하나 하나에 희생된 조선인 노동자들의 침묵(沈默)이 있다. 일본이 패망하기 직전인 1943년까지 하코다테 본선을 달리던 기관차는 D-52형이었다. 이 기관차에 힘든 몸을 실었을 우리 동포를 생각해본다.

최근 일본 정부는 홋카이도를 관통해 시베리아로 이어지는 철도 계획안을 내놓았는데 이 철도가 지나는 곳이 하코다테이다.

홋카이도에 처음 놓인 철도와 미국제 증기 기관차. 미국인 철도기사가 시운전을 하고 있다. 침목이 널브러져 있고 그 주위에 노동자들이 몰려 있다. 이 중에 조선인도 있으리라 생각된다(자료 : 홋카이도 북방 자료실).

밤이 더 아름다운 하코다테

나는 1988년 7월 14일 하코다테 역에서 내려 시내로 나갔다. 제일 먼저 찾은 곳은 바닷가 창고군이었다. 이곳에는 1887년부터 창고들이 세워지기 시작했는데 가나모리(金森) 창고는 1907년경의 것이었다. 하코다테 시는 이 창고를 1980년대 말 쇼핑몰로 개조했고 매우 좋은 성공 사례로 꼽히고 있다.

바닷가 쪽 수에히로 정(末廣町)에는 다카다야 가헤에(高田屋嘉兵衛, 1769~1827)라는 사람의 자료관이 있는데 두 개의 건물이 자료관으로 사용되고 있었다.

그는 28세 때 하코다테에 자리잡고 홋카이도 제일의 거부가 되었던 북양 어업자이다. 러시아와 통상을 하며 아이누의 땅에서 부를 일궜다. 이 사람의 동상이 하코다테 시내 한복판에 세워져 있는데 1958년에 만들어진 것이다. 이 사람이 하코다테 해안을 매립하고 축도(築島)를 만

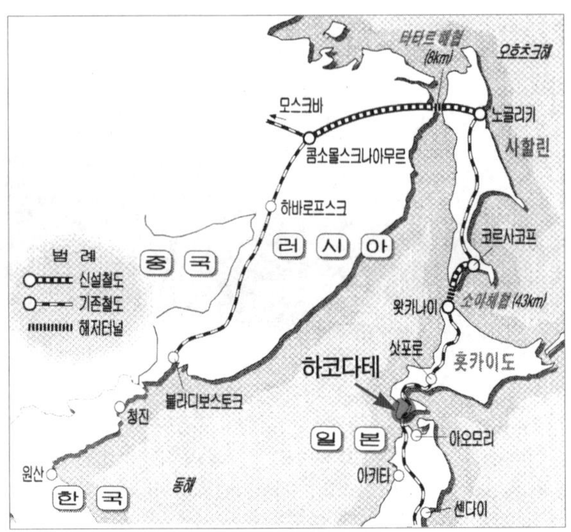

일본의 시베리아 철도 계획안. 하코다테를 통과한다.

들었다고 하는데 이곳에 붉은 벽돌조로 세운 어물 창고가 즐비하게 들어선 것이다. 주로 오징어 창고였다. 그 창고 중 하나가 가나모리 창고인데, 이 가나모리 창고가 건축가들의 관심을 끌고 있다.

하코다테 시내 여러 곳에는 메이지 시대의 마지막 시인 이시카와 타쿠보쿠(石川啄木, 1886~1912)와 관련된 기념물들이 즐비했다. 오모리 비치(大森浜)에는 이시카와의 이름을 딴 '타쿠보쿠 소공원'이 있고, 시의 서남쪽 방향에 있는 하코다테 산에는 '이시카와 목가비(木歌碑)' '이시카와 일족의 묘' 등이 있다. 시내 오마치(大町)에 있는 상마(相馬) 창고에서는 '박명의 시인 이시카와 타쿠보쿠 전'이 열리고 있었다. 26세밖에 못 산 이시카와를 놓고 오타루 시와 경쟁하는 듯했다. 어쨌든 죽어서 행복해진 시인임이 틀림없다.

다카다야 가헤에(高田屋嘉兵衛) 자료관. 전시가 아주 충실한 작은 박물관이다.

개조되어 쓰이고 있는 가나모리 창고.

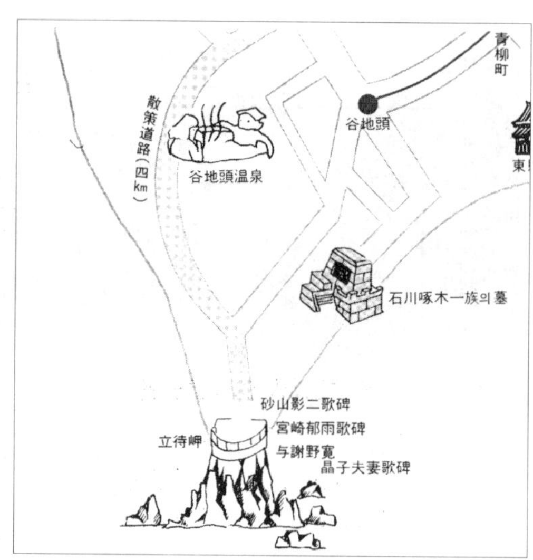

다치마치 미사키의 안내도.

파도에 묻힌 애달픈 이야기

하코다테 산에 오르자 아름다운 쓰가루 해협이 한눈에 들어왔다. 건물들도 풍요롭고 부럽기도 했다. 나는 발걸음을 산 동쪽 바다 끝으로 돌렸다. 바다 끝에는 다치마치 미사키(立待岬)라는 것이 있었다. 서서 기다리는 포구라는 뜻일 텐데 절벽에 가깝다. 언저리로 밀려오는 파도가 그림 같은 포말을 그려내고 있었다. 이화여대 윤정옥 교수의 글을 빌려본다.

1920년에 오사카 방직공장에서 일하던 한국 여성이 하코다테로 온 기록이 있다고 한다. 1921년에는 여성 6명, 남성 1백명이 하코다테에 있었고 한국 요리점이 한 군데 있었다. … 이 무렵에 오사카나 홋카이도에 간 여성들은 대부분 15세에서 20세 정도였다. 매춘을 강요당한 많은 여성들은 이 덫에서 도저히 빠져나갈 길이 없다고 판단하자 죽음을 택하였다. 혼자 죽기도 하고 집단적으로

도 많이 죽었다.

그들이 죽음의 길로 택한 곳이 자살의 명소가 되어버린 다치마치 미사키라는 절벽이다. 이 절벽에 부서지는 파도소리가 어머니—, 어머니하고 울부짖는 소리가 들린다고 한다(《한겨레신문》, 1990. 1. 4).

절벽은 어디나 그렇지만 아름답고도 무서운 곳이다. 또 하나 '17살의 가엾은 조선 미인의 죽음'이라는 기사 제목도 애달프기 그지없다.

하코다테와 우리와의 인연은 이것만은 아니었다. 하코다테에는 홋카이도에서 삿포로 다음으로 우리 재일동포들이 많이 사는 곳이다. 세대 수가 170세대가 넘는다고 한다.

1935년치 《동아일보》를 보면, "하코다테 대 화재, 이재민 발생"이라는 기사가 있다. 화재가 발생하면 당연히 이재민이 생기는데 조선인의 집들이 특히 많이 불에 탔다고 한다. 이에 〈동아일보〉에서는 3월 25일과 4월 24일 각각 구호금품을 모집하는 기사를 내보낸다.

마지막으로 모토 정(元町)에 있는 하코다테 외인 묘지를 들렀다. 잘 단장되어 있었지만, 그곳에 한국인은 없었다. 조선에서 끌려가 그곳에서 죽은 조선인은 외국인이 아니었던가.

녹색 버드나무가 드리운 도색의 거리

요시와라(吉原) 유곽의 여인들

도색의 집

우리는 흔히 매춘을 인류 역사상 최고(最古)의 직업 중 하나라고 일
컫고 있다. 우리 나라라고 예외는 아니었다. 조선조 때는 기생이 궁궐
안 연회까지 진출하였다. 대부분 17~21세까지의 젊은 여인들이었다.
궁중 안에서 기생들이 무리지어 춤을 추거나 노래를 부르며 '지화자'
하는 후렴이 줄을 이었다. 지화자(持花者)는 "손에 꽃을 들고 있는 무자
리"라는 뜻인데 무자리(水尺者)는 기생의 옛 말이다.

옛날에도 기생 제도의 문제 때문에 옛날에도 그 철폐안은 있었지만
쉽지 않았다. 조선 성종 때의 학자 성현(成俔, 1439~1504)은 1504년 쓴
그의 수필집 《용재총화(慵齋叢話)》에서 이렇게 말하고 있다.

남녀 사이의 색욕은 인간의 본능이므로 그것을 무리하게 억압해서는 안된
다. 주읍(州邑)의 창기(娼妓)는 모두가 관청에서 관리하는 공공의 소유로 이들
을 즐기도록 해야 한다. 만약 각 고을의 기생을 한꺼번에 없애버린다고 하면,
지방에 나가 있는 젊은 관리들은 여염집 여인들을 강제로 추행하거나 겁탈하
는 등의 여러 가지 죄를 저지르게 될 것이며, 나아가 국가의 영웅준걸들이 모

두가 죄를 짓게 될 우려가 있다. 그러므로 나는 이 기생제도 개혁에는 찬성할 수가 없다.

성현은 중국 북경을 오가며 1470년경 기행시집《관광록》을 남겼고, 또한《악학궤범(樂學軌範)》으로 유명한 학자이다. 이 대학자도 창기의 존재 이유를 간곡히 말하고 있으니 아이러니하다.

일본의 매춘업

근대사에서 찾아보면, 기업적 의미의 매춘업은 일본인들이 침략해 들어오면서 생겨나기 시작했다고 한다.

일본인은 아시아 여러 나라에 가게 되면 먹고 사는 일이 한정되어 있었다. 서민들의 직업은 대부분 농업과 어업이었고 그 외에는 요리업, 잡화상, 세탁업, 건설업, 제봉업, 이발업 등이 큰 몫이었다. 그 중 매춘업도 하나였다. 매춘이 그들에 의해 합법화되어 공창(公娼)이 된 것이다. 공창을 일본인들은 유곽(遊廓)이라 했는데 유곽이 몰려 있는 곳을 유곽촌이라 했다. 그런데 대부분의 유곽 거리 이름은 멋이 있었다. '미도리마치(綠町)' '야나기마치(柳町)' '신마치(新町)'라고 했다.

그러면 이런 공창이 생기게 된 이유는 무엇일까. 그 공창으로 여자들이 가게 되는 이유는 무엇일까. 우리 문학 속에서도 찾을 수 있다.

염상섭(廉想涉, 1897~1963)은《만세전(萬歲前)》에서,

…자고 나면 벌써 곡괭이질, 부삽질에 며칠 어수선하다가 전차가 놓이고, 자동차가 진흙 덩어리를 튀기며 뿡뿡 달아 나가고, 딸꾹 나막신 소리가 날마다 늘어가고, 우편국이 들어와 앉고, 군아(郡衙)가 헐리고, 헌병 주재소가 들어 와 앉는다. 주막이니 술집이니 하는 것이 파리채를 날리는 동안에 어느덧 한 구석

에 유곽이 생기어 삼미선(三味線) 소리가 찌렁찌렁 난다. … 우리 고향엔 전등
도 놓이고 전차도 개통되었네. 구경 오게. 암전한 요릿집도 두서넛 생겼네. …
자네 왜갈보 구경했나? 한 번 보여줌세.

현진건(玄鎭健, 1900~43)도 비슷한 시기에 《고향》을 통해서 다음과
같이 노래하고 있다.

> 볏섬이나 나는 전토는 신작로(新作路) 되고요—
> 말 마디나 하는 친구는 감옥소로 가고요—
> 담뱃대나 떠는 노인은 공동 묘지 가고요—
> 인물이나 좋은 계집은 유곽으로 가고요—
>
> —《개벽》 1922년 7월.

일제하 우리 나라는 국토, 사람 할 것 없이 모든 것이 변하기 시작했
다. 신문화는 선악과(善惡果)를 동시에 가져왔다. 아름다운 여자의 일
생은 미인박복(美人薄福), 미인박명(美人薄命)으로 대비된다.

서양에도 창녀가 등장하는 오페라 《라트라비아타》가 있다. 베르디
(1813~1901)의 작품으로 젊고 아름다운 창녀와 귀족 사이의 이루어질
수 없는 사랑을 다루고 있는 작품이다. '라트라비아타'는 '길을 잘못
든 여인'이란 뜻이라 한다.

공창 설치

조선총독부는 1916년 경무총감 부령으로 공창제도를 시행했다. 유곽
이 뭔지도 모르는 사람들에게 친절하게 이용법을 가르쳐주었다. 핑계
는 성병을 미연에 방지한다라는 이유에서였다. 성병이 아녀자에게까지

간다는 것이었다. 아마 기생집이라든지 요릿집에서 그런 일을 부업으로 한 것 같다. 엉터리 도쿄 유학생들은 일본에서 그런 것만 배워 와서, 그런 곳을 배회하다 패가망신한 경우도 줄을 이었다.

1919년 미국의 《시카고 트리뷴》에는 다음과 같은 기사가 났다(1919. 12. 26).

일본이 조선에서 한 일 중에서 제일 훌륭한 일은 유곽 증설이다. 이것은 일본이 고의로 조선 남녀를 해독케 하는 중요사업이었다.

동양척식회사는 황무지를 개간한다고 하지만 실은 조선 중에서 제일 좋은 옥토를 수중에 넣고 있다. 재산을 약탈하면서 재산을 보호한다고 허울 좋게 말한다.

미국인이 동리(洞里)를 신설 할 때에는 교회와 학교부터 건설하지만 일본인은 반듯이 유곽을 설치한다(成俊德, 《韓國新聞史》, 1955, 79쪽 재인용).

3 · 1운동 직후의 기사인데 일본인의 이런 악습이 미국인 기자의 비판을 받은 것이다.

1930년에 이르러서는 전국에 공창지대가 25개 소에 이르렀다 한다. 윤락녀의 숫자도 늘어나기만 했다. 1940년대 전쟁 기간 유곽은 된서리를 맞았다. 사회 분위기도 그랬지만 남자도 줄어들고 있었기 때문이다.

해방이 되자 공창은 아예 폐지되었다. 그때도 명분은 매우 좋았지만 그녀들은 결국 사창으로 흘러 들어갔다. 마굴(魔窟)로 들어간 것이다. 전쟁과 가난은 술과 여자를 찾는 남자에 의존하지 않을 수 없게 되었다.

전쟁과 함께 미군도 본격적으로 몰려들었다. 미군 부대 주위에 다시 여자가 들끓기 시작했다. 무슨 '마치' 니 하는 일본식 이름 대신 '옐로우' 라는 이름도 생겨나서 끽동(학익동의 별칭)은 졸지에 옐로우가 된 것

서울 묵정동 공창, 1960
년대 까지만 해도 3층짜
리 일본식 유곽의 흔적
이 그대로 남아 있었다.

이다. 서울은 종삼과 양동이 대표적이었지만 1960년대 말 재개발로 없
어졌다.

요시와라 유곽의 내력

일본의 유곽 역사는 오래 되었다. 교토에는 전통 유곽으로 '하나마치
(花街)'라는 것이 아직 있다. 하나마치는 유곽촌을 말하는데 전통 게이
샤(藝者)가 있는 곳이다. 건축사학자 오다 히로타로(太田博太郎)가 쓴
《일본 건축사》에는 이렇게 나와 있다.

극장과 함께 도시 환락가를 형성하는 것은 유곽이었다. 에도의 요시와라(吉
原), 교토의 시마하라(島原), 오사카의 신지(新地), 나가사키의 마루야마(丸山)
등 각지에 유곽이 발달한다.

334

인천 학익동, 속칭 끽동 풍경. 이것을 어떻게 해야 하나?

17세기 말경에 오사카의 신지에서는 2,200여의 유녀(遊女)가 있었다고 하고, 같은 시기에 요시와라의 상황을 "낮에는 극락 같고, 밤에는 용궁 세계 같고, 모든 지방의 진미가 여기에 모여서 향기가 집집마다 가득하다"고 하고 있다.

한 기록에 의하면 일본의 게이샤는 16세기부터 있었다고 하는데, 게이샤의 수는 19세기 말 전성기를 맞아 약 8만 명에 이르렀다고 한다. 지금은 줄어 약 1만 명 정도라고 한다.

공창은 하타코(旅籠)에서 이뤄졌다. 유녀옥(遊女屋)이라고도 하는데 우리의 여관과 같은 종류였다. 하타코는 목조 2층의 일본식 집으로, 1층은 주인 가족이 살고 2층은 손님 대기실과 그녀들의 일터인 유녀방(遊女房)으로 되어 있다.

하타코의 계층도 상중하 3급으로 나뉘고 또한 다시 3개 급으로 분류

해 모두 9개 급이 있으며, 유녀의 급수도 하타코에 걸맞게 나눠져 손님을 맞았다. 유녀들은 독립된 인격체라기보다 하나의 경제적 수단으로 취급되었으며 유곽 주인의 소유물이었다.

제일 고급, 즉 상의 상 하타코는 도쿄 아사쿠사(淺草) 요시와라(吉原)에 있었으며 요시와라는 에도시대 때부터 번창한 곳이다(下山 弘, 《遊女의 江戶》, 中公新書, 92~94쪽).

세브란스 병원을 만드는 데 공헌한 캐나다인 에비슨 박사의 기록에도 일본의 유곽에 대한 것이 나타난다. 그는 1893년 한국으로 오기 위해 일본 요코하마에 잠시 기항했고 이때 며칠의 여유가 있어 요코하마 유곽을 구경한다.

요코하마에 도착했다. 나룻배에 탄 남녀가 거의 벌거벗고 있는 6월의 이국 풍경에는 놀라지 않을 수 없었다. 한국에서 오기로 된 연락 통지를 기다리는 동안 이곳 저곳을 구경하게 되었는데, 한 번은 홍등가에 안내를 받아 여창(女娼)이 공공연하게 번창하는 것을 보고 일본이라는 나라에 새로운 느낌을 가지게 되었다(《의학백년》, 연대 의대, 1986, 103쪽).

일본의 문인 다니자키 준이치로(谷崎潤一郎, 1886~1965)가 1933년에 쓴 《인예이라이산(陰翳禮讚)》이라는 글이 있다. 우리 나라에서는 《음예 공간예찬》(발언, 1996)으로 출간되었다.

탐미파(耽美派)로 분류되는 다니자키는 니혼바시(日本橋) 부근 가키가라 정의 어두운 일본 전통집, 즉 토장조(土藏造)가 늘어선 상가에서 태어났다. 그는 이후 여성 탐미주의자로 명성을 날렸는데, 그의 대표작으로 1933년에 쓴 《춘금초(春琴抄)》가 있다. 이는 당시 우리 나라에도 많은 독자를 확보하였다.

일본에서 인예이는 그늘도 그림자도 아닌 거무스름한 모습을 일컫는 말이다. 일본인의 감정을 잘 표현하는 말이다.

이 글에 1880년대 일본 여인들의 모습이 묘사되고 있다.

메이지 20년대도 그 무렵까지는 도쿄 시내에서는 대개가 어두운 집에 살고 있었고, 나의 어머니 연배의 여자들은 대부분 이를 검게 물들이는 화장을 하고 있었다. 옷 평상복은 기억나지 않지만 외출할 때는 쥐색 바탕의 자잘한 무늬를 자주 입었던 걸로 기억한다. 어머니는 5척이 되지 않을 정도로 키가 매우 작으셨는데 그 무렵의 여자는 그 정도가 보통이었을 것이다. 아니 극단적으로 말하면 그녀들에게는 거의 육체가 없었던 것이라고 말해도 좋다.

요시와라를 찾다

이제 그 유서 깊은 요시와라가 있는 다이토 구(台東區)를 찾았다. 우선 긴자 선 아사쿠사 역에서 아사쿠사 절을 지나 그 뒤쪽으로 가는데 자료에서 지명이 익은 요시와라 신사 쪽이다.

요시와라 대문 사거리가 핵심인데 당시 사진을 보면 유곽 입구에는 모두 대문이 있었다. 물론 열린 대문이라 문짝이 없다. 요시와라의 대문은 1965년경 철거됐다고 한다. 옛날에는 이곳에도 버들을 많이 심었다고 한다. 의외로 조용하고 쓸쓸했는데 길목도 건물도 모두 요철의 세계였다.

요시와라 유곽은 1657년에 생겨나 신 요시하라(新吉原)가 열리는 1958년까지 존재했다. 유곽은 1866년 12월 17일 일어난 불로 전부 타버렸고 그 후 3층짜리 목조건물로 재건되었다. 1890년대 한창일 때는 유곽 건물이 이 거리를 화려하게 장식했었다고 한다.

그 후로도 갖은 화마와 지진이 휩쓸고 지나가 유곽들은 벽돌조 콘크

요시와라 유곽(자
료 : 《일본 백년의
기록》, 講談社).

리트 조로 바뀌어갔다. 1945년에는 미 공군의 공습을 받아 초토화되기
까지 했다.

미군이 진주한 이후 이곳은 아카센 기지(赤線基地)로 전락했으며, 궁
핍한 시대의 사창가가 되었다. 한국전쟁으로 경기가 좀 나아졌을 때,
이곳은 카페 골목으로 바뀌어서 270채의 집에 1,200명의 여인이 손님을
맞았다고 한다(木村 聰, 《赤線跡을 걷는다》, 자유국민사, 1998).

적선 기지에서의 미군 병사와 일본인 창부를 그린 영화가 있다. 다니
구치(谷口千吉) 감독이 1953년 제작한 영화 〈적선 기지〉이다. 당시 어
려웠던 일본 경제와 미군의 상황을 일본 유곽의 모습을 통해 보여주고
있다.

1955년 7월 8일 일본 후생성은 《매춘백서》를 발표, 일본 전국의 공창
에서 일하는 매춘녀는 50만 명이라고 추정 발표했다. 1958년 4월 1일에
는 '매춘방지법'이 시행되었다. 전국에 약 3만 9,000채의 창가(娼家)와
12만 명의 윤락녀가 된서리를 맞았고 이내 많은 창가가 헐려나갔다.

요시와라 유곽 풍경. 앞에 보이는
것이 요시와라 신사(자료 : 石川
光陽).

재건된 3층짜리 요시와라 유곽(자료 : 大屋書房).

요시와라의 흔적은 없어졌으나 건물
만은 아름답게 담아 있다(자료 : 木
村 聰).

요시와라 유곽의 밤(자료 : 石川光陽).

영화 〈적선기지〉의 한 장면(자료
:《매일신문》).

　요시와라, 이곳도 마찬가지 상황에 놓였다. 건물은 러브호텔이나 소프랜드(soap land)로 이름이 바뀌고 창녀들도 그곳에서 종업원으로 일하게 되었다. 그 흔적이 지금 여기 남아 있는 것이다.

　이제 요시와라 유곽도 역사에서 사라졌고 점잖은 잡지에도 안내가 실려 있다. 사진과 기록만 남아 이를 전해주고 있다.

폭침된 조선인 귀환선 우키시마 호의 절규

붉은 벽돌도시로 다시 태어난 군항도시 마이쓰루

우키시마마루는 부산항으로

몇 년 전 북한이 '우키시마마루(浮島丸) 폭침사건'을 영화화했다는 뉴스가 있었는데 제목은 〈살아 있는 영혼들〉이었다.

북한 조선중앙방송은 이 영화가 "꿈에도 그립던 조국의 하늘을 보지도 못하고 현해탄에서 생죽음을 당하게 된 수천 명의 조선 사람들이 일제 야수들을 절규하는 울부짖음이 끝없이 메아리 치는 것"으로 끝나고 있다고 했으며, 이어 "역사적 사실을 진실하게 반영하고 있는 영화는 일제의 범죄적 만행으로 숨진 조선 사람들의 영혼들이 오늘도 일제야말로 우리 인민의 철천지 원수이며 수난에 찬 과거를 절대 잊지 말고 일제의 엄중한 죄행을 반드시 결산해야 한다는 것을 우리 모두에게 다시금 새겨주고 있음을 강조하고 있다"고 주장했다(연합, 2000. 12. 12).

사실 우키시마마루 폭침사건은 몇 년 전 부산의 극단 '새벽'이 연극화했었다. 1992년 처음 서울 혜화동 예술극장 한마당에서 상연될 때의 제목은 〈폭침-우키시마마루는 부산항으로 못 간다!〉였다. 그 후 3년 만인 1995년 8월 3일 부산의 소극장 실천무대에서 이성민(李性旼) 작·연

일본에서 제작된 영화 〈아시안 블루〉의 한 장면.

출로 〈피의자-우키시마 호 폭침에 관한 단상〉을 다시 올렸다.

일본에서도 이 사건은 영화화 되었다. 우키시마마루 사건을 소재로 한 영화 〈아시안 블루〉가 1995년 7월 28일 도쿄에서 개봉됐다. 《마이니치 신문》은, 영화는 '우키시마마루 사건 제작지원 연락회의'가 결성된 지 3년 만에 빛을 보게 되는 것이라 했는데 이에는 재일동포들의 도움도 컸다고 한다. 신문평은 "현대의 청춘 군상과 패전 직후의 사건을 중첩시켜 묘사한 문예작품"이라 했는데, 같은 해 8월 14일 저녁 한겨레신문 문화센터에서도 상영되었다.

우키시마마루 폭침사건은 어떻게 폭로되는지 몇 사람의 공로를 추적해보자. 이 사건은 1945년 이후 남북한, 그리고 일본에서도 관심을 끌었다.

특히 일본에서는 재일동포 박경식(朴慶植, 1922~98)이 1965년 《조선인 강제연행기록》에서 다루어 알려지기 시작했다. NHK TV는 1977년 8월 13일 이 사건을 〈폭침〉이란 다큐멘터리로 제작 방송, 일본인들의 관심을 끌었다. 이후 재일동포 김찬정(金贊汀)이 1984년에 고단샤(講談

社)에서 《우키시마마루, 부산항으로 향하지 않다》를 출간하면서 전면에 부각됐다.

1992년 '시모기타 지역문제 연구소' 사이토 사쿠지(齊藤作治) 소장이 《아이고의 바다》를 펴냈고, 이것을 1996년 《우키시마 호 폭침사건 진상》이란 제목으로 가람기획에서 출판, 우리 나라에도 널리 알려지게 되었다. 이 책은 '우키시마 호 폭침 진상규명위원회' 전재진(田在鎭) 회장의 편역으로 나왔다. 월간 《아리랑》에서도 1996년 8월 이 사건을 다루었으니까 이 사건은 전후 55년 동안의 풀리지 않는 숙제로 남아 있는 셈이다.

우키시마마루 귀환선으로

1945년 일본이 패전하고 북쪽 가장자리 땅 아오모리 현(青森縣)의 시모기타(下北) 반도는 바빠지기 시작했다. 시모기타 반도는 도끼 모양으로 생긴 땅으로 반도 초입에 있는 오미나토 항(大津港)에는 오미나토 경비사령부가 포진해 이쪽 해안 방어의 임무를 수행하고 있었다. 오미나토 항은 현재의 무쓰 시에 속해 있는 항구로 아오모리 시와는 오미나토 선(大津線)으로 연결되어 있다.

오미나토 해군 경비사령부는 패전 3일 만인 8월 18일 우키시마마루 함장인 도리우미 긴고(鳥海金吾) 중좌에게 조선으로 돌아가는 귀환자를 태우고 부산으로 가라고 출항 명령을 내렸다. 매우 발빠른 조치였다.

우키시마마루는 4,730톤짜리 대형 배로 1937년 오사카 상선 소속의 화물 및 여객선으로 건조되었다. 태평양 항로와 오키나와 항로를 운항하다가 전쟁중이던 1941년 9월 3일에 징발되어 전함으로 개조되어 해군의 특무함으로 쓰였고 해군 특별 수송선이 되었다. 주로 쓰가루 해협

(津經海峽)에서 임무를 수행
하였다.

일본 정부는 9월 초부터 조선인을 조국으로 송환시 킨다는 방침을 정하고 있었 으나, "조선인들이 폭동을 일 으킬지 모른다"는 유언비어 를 날조하고, 오미나토 부두 앞으로 이동시켜 "배에 타지 않는 자에게는 배급을 주지 않는다"며 강제 승선시켰다.

귀환자들은 홋카이도 지 방에서 혹사당하던 노동자

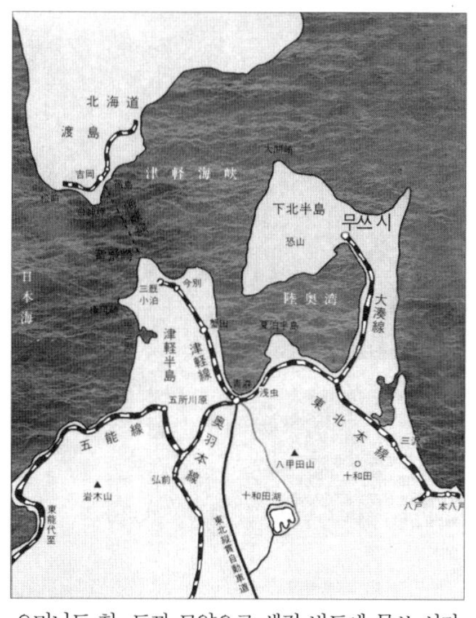

오미나토 항. 도끼 모양으로 생긴 반도에 무쓰 시가 있다.

들과 그 가족들이었다. 3,725명이 이 배에 강제적으로 태워졌는데 숫자는 매우 불확실하다. 약 4,000~7,500명이라는 설까지 있다. 승선 명부도 작성되지 않았고 마구잡이로 태워졌기 때문인데 사람은 그저 짐짝에 불과했다. 하지만 그렇게 많이 태운 이유는 딴 데 있었다.

일본인 승객은 단 한 명도 없었으며 일본 해군 255명만이 호송 담당 으로 승선하였다. 해군들 역시 가고 싶지 않은 항해였다. 조선으로 가 봤자 좋은 일은 전혀 없을 테고 부산에서 맞아 죽을지도 모르는 일이었 다. 명령은 어쩔 수 없는 것이었지만 찝찝했다. 그들은 호시탐탐 뛰어 내릴 생각만 하고 있었다. 이 배의 운명을 이미 잘 알고 있었기 때문이 다. 그들은 어차피 수장될 사람이었다. 그러나 귀환자들은 다가오는 운 명을 모른 채 귀국의 기쁨에 지난 일들을 털어버리고 그 배에 올라 탔 던 것이다.

5일이 지난 후인 22일 밤 10시, 우키시마마루는 오미나토 항을 출항

오미나토 해군요항부 청사(자료 : 가람기획).

조선인 수장선이 되어버린 우키시마마루.

했다. 우키시마마루는 뜬섬 같은 배란 뜻이다.

　배는 쓰가루 해협을 지나 동해 쪽으로 나와 니가타 앞바다를 거쳐 쓰루가(敦賀)를 지났다. 이틀 동안 항해가 계속되었다. 배 안은 그야말로 지옥도(地獄圖)와 다름없었다. 콩나물시루 같은 배 속에서 그들은 먹고 자는 것, 그리고 배설까지 심한 고통을 당했다. 승객들은 배가 부산으로 가는지 진해로 가는지 혹은 원산으로 가는지 그 방향도 몰랐다. 배

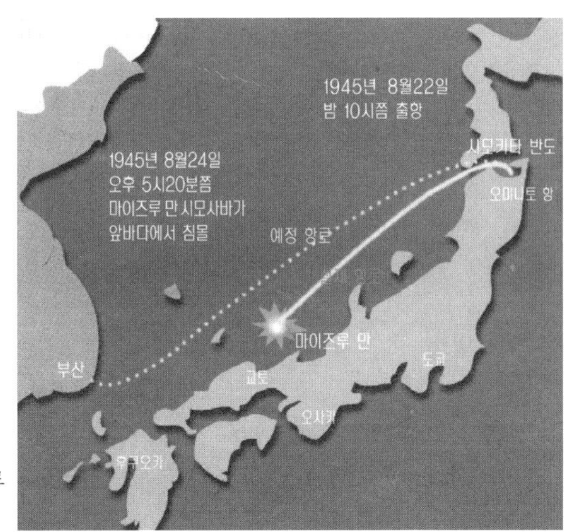

우키시마마루의 항로(자료
:《시사저널》, 1995. 12. 21).

는 이제 더이상 움직이지 않을 것이라는 것도 모르면서 말이다.

붉은 벽돌의 도시로 변신

배는 드디어 운명의 종착지가 될 교토 부(京都府)의 마이쓰루 만(舞鶴灣)으로 들어가고 있었다.

일본은 보통 남태평양 쪽을 표일본(表日本), 우리 나라 동해 쪽은 이일본(裏日本)이라 부른다. 교토 시는 혼슈(本州)의 남쪽 도시이므로 표일본, 마이쓰루 시는 이일본에 해당한다. 교토 부는 일본의 허리에 해당하는 곳인 것이다.

마이쓰루 시(舞鶴市)는 멀리 북쪽 나라에서 이곳까지 날아온 학이 날개를 펴고 쉬는 모습이 마치 학이 춤을 추는 것 같다 하여 이름 붙여진 곳으로 여름에는 비가 많고 겨울에는 눈이 많은 지역이다.

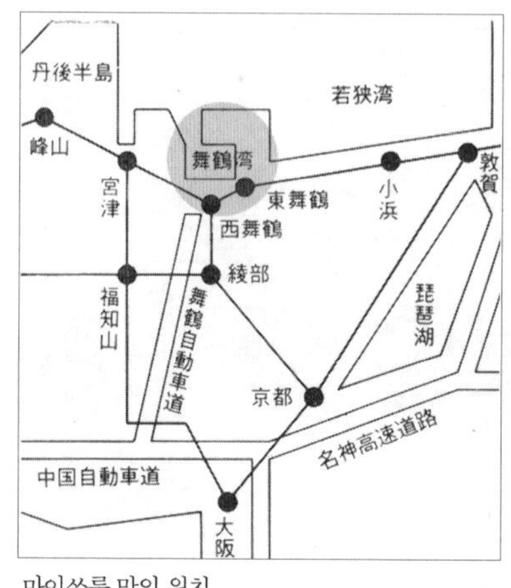

마이쓰루 만의 위치.

마이쓰루는 천혜의 항구로 청일전쟁이 일어날 즈음에는 이미 일본 해군의 거점이 되어 있었고, 청일전쟁에서 일본이 승리한 후 그 전리금으로 마이쓰루에 군항을 건설하기 시작했던 것이다. 러일전쟁 때는 도고(東鄕平八郎, 1847~1934) 중장이 이곳에 진을 치며 승리를 이끈 곳이기도 했다. 마이쓰루는 요코스카(橫須賀), 구레(吳), 시세보(佐世保)와 함께 일본 4대 군항으로 해군의 도시였다.

전쟁 전 일본에서 해군 장교를 양성하는 곳은 세 군데였는데 히로시마 현의 에타시마(江田島) 해군병학교, 도쿄의 쓰키지(筑地) 해군경리학교, 그리고 마이쓰루의 해군기관(機關)학교였다. 마이쓰루 역 뒤편 언덕에 있던 해군기관학교 학생들은 제복에 단검을 차고 시내를 활보, 여성들의 동경의 대상이 되곤 했다고 한다.

해군 군사기지인 이곳에는 벽돌 창고들이 즐비하게 들어서 있었다. 그 중 70여 동이 지금도 남아 있는데 어뢰, 총포 등을 넣어두던 창고들이었다. 이곳 창고에서 나온 어뢰들이 우키시마마루 폭침에 쓰여졌을지도 모른다.

그 군용 창고 건물들이 지금 다시 각광을 받고 있다. 마이쓰루 시의 개성을 상징하는 건물로 보존되고 있는 것이다. 시민운동가들이 붉은 벽돌 건조물의 조사 활동을 벌이고 붉은 벽돌 심포지엄이란 것도 열렸으며, 매년 여름이면 이 창고군에서 야외 재즈 페스티벌이 벌어지기도 한다. 1993년 11월에는 세계 최초의 '붉은 벽돌 박물관'이 이곳에 들어섰다. 붉은 벽돌 창고 중의 하나가 지금 '붉은 벽돌 박물관'이 되어 있는 것이다. 지방자치체가 도시 관광의 초점을 붉은 벽돌에 맞춘 것이다. '붉은 벽돌 거리'도 만들어지고 붉은 벽돌을 주제로 하는 많은 관광상품도 나왔다(前 久夫, 《京都의 붉은 벽돌》, 京都新聞社, 1997).

비록 우리 민족 비극의 땅에서 벌어지고 있는 일이지만 보존주의자의 입장에서는 참으로 부럽다.

'붉은 벽돌 박물관'이 된 해군의 창고.

자폭인가, 피폭인가

8월 24일 오후 5시, 배는 '음료수 보급이라는 명목으로 기항하기 위해' 마이쓰루 만으로 들어가고 있었다. 그러나 그것은 거짓 항해의 종말이 시작되고 있음을 알리는 일이었다.

오후 5시 20분경 시모사바가(下佐波賀) 앞에 배가 이를 무렵 배는 폭발음을 일으키며 침몰했다. 만으로 들어온 지 20분밖에 되지 않은 시점이었다. 시모사바가는 마이쓰루 만 안의 어촌이었는데 그 마을에서 해상으로 300미터 떨어진 지점이었다. 이것이 이른바 '우키시마마루 사건'이다. '뜬 섬 같은 배'라는 뜻의 그 배는 가라앉아버린 것이다.

당시 일본 정부의 발표에 의하면 조선인 524명과 일본군 25인을 포함한 549명이 일시에 수장된 사건이었는데, 일본군이 발표한 이 숫자를 그대로 믿을 수는 없다. 수장된 조선인이 6,500명이라는 추정치도 있으

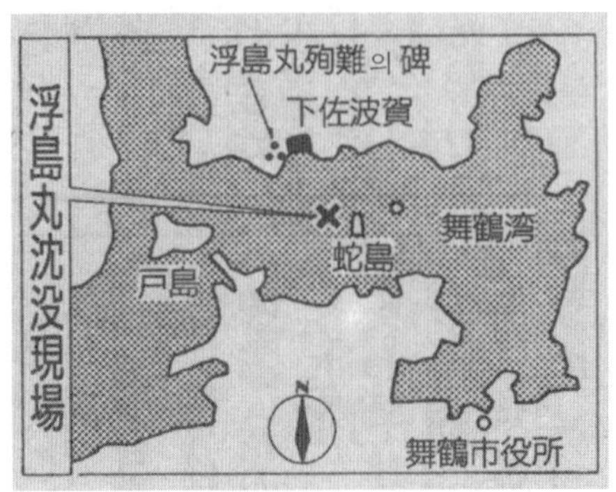

침몰 장소(자료 : 《아사히 신문》, 1990. 8. 14).

니 타이타닉 호의 참변보다 더한 대형 해상사고였다. 타이타닉 호는 1912년 침몰했는데 승선인 2,228명 중 1,523명이 사망하였으니 말이다.

문제는 이 침몰이 '자폭 침몰'인가 '피폭 침몰'이었는가이다. 이 사건에 대해 일본측의 발표는 '미국 기뢰에 의한 단순 해상사고'라는 것이었다. 이에 대해 전재진 위원장은 "일본이 출항에 앞서 폭파계획이 있었고 폭약을 장치했음이 확실하다"고 밝혔다.

참으로 안타까운 일은 그 사건의 사후 처리이다. 일본 정부는 쉬쉬하고 입막음했다. 우리 나라의 뒤처리 방법도 마찬가지였다. 이런 엄청난 일이 일어났는데도 조사조차 제대로 되지 않았다.

마이쓰루 시는 군사도시였기에 조선인에게는 군경의 경계가 무척 삼엄하였다. 여차하면 스파이로 몰리는 지경이어서 숨어서 지내는 편이 나았다. 폭침사건도 그런 경계하에 치러진 일이었기에 비밀이 오래 유지되었던 것이다. 그 많은 사람이 죽었는데 죽은 사람 명단, 그 현장 사진 한 장 남지 않았던 것도 다 그런 연유였다.

엉터리 신문들은 그날 일어난 '하치고 선(八高線) 열차 충돌사건'만 대문짝만하게 취급하였다. 또한 그즈음 공교롭게도 마이쓰루 항구 부근 타이라 해병단 숙소에서 또 다시 원인 모를 증기폭발 사고로 50여 명의 중상자가 발생하고 있었다. 우키시마마루에서 구조된 일본군들이 수용되었던 숙소에서였다. 입막음 작전이 아니었을까?

고철로 사라져버린 귀환선

재일 근대사 연구가 최석의(崔碩義)는 〈8·15 해방 전후 마이쓰루의 추억〉(《재일조선인사연구》, 재일조선인 운동사연구회, 1993. 9)이란 글에서 마이쓰루의 개인적 경험을 적고 있다. 그는 1943~46년까지 이곳에 살았는데, 이곳이 군수경기로 비교적 살기가 좋았고 미군 공격으로부터 비교적 안전했기 때문이었다.

마이쓰루 시에도 강제 연행된 조선인들이 사는 마을이 있었다. 역시 조선부락이라 불렸다. 이들은 대개 군사도시를 만들 때 동원된 사람들인데 대개 1939~45년 사이 7년 동안 끌려왔다.

최석의는 이곳에서 우키시마마루 폭침사건 뒷마무리를 하기도 했고 그 후 일본으로 귀환하는 동포들, 조선 땅에서 돌아오는 일본인들의 귀환 모습을 목격한 사실을 이 글에서 증언하고 있다.

천행으로 살아난 사람들은 그 후 다시 조국으로 돌아갔지만 그대로 일본 땅에 남은 사람도 많았다. 현재 66세가 된 사람도 있는데 배를 탈 당시 10세였다.

배는 침몰하고 나서 1954년 10월까지 그 바다에 수장된 채로 있었다. 수장된 조선인의 시신도 그대로였으며 후생성 원호국이 인양했을 때 283구의 유골만이 수습되었다. 그리고 인양된 배는 이노(飯野) 중공업 주식회사에 고철로 팔려 분해돼버렸다. 그렇게 서두를 일이 아니었다. 증거를 인멸하기 위한 것이었으며 한국전쟁과 전후 복구로 고철이 매우 부족했기 때문이었다.

기록을 잘 남기기로 둘째 가라면 서러워하는 일본인들이 왜 이 배를 마이쓰루 항구에 보존하지 않고 내버렸을까. 이유는 알 만하다.

이 수장자들을 위로하는 추도회가 두 곳에서 열리고 있다. 수습된 유골들은 도쿄 메쿠로 구(目黑區)의 절 유텐지(祐天寺)에 안치되었기 때

1992년 8월 24일, 일본
인들이 침몰 장소 부근
에 세운 '순난의 비' 와
그 동상.

문에 매년 8월 22일 유텐지에서 추도회가 열리고 있는 것이다.

추도회에는 패전 뒤 포로 학대 등의 혐의로 B · C급 전범으로 억울하게 구속되었던 재일동포들의 모임인 동진회의 회원들도 참석해 일본의 전후 보상문제를 추궁했다. 일본 정부는 1995년 6월 9일 이들의 유골들을 유족들에게 반환할 방침이라고 밝혔다. 유족과 생존자들은 이미 약 30억 엔의 손해배상을 청구하고 있다. 교토 지방법원은 인도적 관점에서 조기 반환할 방침이라고 밝혔다 한다. 인도적이라는 말은 무슨 뜻이고 조기 반환은 무슨 말인가.

또 하나 '우키시마마루 순난자(殉難者)를 추도하는 모임' 은 마이쓰루 '순난의 비' 앞에서 치러지고 있다. '순난' 이라는 말로 포장되었다. 추도 집회는 지역 주민과 재일동포 등에 의해 치러지고 있다. 물론 일본 정부는 외면하고 있다.

1996년 8월 24일 후생성 장관 간 나오토(菅直人)는 우키시마마루 사건의 조선인 희생자 등을 애도하는 다음과 같은 전보를 이 추도 집회에 보냈다고 한다.

조난으로 숨진 분들에게 삼가 애도의 뜻을 전한다. … 전쟁의 비참함과 평화
의 존귀함을 다음 세대에 계속 전해나가지 않으면 안 된다.

이것이 전후 범죄사건 이후 장관급이 보인 첫 반응이었다. 그러나 이
애도 전보에는 폭파 침몰을 지시한 자에 대한 책임자 문제, 이에 대한
사죄 문제, 그리고 보상 등에 대해서는 전혀 언급이 없었다.
시간은 그렇게 가고 있다. 문제를 제시하는 유족들의 외침도 메아리
로 사라져버릴 뿐이다.

ㅊ

창가 338
창경환 57

ㅋ

ㅌ

ㅍ

ㅎ

일본 속의 한국 근대사 현장 ②

김정동 지음(목원대 교수 · 문화재위원)

신국판 | 360쪽 | 13,000원

1. 역사가 부르는 곳

나라 동대사에서 만나는 고대 한국인—백제 · 신라 후손이 만든 절과 불상
일본 제일의 자랑, 청수사를 만든 백제인—본당 무대에서 천년 역사를 본다
조선통신사가 거쳐갔던 우시마도에서—1719년 신유한(申維翰)이 갔던 길을 뒤따르며
일제의 우리 문화재 약탈과 밀반출—도쿄 아오야마의 네즈 미술관에서
일본으로 수집되어 간 우리 생활 문화재들—재벌 손자, 시부자와 게이조가 한 일
교토박물관 뒤편에 버려져 있는 조선의 석인석수—일본식 정자의 기둥으로 전락한 석물
일본 근대건축의 아버지가 된 영국인 건축가—도쿄대학 조사이어 콘더 동상 앞에서

2. 슬픈 삶의 흔적

사라지고 있는 육당 최남선의 흔적들—도쿄의 수영사(秀英舍)에서 인쇄기를 들여오다
조선 마지막 왕 순종의 일본 행차—도쿄 한복판 중상사(增上寺) 뜰에 앉아 생각해본다
'니가타' 세 개의 이미지—조선인 학살사건, 북송선 그리고《설국》의 장소
이중 성격의 상징, 니쥬바시 앞에서—김지섭 선생의 의거를 다시 생각해본다
무용가 최승희의 전설—일제하 전세계가 그녀의 무대공간이었다
또 하나의 조선총독부가 있었던 도쿄—총독부 출장소는 동척과 함께 조선을 요리하던 곳
태평양전쟁 중의 나고야—조선인 학도병, 아로운의 이동 동선을 따라
복수를 위한 다짐, 역도산의 주먹다짐—오타 구(大田區)의 혼몬지(本門寺) 묘지에서
교토의 미소라 히바리 자료관에서—'부기 우기'를 노래하던 그녀를 다시 본다

3. 지워지지 않는 전쟁의 상흔

오사카 성은 조선 침략기지였다—1870년부터 군수공장화되었던 성 주변을 돌며
미국, 1871년 조선에서 보복전쟁을 일으키다—조선으로 향한 나가사키 항의 미 군함들
조선 침략 최전선, 사세보에서—러일전쟁의 영웅이었다는 도고 제독의 무대
천황에 대한 무한 충성의 대가로 만들어진 신사—청일 · 러일 전쟁의 상징 노기 신사에서
한일 축구전이 처음 열렸던 신궁경기장에서—종착지 요코하마의 하늘 아래까지
또다시 반복되는 전쟁놀음을 보며—원자폭탄을 만들고 투하한 곳을 찾아
패전 직후 도쿄에 들어온 맥아더 원수—그가 집무했던 장소, 제일생명 빌딩 앞에서
전쟁의 냄새가 진한 요코스카 항—그곳의 USA 함대, 지금 아프가니스탄을 향하고 있다

도서출판 하늘재　서울시 양천구 목4동 798-8 2층(158-054) | 전화 (02)2644-0656 | 팩스 (02)2644-0657

일본을 걷는다 ❶

일본 속의 한국 근대사 현장을 찾아서 / 김정동 지음

일본을 걷는다 ❷

일본 속의 한국 근대사 현장을 찾아서 / 김정동 지음